交通时空大数据详解
车辆轨迹数据分析、挖掘与可视化
（Python版）

余庆　袁见　宋轩　编著

清华大学出版社

北京

内 容 简 介

本书全面介绍车辆轨迹数据的处理、分析与可视化方法，并深入探讨了基于 Python 的车辆轨迹数据处理技术，旨在帮助读者快速掌握车辆时空轨迹数据处理的基本方法和编程技巧，同时提供丰富的实际案例和技术解决方案，覆盖了从数据采集到深入分析的完整技术链条，是交通时空大数据领域车辆轨迹数据处理分析的全面指南。

本书内容涵盖从车辆轨迹数据的基本特征、采集原理到预处理、质量分析、可视化，再到高级应用如路网匹配、排放计算、多智能体仿真，以及特定案例分析如电动汽车充电需求识别和无人机航拍轨迹数据分析。

本书适合计算机相关专业的学生、数据分析师、研究人员以及技术开发人员阅读。

图书在版编目 (CIP) 数据

交通时空大数据详解：车辆轨迹数据分析、挖掘与
可视化：Python 版 / 余庆，袁见，宋轩编著 . -- 北京：
清华大学出版社，2024.7. -- ISBN 978-7-302-66814-5

Ⅰ. U495

中国国家版本馆 CIP 数据核字第 20244422LW 号

责任编辑：杨迪娜
封面设计：杨玉兰
责任校对：徐俊伟
责任印制：刘海龙

出版发行：清华大学出版社

网　　　址：https://www.tup.com.cn，https://www.wqxuetang.com
地　　　址：北京清华大学学研大厦 A 座　　　　　　邮　　编：100084
社　总　机：010-83470000　　　　　　　　　　　邮　　购：010-62786544
投稿与读者服务：010-62776969，c-service@tup.tsinghua.edu.cn
质　量　反　馈：010-62772015，zhiliang@tup.tsinghua.edu.cn

印　装　者：涿州汇美亿浓印刷有限公司
经　　销：全国新华书店
开　　本：185mm×260mm　　　印　　张：16.5　　　字　　数：364 千字
版　　次：2024 年 7 月第 1 版　　印　　次：2024 年 7 月第 1 次印刷
定　　价：99.00 元

产品编号：102318-01

前　言

在大数据时代的背景下，交通领域正面临着空前的挑战和机遇。随着数据量的急剧增长，行业内对于如何有效处理和分析这些庞大数据的专业需求日益迫切。我所撰写的第一本书《交通时空大数据分析、挖掘与可视化（Python版）》在一定程度上填补了该领域的教学空白，并收到了读者的积极反馈与建设性建议。

自《交通时空大数据分析、挖掘与可视化（Python版）》问世以来，笔者通过持续的工程实践和大量的代码开发，尤其是在开发并维护Python库TransBigData的不断迭代和推广过程中，积累了一定的经验和技术。在此基础上，新书《交通时空大数据详解：车辆轨迹数据分析、挖掘与可视化（Python版）》的编写旨在对这些经验进行阶段性的系统化整理，为交通领域的从业者提供有效的工具和方法，协助他们解决实际工作中的问题。希望能够通过这本书作为媒介，将这些知识整合并系统地呈现给读者，为解决复杂的交通问题提供更新的视角和方法。

本书延续了前作的技术体系，在此基础上更加深入地聚焦于车辆轨迹数据的应用。针对车辆轨迹数据在时间与空间上对个体连续追踪的特点，在时间维度上，我们强调轨迹数据的时间序列逻辑处理，不仅关注单一数据点，而且着眼于时间线上连续的数据记录；在空间维度上，深入探讨了适用于轨迹GPS定位的地理空间数据处理技术。本书将这些技术高效、有机地融合在整个数据处理流程中。

本书的内容分为三篇，提供全面、深入的学习和应用路径。

基础应用篇（第1～3章）：专注于建立基础知识框架，涵盖车辆轨迹数据的基本特征、采集原理、预处理、质量分析及数据可视化等关键领域，为读者提供必要的理论基础和技术入门知识。

高级应用篇（第4～6章）：讲解更深层次的技术应用，探讨诸如路网匹配、排放计算、多智能体仿真等领域。本部分旨在展示如何将基础知识应用于更复杂和专业的场景中。

实战案例篇（第7～9章）：通过具体的案例分析，如电动汽车充电需求识别和无人机航拍轨迹数据分析，展示如何将理论知识和技术应用结合起来解决实际问题。这些案例不仅展示了数据分析在实际应用中的价值，还提供了实际操作的详细指导。

本书适合计算机相关专业的学生、数据分析师、研究人员以及技术开发人员参考。

在此，我特别感谢我的导师、家人和课题组同学们对我工作的支持和鼓励，以及对本书的高度期待。特别感谢清华大学出版社策划编辑杨迪娜老师在出版过程中提供的宝贵建议和审阅工作。正是因为有了你们的支持、陪伴和期望，这本书才得以顺利完成。你们的每一份支持都是我前行的动力，感谢你们在这个过程中的陪伴和助力。

由于作者的知识和能力有限，书中难免存在一些疏漏和错误，欢迎读者批评指正。

余庆

2024年7月于北京大学深圳研究生院

目　录

基础应用篇

第1章　车辆轨迹数据概述 ………… 2

1.1　车辆轨迹数据的基本特征 ………… 2

   1.1.1　个体 ……………………………3

   1.1.2　时间 ……………………………3

   1.1.3　空间 ……………………………3

   1.1.4　其他信息 ………………………4

1.2　车辆轨迹数据的采集原理 ………… 4

   1.2.1　基于车载GPS或手机GPS定位
技术 …………………………………5

   1.2.2　基于无人机或高层建筑固定
摄像头视频识别技术 ………………6

   1.2.3　基于车牌识别技术 ……………6

   1.2.4　基于电子不停车收费系统 ………7

   1.2.5　不同采集原理的车辆轨迹数据
特征比较 …………………………7

1.3　开源车辆轨迹数据集简介 ………… 8

1.4　本书的技术体系 …………………… 9

   1.4.1　Python数据分析生态 …………9

   1.4.2　Pandas数据处理 ……………10

   1.4.3　GeoPandas与空间数据处理 …11

   1.4.4　TransBigData交通时空大数据
处理、分析与可视化工具 …………12

第2章　车辆轨迹数据的预处理 … 13

2.1　车辆轨迹数据的读取与存储 ………13

   2.1.1　数据的读取 ……………………13

   2.1.2　数据的存储 ……………………14

   2.1.3　多个数据文件的读取与合并 …15

   2.1.4　轨迹数据的分块存储 …………16

   2.1.5　轨迹数据的分布式
处理（Dask）…………………17

2.2　车辆轨迹数据的质量分析 ………… 19

   2.2.1　数据质量分析的关注要点 ………19

   2.2.2　字段的取值与缺失分析 …………20

   2.2.3　数据的质量分析 ………………23

2.3　车辆轨迹数据的数据清洗 ………… 29

   2.3.1　数据的缺失值补全 ……………30

   2.3.2　数据的冗余剔除 ………………30

   2.3.3　数据的漂移清洗 ………………32

2.4　车辆轨迹数据的平滑处理 ………… 38

   2.4.1　卡尔曼滤波的基本原理 …………38

   2.4.2　基于卡尔曼滤波的轨迹数据
平滑处理 …………………………42

   2.4.3　轨迹平滑适用场景的讨论 ………46

2.5　车辆轨迹数据的增密与稀疏化 ……47

   2.5.1　轨迹的增密 ……………………47

   2.5.2　轨迹的稀疏化 …………………49

2.6　车辆轨迹数据的坐标转换 ………… 51

   2.6.1　地理坐系与投影坐系的
坐标转换 …………………………51

2.6.2 地理坐标系与火星坐标系的
坐标转换 ············ 52

2.7 车辆轨迹数据的栅格化 ············· 53
2.7.1 为什么要栅格化 ·············· 53
2.7.2 轨迹栅格化的方法 ············· 54
2.7.3 TransBigData实现轨迹栅格化 ···· 57

2.8 车辆轨迹数据的停车与出行识别 ··· 59
2.8.1 停车识别方法 ·············· 59
2.8.2 出行识别方法 ·············· 61

2.9 车辆轨迹数据的切片与分段 ········· 64
2.9.1 轨迹的切片 ·············· 64
2.9.2 轨迹的分段 ·············· 66
2.9.3 计算轨迹长度 ············· 68

2.10 车辆轨迹数据预处理方法小结 ····· 72

第3章 车辆轨迹数据的可视化 ··· 76

3.1 基于Matplotlib的地图可视化 ········ 76
3.1.1 车辆轨迹数据的散点图绘制 ······ 76
3.1.2 车辆轨迹数据的栅格图绘制 ······ 79
3.1.3 车辆轨迹数据的热力图绘制 ······ 81

3.2 基于WebGIS的在线可视化工具 ···· 92
3.2.1 KeplerGL数据分布可视化 ······ 93
3.2.2 Mobmap动态轨迹可视化 ······ 95
3.2.3 ODview出行起终点可视化 ······ 96

3.3 在Python中实现的WebGIS
交互式可视化 ················ 98
3.3.1 Folium实现轨迹数据可视化 ····· 98
3.3.2 TransBigData的车辆数据
可视化 ················ 100

高级应用篇

第4章 车辆轨迹数据的路网
匹配 ················ 104

4.1 基于OSMnx的路网数据获取与
处理 ··················· 104
4.1.1 OSMnx简介 ··············· 104
4.1.2 路网数据获取 ············· 105
4.1.3 路网数据的存储形式与路网的
自定义 ················ 110
4.1.4 路网的预处理 ············· 115
4.1.5 路网的最短路径计算 ········· 118
4.1.6 路网处理小结 ············· 125

4.2 基于近邻匹配的路网匹配 ········· 127
4.2.1 KDTree近邻匹配 ··········· 127
4.2.2 对轨迹数据进行路网的近邻
匹配 ················· 129

4.3 基于最短路径的路网匹配 ········· 134

4.4 基于隐马尔可夫模型的路网匹配 ··· 138
4.4.1 隐马尔可夫模型 ············ 138

4.4.2 简化的路网匹配隐马尔可夫
模型实现 ··············· 140
4.4.3 基于leuvenmapmatching的路网
匹配 ·················· 146

4.5 路网匹配小结 ··········· 152

第5章 车辆轨迹数据的排放
计算 ················ 155

5.1 COPERT排放模型 ·················· 155
5.1.1 COPERT模型简介 ··········· 155
5.1.2 COPERT污染物计算方法分类 ···· 155
5.1.3 排放的构成 ·············· 156
5.1.4 热排放 ················ 157
5.1.5 冷启动排放 ·············· 158
5.1.6 CO_2的排放计算 ··········· 160
5.1.7 COPERT模型小结 ··········· 161

5.2 车辆轨迹数据的排放计算 ········· 162
5.2.1 车辆出行信息的准备 ········· 162

5.2.2 基于车辆轨迹数据的排放计算 ··· 163

5.2.3 排放时空分布的整理 ········· 165

5.3 车辆排放的可视化 ············· 169

5.3.1 排放空间分布的可视化 ······ 169

5.3.2 排放时间分布的可视化 ······ 173

第6章 车辆轨迹数据的多智能体仿真 ·········· 175

6.1 仿真模型的基本框架 ··········· 175

6.1.1 仿真模型的整体设计 ········ 175

6.1.2 仿真时间与仿真步的管理 ········· 177

6.1.3 仿真信息的存储 ············· 179

6.1.4 仿真模型框架小结 ·········· 181

6.2 智能体的属性与功能设计 ········· 183

6.2.1 环境智能体 ················ 183

6.2.2 车辆智能体 ················ 187

6.3 多智能体仿真的运行 ············· 193

6.3.1 代码小结与小规模测试 ······ 193

6.3.2 轨迹的精细仿真 ············· 199

6.3.3 仿真模型的优化建议 ········ 200

实战案例篇

第7章 电动汽车GPS数据：充电需求识别 ·········· 202

7.1 充电需求识别思路 ············· 202

7.2 数据预处理与出行停留信息识别 ··· 203

7.3 电动汽车的剩余电量估计 ········· 204

7.3.1 充电电量计算 ·············· 205

7.3.2 出行能耗计算 ·············· 208

7.3.3 剩余电量预测 ·············· 208

7.4 电动汽车的充电需求分析 ········· 213

7.4.1 电动汽车个体剩余电量时变
       分析 ···················· 213

7.4.2 充电站的负荷估计与分析 ···· 214

第8章 无人机航拍轨迹数据：车流交通波分析（NGSIM数据）
········· 219

8.1 NGSIM数据的特征 ··········· 219

8.2 NGSIM数据的预处理 ········· 220

8.2.1 数据筛选 ················ 220

8.2.2 基于QGIS的地图处理与车辆轨
       迹定位 ·················· 222

8.3 NGSIM数据的交通波识别 ········· 223

8.3.1 交通波简介 ··············· 223

8.3.2 交通波特征参数介绍 ········ 224

8.3.3 时空二维平面轨迹可视化 ···· 224

8.3.4 交通波特征参数提取及可视化 ··· 229

8.3.5 交通波特征分析案例 ········ 233

第9章 无人机航拍轨迹数据：路网运行状态提取与分析（pNEUMA数据）······ 239

9.1 航拍轨迹数据特征 ············· 239

9.2 数据准备 ··················· 240

9.2.1 数据压缩 ················ 241

9.2.2 地图数据加载 ············· 242

9.3 网络交通状态提取与分析 ········· 244

9.3.1 路段流量获取 ············· 244

9.3.2 路段行程时间获取 ·········· 246

9.3.3 路段到路段行程时间 ········ 250

9.4 实战应用：OD矩阵及路径流量
    提取 ····················· 251

9.4.1 OD矩阵提取 ·············· 252

9.4.2 路径流量提取 ············· 255

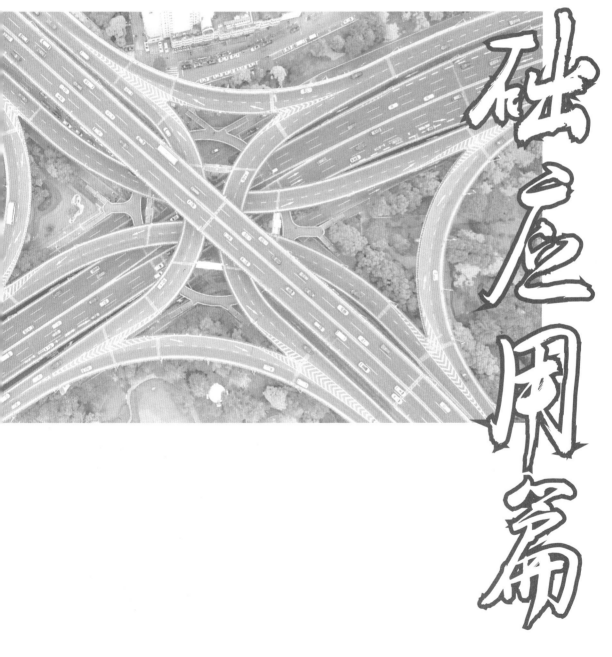

基础应用篇

第1章
车辆轨迹数据概述

随着智能移动设备的普及和硬件功能的逐渐提升，用户个体产生的数据量也在呈现爆炸式增长。这些数据通常包含时间和空间信息，也被称为时空大数据。在这些数据中，车辆轨迹数据是交通领域最重要的时空大数据之一。通过分析车辆轨迹数据，我们可以深入了解交通流行为，探究城市交通拥堵和安全问题的根源，为交通规划和决策提供科学依据。因此，对于轨迹数据的采集、处理、分析和建模已经成为交通领域学术研究和相关产业实际应用的重要组成部分。

然而，采用不同的数据采集方式和车辆种类，轨迹数据的质量和携带信息各不相同。为了满足不同研究应用的需求，我们需要基于不同的处理方法提取数据中所包含的各种知识。这也为我们数据处理技术带来了较高的要求，针对不同的数据类型和研究目的，我们需要选择合适的数据工具与方法进行灵活多变的处理。

那么，不同车辆类型的轨迹数据在采集原理和方法上有什么差异？这些数据的特点又有何不同之处？此外，当我们对这些不同类型的数据进行分析、处理、挖掘和可视化时，可能会遇到哪些难点？为什么Python技术体系是最佳选择？为了回答这些问题，本章将简要介绍车辆轨迹数据的基本特征、应用价值、采集原理、数据分类，以及为不同类型的车辆轨迹数据处理而采用的技术体系与解决方案。

1.1 车辆轨迹数据的基本特征

车辆轨迹数据是记录车辆在空间中行驶路径的数据集合，数据中必须包含**哪辆车、什么时候和在哪里**的基本信息，这三个层次的信息对应着**个体、时间和空间**三个维度。只有同时包含这三个维度的信息，才能够准确连续地追踪车辆的行驶轨迹，如图 1.1所示。而数据在这三个维度上的情况也决定了我们可以使用车辆轨迹数据来完成哪些任务，这也是我们需要特别关注的方面。

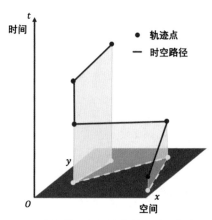

图1.1　车辆轨迹数据的个体、时间与空间

1.1.1　个体

在处理时空大数据时，"个体"一词指的是数据中的每个对象，例如车辆、人或物体，等等。在车辆轨迹数据中，我们所指的个体指的就是车辆。每个个体都有一个唯一的标识符（ID），例如车牌号等。这些标识符通常在我们获取数据之前就已经进行了加密处理。

从技术角度来看，我们需要处理的是个体级别的连续时空数据，而不同个体的数据通常存放在同一个数据表中。将每个个体的数据拆分并存储在单独的表中是非常低效的。相反，最好的做法是统一处理不同个体的数据并批量运算，这对我们的数据处理思路和方法提出了更高的要求。

在数据所携带的信息方面，我们在个体层面需要关注数据能够在多长时间范围内以及在多大的空间范围内连续追踪个体，而其中的时间维度更为重要。例如，在从一个片区的无人机航拍视频数据中识别出车辆轨迹时，由于是高空俯拍，无法获取车辆的具体车牌信息。因此，我们只能在车辆在视频中出现的时间段内追踪个体。如果车辆离开了视频视野范围，再次出现时，将被视为新的车辆个体。然而，对于GPS、车牌照和ETC数据，这个问题并不存在，因为这些数据可以为每辆车提供唯一的标识信息。

1.1.2　时间

在车辆轨迹数据中，时间维度是指每个数据记录所包含的时间信息。时间的分辨率越高，数据的精度就越高，但是随之而来的数据量也会增加。

从技术角度来看，由于轨迹数据是连续追踪的，具有时间顺序。因此，在处理车辆轨迹数据时，我们需要强调连续数据之间的时间序列关系。我们需要关注的不仅是单独的某条数据，而且可能是时间上连续的几条、几十条记录。这也就要求数据处理技术能够自由地处理、比较、分析和挖掘时间序列数据。

在数据所携带的信息方面，在时间层面我们需要重点关注数据的采样间隔。采样间隔的不同会影响数据的适用场景。例如，如果车辆轨迹数据的采样频率约为每15s一条，那么我们可以分析出行的起终点信息、车辆的运行速度、交叉口的延误等；如果采样粒度更精细，例如每1s一条，那么我们可以用来分析车辆的运行工况、加减速、道路的车流波等；反之，如果采样粒度粗糙，例如每1～2h一条，那么可能只能用来分析车辆大致的分布和出行的热点分布。在拿到数据时，需要根据数据的采样间隔初步判断数据能否达到我们应用的目的，以便更好地挖掘和分析数据。

1.1.3　空间

在处理车辆轨迹数据时，空间信息的表现形式有多种。例如，GPS数据中的空间信息是经纬度，无人机航拍轨迹数据中的空间信息是车辆在画面中的位置，而车牌照数据中的空间信息来自于摄像头所在的地理位置。这些不同的空间信息需要被转换为统一的经纬度坐标，以便进行数据处理、分析与可视化。

从技术角度来看，地理空间数据处理技术需要与车辆轨迹数据处理的整个流程紧密结合。我们需要熟悉各种坐标系的知识，能够准确地判断不同类型数据中位置信息是如何记录的。此外，还需要能够高效地进行经纬度坐标转换、距离计算、空间位置关系判断等操作，同时实现空间聚合、集计等高级分析和可视化功能。

在空间信息方面，数据的空间分辨率对于车辆轨迹数据的处理非常重要。我们需要评估数据的空间分辨率是否足够精细，以满足精确计算车辆出行路径的需求。如果车辆轨迹数据的空间分辨率足够细致，我们可以直接分析车辆的出行路径。但是，如果数据的空间分辨率较低，例如车牌照数据只在道路上的几个节点处记录车辆信息，那么车辆在这些节点之间的出行路径就无法精确确定。在这种情况下，我们需要利用这些节点的位置信息和出行时间，通过一定的算法推断车辆的出行路径。因此，数据的空间信息决定了我们应该使用哪种方法对数据进行处理和分析。

1.1.4 其他信息

车辆轨迹数据不仅包含了个体、时间和空间三个基本信息，还可能包括车辆速度、方位角、行驶里程等其他信息。对于特定类型的车辆数据，例如出租车、公交车或电动汽车，还可能包含特定的信息，例如载客状态、站点信息或电量信息。这些信息能够为我们提供更多的分析维度，从而更好地理解车辆轨迹数据。

但需要注意的是，数据很可能会在意想不到的地方存在质量问题，数据提供的信息越多，则越有可能出现潜在的质量问题。一般来说，我们认为数据中个体、时间与空间三要素是相对更加可靠的，其他信息在使用时则需要谨慎地采用，最好能够与最基本的三要素进行互相校核。例如，通过空间信息可以推断车辆的行驶距离，但如果车辆数据字段中包含行驶里程信息，则需要将其与推断的行驶距离进行一定程度上的校核，以确保数据的准确性。

1.2 车辆轨迹数据的采集原理

车辆轨迹数据来源于多种采集方式，包括但不限于车载GPS定位系统、手机应用、视频车牌照识别、航拍轨迹识别等，如图1.2所示。不同采集方式的数据质量不同、特征不同，因此在拿到数据时，理解采集原理是至关重要的一步。本节将详细介绍车辆轨迹数据的采集原理，以帮助大家更好地理解和分析这些数据。

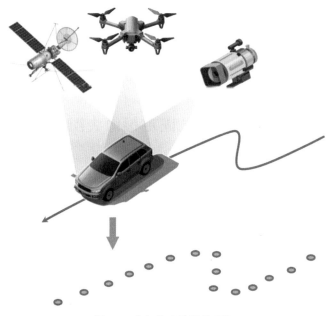

图1.2　车辆轨迹数据的采集

1.2.1　基于车载 GPS 或手机 GPS 定位技术

通过车辆自身GPS设备或智能手机上的定位系统，可以采集到车辆实时的速度、位置和行驶方向等信息。这种方式采集的数据通常被称为浮动车数据（Floating Car Data，FCD）或GPS车辆轨迹数据（GPS Vehicle Trajectory Data），也可以成为直接采集方式。

通常，GPS数据会包含经度、纬度、速度、方向角等信息，具有较高的精度和实时性。在信号良好的情况下，定位精度一般在几米到十几米之间。然而，诸如大楼遮挡、信号反射、大气延迟等因素都可能影响GPS数据的精度。

车辆GPS轨迹数据的采集主要分为两种方式：一是通过车载GPS设备采集；二是通过手机应用程序（例如导航和打车软件）采集。这两种方式获取的数据质量大体相当，但在实际应用中仍存在一定差别。

车载GPS设备采集的数据属于被动采集，设备会在车辆行驶过程中自动记录轨迹数据，因此其覆盖时间范围较长（一般能够持续观测数月），能记录车辆的完整的出行链。但由于数据是自动记录的，可能会产生大量冗余数据。车载GPS设备所采集的轨迹数据的单一数据集通常仅限于某些特定类型车辆，如出租车、公交车、电动汽车等。目前，国内外有许多开源数据集，包括滴滴的盖亚计划、Uber的Uber Movement，以及纽约的出租车数据集等。这类数据集的共同特点是它们是通过对装有GPS定位设备的车辆的抽样来获得的。需要注意的是，这些数据只包含安装了GPS设备的车辆，因此未装GPS设备的其他车辆不在数据集中。在使用这些数据之前，需要充分了解这些数据的采集方式和特点。

手机应用程序采集的数据则属于主动采集，用户需手动打开应用，在行驶过程中记录轨迹数据。这种方式因为是主动采集，只在用户使用应用服务时进行数据收集，对车辆出行链的记录可能呈现出碎片化特点。手机应用程序采集的数据中通常不包含车型信息，虽包含社会车辆的数据，但无法区分不同类型的车辆。

1.2.2 基于无人机或高层建筑固定摄像头视频识别技术

采用无人机或高层建筑摄像头遥感航拍视频识别技术获取的数据是另一组重要的车辆轨迹数据来源。这种技术的原理是：利用无人机搭载或高层建筑架设的高清摄像头进行高空拍摄，捕捉道路上行驶车辆的实时图像。然后，通过图像识别和计算机视觉技术对这些图像进行分析，从而提取车辆的位置、速度和方向等信息。此外，无人机的GPS模块记录无人机的位置信息，结合摄像头的拍摄角度和高度，可将图像中的车辆位置转换为地理坐标。

基于遥感航拍视频识别技术采集的轨迹数据精度会受到多种因素的影响，例如无人机的飞行高度、摄像头分辨率、图像处理算法等。在良好的采集条件下，能够精准地判断车辆所属的车道信息。识别算法也可以从视频中区分车辆类型，如汽车、摩托车、出租车、公交车、重型车辆等。同时，采集的是视频数据，通过对每一帧进行车辆位置识别，数据的时间采样间隔可控制在0.1s以内。

与GPS定位技术相比，遥感航拍视频识别技术获取的轨迹数据的观测时间段相对较短（一般仅能持续数小时），能够提供更精细的时空信息，能够精准地描述车辆的行驶状态，包括车速、加速度、转向、制动等参数的变化。由于其精确度较高，这些数据在交通领域得到了广泛应用，如车辆跟驰换道等驾驶行为研究、交通流分析、微观交通模型构建、车辆运动轨迹预测、驾驶行为识别以及自动驾驶决策规划等方面。

1.2.3 基于车牌识别技术

车牌识别技术（Vehicle License Plate Recognition，VLPR）主要依靠道路上的固定监控摄像头系统来捕捉行驶中车辆的图像信息。借助图像识别和计算机视觉技术，分析图像中的车牌号码，从而获取车辆的识别信息。在设有不同监控摄像头的路段对车辆进行多次识别，结合时间和地点信息，进而计算出车辆的轨迹数据。

车牌识别数据的质量受天气、光线和遮挡物等环境因素的影响。在恶劣的天气或光线条件下，车牌识别的准确率可能会下降。另外，由于车牌识别技术依赖固定的道路监控摄像头系统，其数据覆盖范围受监控摄像头布局限制。如果监控点之间距离过远，可能导致车辆轨迹数据连续性不足。同时，因为车辆轨迹数据需要在多个监控点间进行匹配和处理，其实时性可能不如GPS或遥感航拍视频识别技术。

相较于其他类型的数据，车牌识别数据的优势在于可以在城市范围内长时间观测社会车辆的出行信息。通过识别车牌照数据，可以获取车牌号码、车牌颜色、车牌类型等信息。车牌号码能够反映车辆的归属地，有助于区分外地和本地车辆。车牌颜色通常包括蓝色、黄色、黑色、白色等，有助于识别不同类型车辆的用途和特点。

1.2.4　基于电子不停车收费系统

基于电子不停车收费系统（Electronic Toll Collection，ETC）收集的车辆轨迹数据是一种重要的车辆行驶信息来源。通常，ETC系统设置在高速公路和城市快速路的收费站点，让车辆在行驶过程中能够通过无线通信技术自动识别并支付交通费用，从而提高通行效率。ETC系统主要包括车载单元（On-Board Unit，OBU）和路侧单元（Roadside Unit，RSU）。车载单元安装在车辆内部，路侧单元则部署在收费站的进出口。当车辆进入收费站范围，路侧单元会通过无线射频识别技术（Radio Frequency Identification，RFID）与车载单元通信，实现车辆识别和费用扣除等操作。在此过程中，ETC系统将记录车辆的相关信息，如车牌号、通行时间和地点等。

与车牌识别数据类似，ETC系统的数据也是定点采集的，但其优势在于覆盖范围更广。ETC系统部署在高速公路和城市快速路的收费站点，能够提供省级范围以上的车辆出行信息。同时，ETC系统记录的车辆通行时间和地点信息较为精确，数据持续时间长且覆盖范围广，能够记录社会车辆信息，也能够通过车牌照信息判断车辆类型。

然而，ETC数据在连续性方面较车牌识别数据更为欠缺，因为它无法提供车辆在收费站之间的详细轨迹信息。车辆在一次出行过程中，通常只在进入和离开高速公路网时产生两条数据。尽管如此，由于高速公路网中同样起终点的车辆通常出行路径较为固定，从ETC数据中获取车辆进出高速公路的时间和地点信息，我们仍然可以较为准确地推测出车辆的行驶路径信息。

1.2.5　不同采集原理的车辆轨迹数据特征比较

在对车辆轨迹数据进行分析和应用时，了解并正确判断数据采集原理的重要性不容忽视。数据采集原理决定了轨迹数据在时间、空间、个体三个层面所能够提供的关键属性。这些属性直接影响了数据在实际应用中的可用性、准确性和可靠性。

总结以上不同采集原理的数据，大致可以分为三类：

① 长时间连续追踪的GPS数据。

② 短时间高分辨率的遥感航拍视频数据。

③ 定点采集的车牌识别数据和ETC数据。

这三类数据分别具有不同的数据特征，表1-1总结了上面提到的各类数据采集原理的数据基本情况。

表1-1 各类数据采集原理的数据基本情况

采集原理	时间采样间隔	观测时间段	空间覆盖范围	空间精度	个体数据连续性	车辆类型
车载GPS定位	数秒～数十秒	数天至数月	无限制，大多在单一城市	几米至十几米	长时间连续	特定类型车辆
手机应用GPS定位	数秒～数十秒	数天至数月	无限制，大多在单一城市	几米至十几米	长时间碎片化	包含社会车辆，无法区分车型
无人机及固定摄像头视频识别	约0.1秒（视频帧）	数小时至数天	小范围，数平方公里的区域	几米内、车道级别	短时间连续	包含社会车辆，能够区分车型
车牌照识别	数分钟～数十分钟	数月至数年	单一城市内的特定道路	特定点位	连续性差	包含社会车辆，能够区分车型
ETC	数十分钟数～数小时	数月至数年	省级以上	特定点位	连续性差	包含社会车辆，能够区分车型

1.3 开源车辆轨迹数据集简介

车辆轨迹数据集在研究、开发和创新领域扮演着至关重要的角色，这些数据集的获取与准备过程需要投入大量工作。幸运的是，许多研究机构和高校团队已经开源了相关的轨迹数据集，为各类用户提供了宝贵的资源。因此，本节将介绍一些常见的车辆轨迹数据集，并根据数据的采集方式进行分类介绍。

基于固定摄像头的开源轨迹数据集包括美国交通部提供的NGSIM、印度理工学院提供的TRAF，以及同济大学道路交通安全与环境教育部工程研究中心开发的同济道路轨迹数据平台（TJRD TS）。TJRD TS覆盖了多个场景，包括山西五盂智慧高速路段、杭州西复线、港珠澳大桥以及济南市绕城高速公路。需要注意的是，NGSIM轨迹数据主要是通过多个路侧摄像机的视频拼接而成，因此可能存在一定的定位误差。

基于无人机航拍的车辆轨迹数据集提供了更高精度的轨迹信息。例如，洛桑联邦理工学院团队创建了pNEUMA数据集，通过多架无人机协作采集，并提供了拼接后的轨迹数据。德国亚琛工业大学汽车工程研究所连续发布了多个场景的轨迹数据，包括高速路（HighD）、无信号十字路口（InD）、环岛（RounD）。国内的高校科研团队也发布了轨迹数据集，如同济大学交通运输工程学院的MAGIC Dataset，专注于快速路场景；东南大学交通感知方向研究人员开源了车辆轨迹数据集Ubiquitous Traffic Eyes（UTE），包括多条快速路匝道的轨迹数据。此外，还有一些数据集采用了无人机和固定摄像头的组合方式，例如美国加州伯克利大学提供的INTERACTION数据集，可供用户研究多种出行方式的交互行为，并提供了相关的可视化工具。

表 1-2列出了这些数据集的相关信息，感兴趣的读者可以参考相关论文以获取有关数据集更详细信息。这些数据集为科研和创新提供了丰富的素材，有望推动车辆轨迹分析领域的发展。

表1-2　已有开源轨迹数据集清单

轨迹采集方式	数据集名称	采集场景	采集国家/城市
车载GPS定位	滴滴盖亚计划	城市道路、快速路	中国
	Uber Movement	城市道路、快速路	北美多个城市
	New York City（NYC）Taxi Data Set	城市道路	美国纽约
固定摄像头	Next Generation Simulation（NGSIM）	城市道路、快速路	美国洛杉矶
	TRAF	城市道路	亚洲城市
	同济道路轨迹数据平台（TJRD TS）	城市道路、快速路	中国
无人机	pNEUMA	城市道路	希腊雅典
	HighD	快速路	德国科隆
	inD	城市道路（交叉口）	德国科隆
	RounD	城市道路（环岛）	德国科隆
	MAGIC Dataset	快速路	中国上海
	Ubiquitous Traffic Eyes（UTE）	城市道路、快速路	中国南京
无人机及固定摄像头	INTERnational，Adversarial and Cooperative moTION（INTERACTION）Dataset	城市道路	中国、德国和保加利亚

1.4　本书的技术体系

1.4.1　Python 数据分析生态

本书以笔者2022年9月在清华大学出版社出版的《交通时空大数据分析、挖掘与可视化（Python版）》所介绍的技术体系为基础，内容更加专注于车辆轨迹数据。但由于篇幅限制，本书对Python基本语法以及Pandas、GeoPandas等库仅做了简略介绍。如果读者对这些工具的基本使用方法较为陌生，建议优先参考《交通时空大数据分析、挖掘与可视化（Python版）》一书。

在本书中，所有数据处理操作都是通过Python完成的。相较于其他数据处理工具，Python在交通时空大数据领域具有以下两个优势。

（1）灵活高效：Python是一种灵活且高效的编程语言，能够更加灵活地处理数据。在数据处理过程中，重复性的工作可以通过循环批量完成。Python语言面向工程师设计，语法相对简单，适合初学者学习。

（2）扩展性强：Python拥有丰富的第三方扩展库，许多功能可以通过现有库调用。图1.3展示了Python在各个子领域的扩展包，它们共同构成了Python的数据分析生态。使用Python，我们可以实现交通大数据领域多个常用软件的功能，无需在多个软件间切换或导入导出数据。从简单的数据处理到复杂的数据挖掘和机器学习等技术，都可以用Python实现。Python数据分析生态如图 1.3所示。

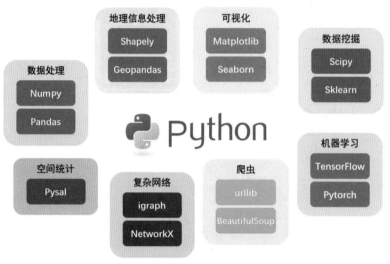

图1.3　Python数据分析生态

如今，Python已经成为交通大数据领域中不可替代的高效工具，很难找到其他替代技术体系能够超越Python。

1.4.2　Pandas 数据处理

在Python中，数据处理功能主要依赖于Pandas包。它的数据处理基于数据表（DataFrame），除了提供Excel和SQL中的所有数据处理功能外，Pandas还提供了许多使我们能够快速便捷地处理数据的新方法。Pandas的存在是Python成为强大而高效的数据分析环境的关键原因。

从适合处理的数据规模上看，如图 1.4所示，给出了各种常用的数据处理工具的适用性。

数据规模	小型		中型		大型		超大型	
数据量	1MB	10MB	100MB	1GB	10GB	100GB	1TB	10TB以上
数据表格处理工具 Excel	3	2	1	0	0	0	0	0
编程语言 Python Pandas	3	3	3	3	2	0	0	0
集中式数据库 SQL Server	1	2	2	3	3	2	1	1
分布式数据库 Hadoop+Spark	1	1	2	2	3	3	3	3

3 非常适合处理　　**2** 适合处理，但有别的工具更好　　**1** 可以处理，但效率很低　　**0** 不能处理

图1.4　数据规模与处理工具

（1）数据表格处理工具处理的数据量不宜过大，适用于100MB以内的数据集。处理100MB以上规模的数据时就已经比较吃力，打开数据就已经需要很长时间。

（2）Python的Pandas一般适用于10GB以内的数据处理。在处理数据时，Pandas需要将数据读入内存中进行计算，可处理的数据大小受限于计算机的内存容量。以目前家用计算机的性能配置来看，Pandas最适合用于运算数百MB以内的中小型数据。涉及更大规模的数据时，Pandas虽然能够提供数据分块读取与处理的功能，但由于无法将数据作为一个单独的整体考虑，其代码灵活性已经受到很大限制。不过，Python的Dask包可以解决这一问题，它能够将数据分块读入内存，然后将数据分块作为一个整体进行处理，从而实现对大规模数据的处理，其代码的写法与Pandas相似。

（3）集中式与分布式数据库能够处理的数据规模更大，但如果用来处理中小规模的数据就有点杀鸡用牛刀了。数据库在处理时，会更多考虑数据的安全性与鲁棒性，数据的导入导出操作过程相对比较烦琐，处理效率远比不上Pandas。

在交通大数据领域，我们经常接触到的单个数据文件大多在GB级别以内，Pandas相比其他处理工具能够更高效、更灵活地实现这一规模的数据处理。

1.4.3　GeoPandas 与空间数据处理

GeoPandas是Python中专门针对地理空间数据处理的开源项目，GeoPandas在Pandas的数据表基础上扩展对几何类型数据的支持，如图1.5所示。它依赖于以下几个基础包。

① Pandas：负责数据的基础处理功能。GeoPandas中地理信息数据的存在形式为GeoSeries（列）和GeoDataFrame（表）类型，分别是在Pandas的Series（列）和DataFrame（表）上扩展得到，在地理信息数据处理时可以应用Pandas强大的数据处理功能。

② Shapely：负责空间数据类型的支持和运算功能。Shapely是Python中用于操作和分析平面几何对象的库。GeoPandas的几何类型数据与运算功能由Shapely包提供，并为Shapely提供了多个几何图形的高级接口。从数据表的形式上看，GeoPandas中的地理信息数据表GeoDataFrame在Pandas的DataFrame表数据基础上增加了一个GeoSeries列，列名为geometry，用以存储要素的几何信息，这一列中的每一个元素都是Shapely中的几何图形要素，如图1.5所示。

③ Fiona：负责GIS数据读写，提供常见的地理信息文件（如shapefile、GeoJSON文件）的读取与写入功能。

④ GDAL：负责栅格与矢量数据的处理和转换功能。

⑤ Pyproj：负责地理数据的坐标系处理功能，它能够为地理数据定义坐标系，也支持地理坐标系与投影坐标系之间的转换。

⑥ Matplotlib：负责几何图形的绘制可视化。

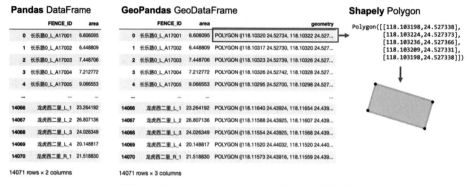

图1.5　GeoPandas、Pandas与Shapely的关系

由于运行在Python中，GeoPandas可以与Python的数据处理体系无缝衔接。在本书中所涉及的绝大部分GIS操作都将由GeoPandas实现。

1.4.4　TransBigData 交通时空大数据处理、分析与可视化工具

TransBigData是一个专门为交通时空大数据处理、分析和可视化而设计的Python包，由笔者独立开发，如图 1.6所示。TransBigData为处理常见的交通时空大数据（例如出租车GPS数据、共享单车数据和公交车GPS数据）提供了快捷且简洁的方法。对于交通时空大数据分析的各个阶段，TransBigData提供了多种处理方法，其代码高效、灵活，能够通过简洁的代码实现复杂的数据任务。

图1.6　TransBigData工具

对于特定类型的数据，TransBigData还提供了针对特定处理需求的方法，例如从出租车GPS数据中提取出租车行程的起点和终点信息（OD），以及从公交车GPS数据中识别到站和离站信息等。对于车辆轨迹数据，TransBigData库在0.5.0以上版本提供了一套完整的轨迹数据处理方法，包括轨迹数据的预处理与漂移修复、停留与出行的分割、栅格化、可视化等。TransBigData库中的轨迹数据处理方法是基于Pandas与GeoPandas包实现，可以与上文中提到的库无缝衔接。

在安装TransBigData之前，需要确保已经安装了可用的GeoPandas包。如果已经安装了GeoPandas包，直接在命令提示符或jupyter notebook编辑器中运行下面代码即可安装最新版本的TransBigData：

```
pip install -U transbigdata
```

需要注意的是，TransBigData的0.5.0版本以上加入了本书中所采用的多个轨迹处理的方法。如果读者已经安装过早期版本的TransBigData，则建议更新到最新版本，更新的代码同上。

安装完成后，在Python中运行如下代码即可导入TransBigData包：

```
import transbigdata as tbd
```

第2章
车辆轨迹数据的预处理

车辆轨迹数据在交通规划、出行分析等领域中发挥着日益重要的作用。然而，为了充分挖掘这些数据的价值，预处理成为必不可少的环节。本章将深入探讨数据读取与存储、质量分析、数据清洗、轨迹增密与稀疏化、坐标转换、栅格化、停车与出行切片等操作的思路与实现方法，为轨迹数据处理和分析奠定基础。在本章中，将对每个处理步骤的方法逻辑进行详细解析，并展示如何利用TransBigData提供的方法快速实现处理。

2.1 车辆轨迹数据的读取与存储

车辆轨迹数据的读取与存储是数据处理的第一步。在这一步中，有许多需要注意的细节。采用合适的方法读取和存储数据，面对大文件时分块读取和分块存储，都可以提高数据整体处理的效率。在这一部分，将介绍如何使用Pandas读取和存储车辆轨迹数据。

2.1.1 数据的读取

通常获取的轨迹数据以纯文本文件形式存储，后缀名一般为csv，即CSV（Comma-Separated Values，逗号分隔值）文件。CSV文件的典型特征是数据中的字段、记录等均以英文逗号分隔（，），整个数据文件由多条记录组成，每行一条记录，每条记录都具有相同数量的字段。

请注意，在获取数据时尽量避免使用Excel打开，因为Excel最多仅支持1 048 576行数据。如果数据量超过这个限制，Excel会自动截断数据，导致后面的数据丢失。同时，如果数据量过大，Excel打开数据时可能会卡住，出现"内存不足"的错误。

在Pandas中，通常使用pd.read_csv()方法读取数据文件，并将其转换为DataFrame，例如：

```
import pandas as pd
data = pd.read_csv('Data/GPSData.csv')
data
```

结果如图 2.1所示。

	车辆ID	lon	lat	time	speed
0	0	114.031799	22.524799	2014-10-22 02:54:30	42
1	0	114.038696	22.531500	2014-10-22 02:54:37	52
2	0	114.047302	22.531799	2014-10-22 02:55:07	59
3	0	114.055099	22.531500	2014-10-22 02:55:37	50
4	0	114.062500	22.531799	2014-10-22 02:56:08	46
...	...	...	...	...	...
1155648	663	113.945999	22.571501	2014-10-22 23:48:32	35
1155649	663	113.943398	22.578199	2014-10-22 23:49:32	29
1155650	663	113.943298	22.583200	2014-10-22 23:50:35	0
1155651	663	113.943298	22.583500	2014-10-22 23:51:05	14
1155652	663	113.942001	22.588800	2014-10-22 23:52:56	13

1155653 rows × 5 columns

图2.1　读取的轨迹数据

以上代码将轨迹数据csv文件读取到Python中，并将其转换为一个DataFrame变量。这个示例轨迹数据集包含了2014年10月22日深圳市的车辆轨迹数据，共有115万条数据，分为5列，包括：车辆ID、经度、纬度、时间、速度。在此过程中，Pandas会自动在DataFrame的最左侧添加一列行索引（默认情况下从0开始的整数），同时将表格的第一行设为列名。

pd.read_csv()方法不仅限于读取csv文件，无论文件后缀名是csv、txt、tsv还是dt等，只要数据以纯文本形式存储，均可使用此方法进行读取。以下是该方法的一些常用和需要注意的参数。

sep：用于分隔字段的字符，默认为','，也是标准csv文件中数据的分隔符。

header：指定用作列名的行号，默认为'infer'，即自动从第一行获取列名。如果数据文件没有列名，可以设置为None。

encoding：指定文件编码格式，例如'utf-8'。若编码格式不正确，导致读取数据后中文文字出现乱码时，可以尝试将编码格式改为'gbk'、'ascii'等。

skiprows：需要跳过的行数或要跳过的行号列表（从0开始计算）。

nrows：从文件开头读取的行数。这一参数在处理大型文件时非常有用，可以指定nrows以便快速查看数据前几行的基本情况。通过skiprows和nrows两个参数搭配使用，可以读取文件的任意部分，也可以通过多次循环分块读取大型数据文件。

例如：

```
data = pd.read_csv('D'ata/data.abc',   # 无关后缀名，纯文本数据即可读取
            header=None,               # 数据表第一行不是列名
            sep='|',                   # 数据表字段之间是用'|'分隔的
            nrows=10,                  # 只读取前10行
            encoding='gbk')            # 数据表是gbk编码的
```

2.1.2　数据的存储

在数据处理完成后，可能需要将结果保存以备下次使用。此时，可以使用pd.to_csv()

方法将DataFrame转换为CSV文件。这个方法的参数与pd.read_csv()方法的参数基本相同，但存在一些差异：

index：是否将DataFrame的行索引写入文件，默认为True。写入文件时会将行索引一并写入，这样在下次读取文件时，就会多出一列行索引。然而，在大多数情况下并不需要这一行索引，所以需要将其设置为False。

header：是否将DataFrame的列名写入文件，默认为True。

encoding：指定文件编码格式，例如 utf-8。若需要将存储的数据在Excel中打开，那么这里就需要将编码格式改为utf-8_sig，否则将会出现乱码。

例如，可以使用以下代码将名为data的DataFrame写入文件：

```
data.to_csv('Data/data.csv',    # 文件名
            index=False,         # 不将行索引写入文件
            header=False,        # 不将列名写入文件
            sep='|',             # 数据表的内容里面字段之间是用'|'分隔的
            encoding='gbk')      # 数据表的内容里面是gbk编码的
```

2.1.3　多个数据文件的读取与合并

在某些情况下，轨迹数据可能分开存储在多个文件中，但在处理数据时，需要将数据都存放在同一个数据表中以便更方便地进行计算。此时，可以使用glob包匹配符合条件的文件，逐一读取并用pd.concat()方法合为一个DataFrame，代码如下：

```
# 推荐的写法
import glob
# 读取path文件夹下的所有csv文件
files = glob.glob("path/*.csv")
# 定义一个空的List用于存放读取的数据
df = []
for f in files:
    csv = pd.read_csv(f)
    # 将读取的数据添加到df这个List中
    df.append(csv)
df = pd.concat(df)
```

请注意，在此代码中，首先定义了一个名为df的空列表，然后在每次读取文件时，都将数据添加到df中。最后，将此列表传递给pd.concat()方法以合并为一个DataFrame。

有些同学可能会采用下面的代码（不推荐）：

```
# 不推荐的写法
import glob
files = glob.glob("path/*.csv")
# 定义一个空的DataFrame用于存放读取的数据
df = pd.DataFrame()
for f in files:
```

```
csv = pd.read_csv(f)
# 将读取的数据在df这个DataFrame的末尾追加
df = df.append(csv)
```

这种写法效率非常低，因为在循环中每次都需要修改df这个DataFrame的内容。当循环次数多时，DataFrame的内容会变得越来越大，导致在大数据表后面追加新数据变得非常耗时。

相比之下，推荐的写法在循环中只是向列表中添加数据，并不会改变每个小数据表的结构。最后通过pd.concat()方法在循环结束后一次性创建一个新的DataFrame。这种写法的运行效率会大大提高。当处理大量数据时，推荐写法的读取速度将比不推荐写法快数十甚至数百倍。

2.1.4 轨迹数据的分块存储

获取轨迹数据时，可能是根据采集时间分成不同区块存储的。这种现象是因为原始数据的采集和存储方式可能每隔一段时间（如1s或1min）就将所有数据写入一个文件。轨迹数据可能分布在许多文件中，每个文件存储了一段时间内所有车辆的轨迹信息。这给处理带来了挑战，因为需要将同一辆车的数据整合在一起，以考虑车辆轨迹之间的关系并执行识别算法。但是，如果用之前提到的方法将所有数据读取到Python中，可能会因内存不足而无法处理。

为解决此问题，可以考虑根据个体ID重新对数据进行分块存储。也就是说，每次读取一个小数据文件（按时间分块），然后按车辆ID进行分类，再将每个分组的数据写入各自对应的文件（按ID分块）。这样整理完所有数据后，便能确保同一辆车的数据都存储在同一个文件里，便于后续处理。

在使用这种方法时，需要确保每个小数据文件中车辆ID的分组规则保持一致。最好的做法是在车辆ID上执行某种规则判断来作为分组依据。例如，可以用车辆ID的最后一位数字作为分组依据。代码示例如下：

```
import glob
files = glob.glob("path/*.csv")
for f in files:
    data = pd.read_csv(f)
    # 在数据中追加一列，用于存储组别信息
    # 这里将个体ID的最后一位作为组别信息
    data['groupid'] = data['id'].astype(str).str.slice(-1)
    # 按groupid分组，存储分组后的数据
    data.groupby('groupid').apply(
        lambda x: x.to_csv(
            'data_group_'+x['groupid'].iloc[0]+'.csv',  # 构造文件名
            index=False,      # 不保存索引
            header=False,     # 不保存列名，因为每个文件都有相同的列名
            mode='a+'         # 追加模式
        )
    )
```

在某些情况下，直接使用车辆ID的末位进行分组可能会导致数据不均衡，各个分块数据中的数据量可能不一致。为了解决这个问题，可以计算车辆ID的MD5值，然后取MD5值的最后一位作为分组依据。这样就能确保分组后的数据量相对平衡。以下是计算MD5值的代码示例：

```
# 计算一个id的md5值
import hashlib
def get_md5(id):
    m = hashlib.md5()          # 创建md5对象
    # 生成加密串，其中字符串必须是bytes类型，所以需要转为utf-8编码
    m.update(str(id).encode('utf-8'))
    return m.hexdigest()        # 获取加密串
get_md5(123456)

# 输出结果
'e10adc3949ba59abbe56e057f20f883e'
```

利用上面的代码，可以将车辆ID的MD5值的最后一位作为分组依据，将上面代码中组别信息计算的那一行换成如下代码即可：

```
# 将车辆ID的md5值的最后一位作为分组依据
data['groupid'] = data['id'].apply(lambda r:get_md5(r)[-1])
```

当使用MD5的最后一位作为分组依据时，数据将被分成16个部分。如果采用这种方法将数据分块存储后，每个分块的数据量仍然过大，那么可以考虑适当增加MD5值的位数来实现更细致的分组。

2.1.5　轨迹数据的分布式处理（Dask）

在处理大规模的轨迹数据时，除了上面所提到的分块处理方式外，分布式处理也是一种非常有效的方法。分布式数据处理就是把一个庞大的数据集拆分成许多小块，然后把这些小块分发给多个计算节点来并行处理，最后再将计算的结果整合到一起。这种方式下，每个计算节点所处理的数据是一小块数据，就能有效地避免内存不足的问题。而因为多个节点能够同时处理各自的数据块，也能够实现并行处理，从而提高计算的整体效率。

这一思路就是分布式数据处理的MapReduce技术。MapReduce由两个主要步骤组成：Map（映射）和Reduce（规约），具体如下。

- 映射阶段（Map）：在这个阶段，输入数据被分成很多小块，并由各个计算节点（也叫工作节点）同时处理。映射函数会对每个数据块进行处理，并产生一个中间结果集。这个中间结果集通常由键值对（key-value）组成。
- 规约阶段（Reduce）：这个阶段中，中间结果集会根据键（key）进行分类，然后送给规约函数。规约函数会处理每个键对应的值集合，生成一个输出结果。这个输

出结果同样是键值对的形式。最后，所有规约函数产生的输出会整合成最终结果。

通过这两个步骤，MapReduce可以将大规模数据处理任务分解成多个子任务，然后在分布式计算节点上并行处理这些子任务，然后将这些子任务的结果合并成最终结果。MapReduce的优势在于，它可以利用分布式计算环境中的多个节点，对大数据进行高效、可扩展的处理。

为了实现分布式处理，通常会采用像Hadoop、Spark和Dask这样的分布式计算框架。这些框架提供了分布式计算的基础架构和API，让用户可以轻松地编写和执行分布式计算任务。在这些框架里，数据被切成若干块，然后在各个计算节点间传输和处理。计算节点可以是同一台计算机上的不同进程，也可以是不同计算机间的进程或节点。

在Python中，Dask是一个用于以分布式的方式处理大型数据集的Python库，它的安装方法如下：

```
pip install dask
```

Dask的数据结构与Pandas的数据结构相似，而它也使用了类似于Pandas的API，可以用与Pandas类似的代码形式来写Dask的分布式处理方法，Dask会将数据处理任务自动分发到多个计算节点上执行，但在分布式环境中具有更高的可伸缩性和可扩展性。

```
import dask.dataframe as dd
```

虽然Dask主要用于分布式计算，但也能在单机环境中实现对大文件的高效处理，在运行过程中，Dask会进行如下操作：

分块（Chunking）：Dask会将大文件划分为较小的数据块。这些数据块被称为分块。分块的大小可以根据可用内存和处理需求进行调整。通常，分块的大小应设置为能够适应计算机内存的大小，以便在内存中高效处理数据。

并行处理（Parallel Processing）：在单机模式下，Dask可以利用多核CPU进行并行处理。Dask会根据任务图自动安排计算任务，并尽可能地在多个CPU核心上同时执行任务，提高数据处理速度。

Dask的基本使用方法与Pandas类似，但存在一些关键区别。编写Dask运算操作代码时，返回的是Dask数据框。此时，Dask并未真正执行运算操作，而是将运算操作的任务分发到多个计算节点，变成等待执行的命令。例如，下面的代码展示了使用Dask读取数据并统计每小时车辆轨迹数据量的示例。将Pandas处理时的pd更改为dd即可实现Dask的数据运算操作：

```
# 读取数据
data = dd.read_csv('Data/GPSData.csv')
# 将时间列转换为时间类型
data['time'] = dd.to_datetime(data['time'])
# 提取时间列中的小时信息
data['hour'] = data['time'].dt.hour
# 统计每小时车辆轨迹数据量
```

```
Hourcount = data.groupby('hour').count()['id']
Hourcount

# 输出结果
Dask Series Structure:
npartitions=1
    int64
      ...
Name: id, dtype: int64
Dask Name: getitem, 10 graph layers
```

可以看到，输出结果中并没有计算结果，而是显示了Dask数据框的结构。这是因为Dask采用延迟计算（Lazy Computation）策略，即仅在需要时计算结果。创建Dask数据结构（如Dask Array、Dask DataFrame或Dask Bag）并对其执行操作时，Dask不会立即计算结果，而是生成一个任务图表示计算过程。只有在显式请求结果时（如调用compute()方法），Dask才会开始实际计算。因此，需要使用compute()方法将结果转换为Pandas数据框时，Dask才会真正执行运算操作，代码如下：

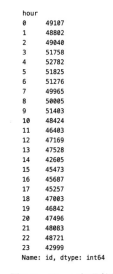

```
Hourcount = Hourcount.compute()
Hourcount
```

结果如图 2.2所示。

对比Dask和Pandas，在数据规模不大的情况下，Dask的性能可能比Pandas慢，因为Dask在数据处理过程之外，还需将操作分发到多个进程上执行，再将结果合并规约得到结果。在这种情况下，使用前面所介绍的数据拆分方法可以满足需求，计算代码实现也相对更灵活。

图2.2　Dask实现数据
的小时集计

2.2　车辆轨迹数据的质量分析

2.2.1　数据质量分析的关注要点

在深入分析挖掘数据之前，还需要初步评估数据的质量。如果等到一系列数据处理操作后输出结果不对，才意识到数据质量有问题，前面的工作可能都得重来了。想尽量减少这种吃力不讨好的失误，数据质量的评估就非常有必要了。

应该怎么评估数据质量？可以从数据的基本特征、数据的完整性和准确性等方面初步评估手中的数据。

1. 数据的基本特征

分析数据的基本特征时，关注点在于数据能反映样本的哪些特性。以车辆轨迹数据为例，首先需要关注的是数据的采样频率。不同采样频率的数据所能提取和分析的信息是有差异的，例如：

① 若数据采样频率约为每15s一条，可分析出行的OD信息、车辆的运行速度以及交叉口的延误等；

② 如果采样粒度更精细，如每1s一条，那么可以用来分析车辆的运行工况、加减速等；

③ 相反，如果采样粒度较粗糙，例如每1～2h一条，可能只能用来分析车辆的大致分布和出行的热点分布。

2. 数据的完整性

一方面数据的完整性是观察数据本身的内容上是否存在缺失值。在轨迹数据中，需要检查每一条数据是否有最基本的经纬度、时间戳、车辆ID等信息，如果数据还携带其他重要的字段，则也要判断这些字段的取值分布，是否存在缺失。如果存在缺失值，数据的缺失率是多少？能否补全数据，如何补全？删除缺失数据是否会影响分析结果？对时空大数据，数据的完整性还得考虑个体、时间与空间维度。

① 在个体维度上，数据是抽样数据还是全样本数据？如果是抽样数据，数据量是多少？怎么抽样？抽样率是多少？抽样数据在时空上有什么特征？

② 在时间维度上，数据是否在某段时间内存在缺失？这种缺失是因为数据采集出现问题，还是数据本身在这一时段内就比较少？

③ 在空间维度上，数据是否在某个地理区域范围内存在缺失？还是这里本身就处于郊区数据量较少，还是因为采集方式存在问题而丢失数据？

3. 数据的准确性

数据的准确性则是评估数据与真实情况的差异。比如，某市的车辆轨迹数据经纬度是否在该市的地理范围内？如果超出该市的地理范围，超出距离大概是多少？更细来说，车辆应该出现在道路上，出现在建筑物里的可能性较低（比如楼内停车场），那么数据能否很准确地分布在道路上？数据的地理位置是否存在瞬移？车速是否在合理范围，车速为负值或者明显过大，那就有理由怀疑这些数据的准确性。不合理的数据需要进行剔除或修改。对不同数据与不同研究内容，所需的数据评估内容也不同，需要结合数据的实际情况进行设计。

2.2.2 字段的取值与缺失分析

在对数据的基本特征、完整性和准确性进行初步评估后，可以进一步对数据的字段进行分析。对于轨迹数据，可以从车辆ID、时间、经纬度、速度、方向等字段进行分析。

1. 数据概况与缺失值分析

基于DataFrame的内置方法，可以便捷地查看数据的基本信息，包括数据类型、字段数、行数、缺失值情况等，代码如下：

```
data.info()

# 输出结果
<class 'pandas.core.frame.DataFrame'>
RangeIndex: 1155653 entries, 0 to 1155652
Data columns (total 5 columns):
 #   Column   Non-Null  Count      Dtype
---  ------   --------  ---------  -----
 0   id       1155653   non-null   int64
 1   lon      1155653   non-null   float64
 2   lat      1155653   non-null   float64
 3   time     1155653   non-null   datetime64[ns, UTC]
 4   speed    1155653   non-null   int64
dtypes: datetime64[ns, UTC](1), float64(2), int64(2)
memory usage: 44.1 MB
```

在其中，列出了数据五个字段的数据类型、非空值数量、占用内存等信息。在non-null列中，列出了数据的非空值数量，如果该字段的非空值数量小于总行数，那么该字段就存在缺失值。

查看每个字段的缺失值情况，包括缺失值数量和缺失率等：

```
data.isnull().sum()             # 统计每个字段的缺失值数量
data.isnull().sum() / len(data) # 计算每个字段的缺失率

# 输出结果
id       0.0
lon      0.0
lat      0.0
time     0.0
speed    0.0
dtype: float64
```

结果显示，数据的每个字段都没有缺失值。

2. 数据字段的取值分布

接下来，还要判断每个字段的取值，查看是否有些明显超出正常范围的取值。比如，车速的取值范围一般是0～120km/h，如果有超出这个范围的取值，那么就需要考虑这些数据是否存在问题；如果存在问题，则要考虑如何进行清洗。

用data.describe()方法则可以查看数据字段的基本统计信息，包括数值型字段的平均值、标准差、最大值、最小值等，代码如下：

```
data.describe().round(2)
```

结果如图 2.3所示。

	id	lon	lat	speed
count	1155653.00	1155653.00	1155653.00	1155653.00
mean	336.52	114.03	22.56	9.91
std	191.27	0.09	0.10	13.99
min	0.00	112.38	21.76	0.00
25%	168.00	113.99	22.53	0.00
50%	343.00	114.04	22.55	0.00
75%	500.00	114.09	22.57	18.00
max	663.00	114.40	28.59	98.00

图2.3　数据的基本统计信息

从上图中，可以看到各字段的基本情况，均在合理的范围内。其中，时间字段由于是时间戳，没有平均值、标准差等统计量，所以在data.describe()方法中没有展示统计信息。

对某个字段，可以查看每个字段的取值分布情况，包括字段取值的频数统计和数值型字段的直方图等，代码如下：

```
data['speed'].value_counts()  # 统计字段取值的频数

# 输出结果
0       623108
9        14898
7        14868
11       14768
5        14610
         ...
86           2
78           2
91           1
93           1
89           1
Name: speed, Length: 97, dtype: int64
```

其中，输出结果中的第一列为字段的取值，第二列为该取值的频数。将该结果绘制成直方图，代码如下：

```
import matplotlib.pyplot as plt
# 绘制直方图
data['speed'].hist()
# 添加坐标轴标题
plt.xlabel('Speed')
plt.ylabel('Frequency')
# 显示图形
plt.show()
```

结果如图2.4所示。

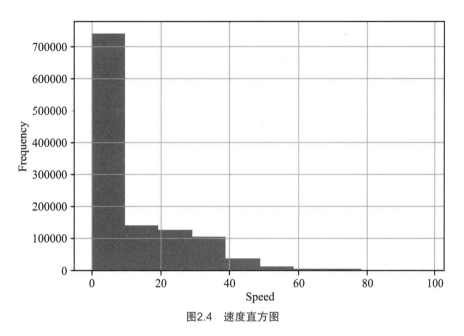

图2.4 速度直方图

可以看到，大部分数据的速度取值都在60km/h以下，属于正常范围。

2.2.3 数据的质量分析

本节以轨迹数据的时间维度完整性为例进行质量评估，统计数据在时间上的分布情况。数据的时间统计粒度不同，会导致最后统计的结果出现一定差异。因此，需要根据研究目的，确定与其相适应的时间统计单位。在本节中，将以小时为粒度，统计（集计）轨迹数据量的小时分布情况。

时空大数据的时间信息可能包括年、月、日、时、分、秒等时间单位，而在读取数据时，如果没有设定时间格式，读取进来的时间字段的值将是以字符串形式呈现，数据的时间格式与统计粒度并不能够完全重合。因此，如果需要统计每小时数据量，需要从时间字段中提取出小时的信息，作为数据表中的一列，并将以此列为依据进行集计统计。

1.时间格式化

Pandas的DataFrame提供了许多方便的时间处理方法，为了应用这些方法，首先需要将数据转换为Pandas的Timestamp类型。Pandas中的pd.to_datetime()方法可以将字符串或数字类型的日期时间转换为Timestamp类型。大多数情况下，直接使用pd.to_datetime()方法就能自动识别输入的日期时间格式。如果数据只提供了时分秒，Pandas会直接将计算机中运行代码当天的日期加上。

而当日期时间格式与Pandas默认的格式不匹配，无法正确识别时，可以使用format参数来指定输入日期时间的格式。format参数采用与Python的datetime模块相同的格式化代码，如表 2-1所示。

表 2-1 日期时间格式化代码

代　　码	含　　义
%Y	四位年份，例如2023
%m	两位月份，例如04
%d	两位日期，例如05
%H	两位小时（24小时制），例如13
%M	两位分钟，例如45
%S	两位秒，例如30

例如，如果日期时间格式为2014-10-22T02:54:30.000Z，则可以使用以下代码将其转换为Timestamp类型的日期时间：

```
date_str = '2014-10-22T02:54:30.000Z'
date_time = pd.to_datetime(date_str, format='%Y-%m-%dT%H:%M:%S.000Z')
date_time

# 输出结果
Timestamp('2014-10-22 02:54:30')
```

pd.to_datetime()方法也支持对数据的整列进行转换。在图2.1中，读取的轨迹数据中的时间列的格式为字符串类型，可以使用以下代码将DataFrame中的时间列转换为Timestamp类型的日期时间：

```
data['time'] = pd.to_datetime(data['time'])
```

在提供format参数时，pd.to_datetime()方法不用去推测数据的时间格式，运行速度会比没有指定这一参数的情况下快很多。

一些情况下，轨迹数据的时间可能是秒数（即时间戳），而不是日期时间。这时，可以使用下面的方法将数据转换为日期时间，以便后续的处理。此时，默认时间戳的开始时间是1970年1月1日0时0分0秒，代码如下：

```
# 将时间戳转换为日期时间
data['time'] = pd.to_datetime(data['time'], unit='s')
```

2. 时间提取与运算

将一整列时间数据转换为Pandas的Timestamp类型列后，该列就内置了时间属性的提取与时间的运算功能，非常方便。例如，日期时间可以使用dt属性来访问其各个属性，如年、月、日、时、分、秒等，可以使用以下代码来访问：

```
data['year'] = data['time'].dt.year
data['month'] = data['time'].dt.month
data['day'] = data['time'].dt.day
data['hour'] = data['time'].dt.hour
data['minute'] = data['time'].dt.minute
data['second'] = data['time'].dt.second
```

```
data
```

结果如图 2.5所示。

	id	lon	lat	time	speed	year	month	day	hour	minute	second
0	0	114.031799	22.524799	2014-10-22 02:54:30	42	2014	10	22	2	54	30
1	0	114.038696	22.531500	2014-10-22 02:54:37	52	2014	10	22	2	54	37
2	0	114.047002	22.501700	2014-10-22 02:55:07	50	2014	10	22	2	55	7
3	0	114.055099	22.531500	2014-10-22 02:55:37	50	2014	10	22	2	55	37
4	0	114.062500	22.531799	2014-10-22 02:56:08	46	2014	10	22	2	56	8
...	...	...	...	...	...	...	...	...	...	...	...
1155648	663	113.945999	22.571501	2014-10-22 23:48:32	35	2014	10	22	23	48	32
1155649	663	113.943398	22.578199	2014-10-22 23:49:32	29	2014	10	22	23	49	32
1155650	663	113.943298	22.583200	2014-10-22 23:50:35	0	2014	10	22	23	50	35
1155651	663	113.943298	22.583500	2014-10-22 23:51:05	14	2014	10	22	23	51	5
1155652	663	113.942001	22.588800	2014-10-22 23:52:56	13	2014	10	22	23	52	56

1155653 rows × 11 columns

图2.5 转换后的数据时间

Timestamp也支持时间的加减运算，如果想要对时间整体加上一个偏移时长，可以使用Pandas的Timedelta类型。例如，如果想要将时间向前后偏移一个小时，可以使用以下代码：

```
data['time'] = data['time'] + pd.Timedelta(hours=1) # 向后偏移一个小时
data['time'] = data['time'] - pd.Timedelta(hours=1) # 向前偏移一个小时
```

在读取数据时，时间格式的处理是需要做的第一件事。利用好Pandas的时间处理功能，可以极大地简化数据中时间列的处理过程。

3. 数据的时间分布统计

首先应该确定数据的研究时段范围，将数据的时间字段转换为时间格式后，可以直接用时间的最大值与最小值确定数据的观测时段范围：

```
# 查看时间字段的最小值与最大值
data['time'].min(),data['time'].max()

# 输出结果
(Timestamp('2014-10-22 00:00:00+0000', tz='UTC'),
 Timestamp('2014-10-22 23:59:59+0000', tz='UTC'))
```

可以看到，数据的采集时间段是2014年10月22日一天。接下来，可以基于小时信息，统计每小时的数据量，以观察数据在这一天中的分布概况。在前面的代码中，已经提取了时间中的小时信息，并将其作为一个新的字段赋值给数据表。依据这一字段，就可以统计每小时内的数据量大小，这一过程也叫做表格的集计/聚合（groupby）操作。代码如下：

```
# 按照小时信息进行分组，计数了每小时的车辆ID出现的总行数作为数据量
Hourcount = data.groupby('hour').count()['id']
# 更改Series的列名，并将通过reset_index将Series变成DataFrame
Hourcount = Hourcount.rename('count').reset_index()
Hourcount
```

结果如图2.6所示。

通过数据的聚合处理，已经得到了每小时的数据量。接下来可以通过Matplotlib库将数据绘制为简单的折线图与柱状图。使用Matplotlib对数据绘图可以分为三个步骤。

（1）创建图表。

在Matplotlib的绘图中，存在几个概念需要加以区分：fig（figure）、ax（axes）、plt（pyplot）与Axis，它们之间的关系如图2.7所示。通俗来讲，fig相当于画板，ax相当于纸，一个画板上可以有多张纸，一张纸上则需要有相应的x和y轴。plt则相当于画笔，集成了各类画图方法。在画图时，如果有多张纸，则相应地告诉画笔应该在哪一张纸上画图。在创建图表时，需要定义画板的大小、画板上纸的数量等信息。

	hour	count
0	0	49107
1	1	48802
2	2	49040
3	3	51758
4	4	52782
5	5	51825
6	6	51276
7	7	49965
8	8	50005
9	9	51403
10	10	48424
11	11	46403
12	12	47169
13	13	47528
14	14	42605
15	15	45473
16	16	45687
17	17	45257
18	18	47003
19	19	46842
20	20	47496
21	21	48083
22	22	48721
23	23	42999

图2.6　数据的小时集计

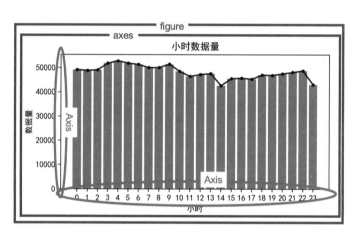

图2.7　Matplotlib中的各种元素

（2）在图上画。

图表的绘制可以通过调用plt画笔进行绘制，plt提供了各类图表绘制的内置方法。

（3）调整图中元素并显示或存储。

在这一步骤中定义图中标题、图例、坐标轴等内容，调整的元素由plt的不同方法决定，如图2.8所示。

下面对数据的时间分布在一个图表中同时绘制柱状图、折线图与散点图，代码如下：

```
# 1. 创建图表
import matplotlib.pyplot as plt
plt.rcParams['font.sans-serif'] = ['SimHei']    # 用来正常显示中文标签
plt.rcParams['axes.unicode_minus'] = False      # 用来正常显示负号
# 创建一个图,图的尺寸为6×3,分辨率(dpi)为300
fig = plt.figure(1, (6, 3), dpi=300)
```

```
# 在图中创建子图
ax = plt.subplot(111)                    # 111分别表示：共创建一个子图，子图的布局为1行1列
# 2. 在图上画
# 绘制折线图
plt.plot(Hourcount['hour'],              # 节点的x坐标
         Hourcount['count'],             # 节点的y坐标
         'k-')                           # 'k-'定义了黑色实线
# 绘制散点图
plt.plot(Hourcount['hour'],
         Hourcount['count'],
         'k.')                           # 'k.'定义了黑色散点
# 绘制柱状图
plt.bar(Hourcount['hour'],
        Hourcount['count'])
# 3. 调整图中元素
plt.ylabel('数据量')                      # 加y轴标题
plt.xlabel('小时')                        # 加x轴标题
plt.xticks(range(24), range(24))         # 调整x轴标签
plt.title('小时数据量')                   # 加图标题
# 4. 显示图
plt.show()
```

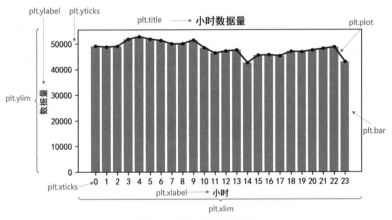

图2.8　图表中的各类元素

结果如图 2.9 所示。

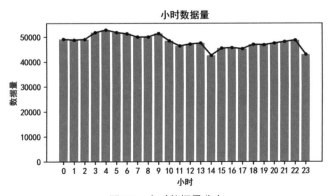

图2.9　小时数据量分布

27

从数据量的时变折线图可以看到，数据在小时分布上并没有明显的数据缺失情况。

（4）数据的采样间隔统计。

对数据统计采样间隔，即统计的每一辆车连续两条数据之间的时间差分布。统计的思路是将数据依据车辆ID与时间排序后，利用列数据的shift()方法和Pandas中Timestamp类型的减法运算可以求出相邻两条数据的时间差，代码如下：

```python
# 按照车辆ID与time排序
data = data.sort_values(by=['id', 'time'])
# 求出相邻两条数据的时间差
data['time_diff'] = data['time'] - data['time'].shift(1)
# 把时间差从Timedelta类型转换为秒数
data['time_diff'] = data['time_diff'].dt.total_seconds()
data['time_diff']
```

结果如图2.10所示。

在上面的结果中，还需要确保计算的时间差是针对同一辆车的，因此需要对数据进行筛选，代码如下：

```python
# 仅保留同一辆车的记录
data_interval = data[data['id']==data['id'].shift(1)].copy()
```

```
0              NaN
1              7.0
2             30.0
3             30.0
4             31.0
             ...
1155648      141.0
1155649       60.0
1155650       63.0
1155651       30.0
1155652      111.0
Name: time_diff, Length: 1155653, dtype: float64
```

图2.10　相邻两条数据的时间差

接下来，对计算出的采样间隔列进行核密度估计并可视化。由于数据中可能会存在少部分车辆很长时间内都没有数据，不可避免地有少数数据的采样间隔会很大，从而影响整个核密度分布图的绘制情况。为了更好地观察采样间隔的分布情况，选取的采样间隔为0～180秒：

```python
import matplotlib.pyplot as plt
import seaborn as sns
fig = plt.figure(1,(7,4),dpi = 250)
ax = plt.subplot(111)
# 采样间隔的核密度分布
sns.kdeplot(data_interval[data_interval['time_diff']<180]['time_diff'])
plt.xlim(0,180)
plt.xticks(range(0,180,10),range(0,180,10))
plt.xlabel('采样间隔（秒）')
plt.ylabel('概率密度分布')
plt.show()
```

结果如图2.11所示。

从图2.11中可以看到，该数据集的采样间隔在30s、60s、90s与120s的概率密度相对其他时间较大，都是30s的整数倍。这也说明了该数据集是每30s采集一次数据。而60s、90s与120s的情况则可能是连续的几次采样中，有一两次出现了数据丢失。

（5）TransBigData中轨迹基本概况的统计。

在TransBigData中，也集成了数据基本概况的统计功能，可以通过一行代码实现上述的数据质量报告。代码如下：

```
import transbigdata as tbd
# 生成数据质量报告
tbd.data_summary(data,
                col=['id', 'time'],          # 指定车辆ID与时间列
                show_sample_duration=True # 显示采样间隔
                )
```

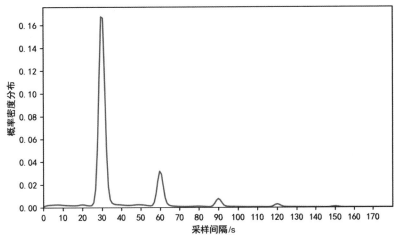

图2.11　采样间隔的核密度分布

结果如图 2.12所示。

```
Amount of data
--------------
Total number of data items:  1155653
Total number of individuals:  664
Data volume of individuals(Mean):  1740.4413
Data volume of individuals(Upper quartile):  2092.25
Data volume of individuals(Median):  1885.0
Data volume of individuals(Lower quartile):  1439.75

Data time period
----------------
Start time:  2014-10-22 00:00:00+00:00
End time:  2014-10-22 23:59:59+00:00

Sampling interval
-----------------
Mean:  47.7235 s
Upper quartile:  49.0 s
Median:  30.0 s
Lower quartile:  30.0 s
```

数据量

数据项的总数：1155653
个体数量总数：664
个体数据量（平均值）：1740.4413
个体数据量（上四分位数）：2092.25
个体数据量（中位数）：1885.0
个体数据量（下四分位数）：1439.75

数据时间段

开始时间：2014-10-22 00:00:00+00:00
结束时间：2014-10-22 23:59:59+00:00

采样间隔

平均值：47.7235秒
上四分位数：49.0秒
中位数：30.0秒
下四分位数：30.0秒

图2.12　轨迹基本概况

2.3　车辆轨迹数据的数据清洗

将数据读取到Python后，对轨迹数据进行数据清洗是相当重要的一步。在轨迹数据量较大的情况下，兼顾预处理的效果与计算的效率是非常重要的一点。在这一节中，将介绍对车辆轨迹数据进行数据清洗的思路，以及如何以表运算的方式高效地实现这些操作。

2.3.1　数据的缺失值补全

在车辆轨迹数据中，经常会遇到存在缺失值的情况。在进行进一步的数据处理之前，有必要对缺失值进行一些删除或者补全的预处理操作。Pandas中数据字段的缺失值补全有以下几种思路。

1. 删除缺失值

可以使用dropna()方法删除包含缺失值的行或列。例如，data.dropna()可以删除DataFrame中包含缺失值的所有行。代码如下：

```
data.dropna()                    # 删除包含缺失值的行或列
data.dropna(subset = ['lon'])    # 删除lon列包含缺失值数据
```

2. 以特定值填充缺失值

可以使用fillna()方法填充缺失值。该方法可以给定特定的数值填充缺失值，也可以指定填充的方法，如ffill和bfill等。其中ffill指的是"forward fill"，即用缺失值前面的值来填充缺失值。bfill指的是"backward fill"，即用缺失值后面的值来填充缺失值。需要注意的是，使用ffill或bfill填充缺失值时，可能会出现一些特殊情况。例如，如果第一行或最后一行出现缺失值，那么无法使用ffill或bfill进行填充。缺失值填充的代码如下：

```
data.fillna(0)                   # 将所有缺失值替换为0
data.fillna(df.mean())           # 所有缺失值替换为各列的均值
data.fillna(method = 'ffill')    # 用缺失值前面的值来填充
data.fillna(method = 'bfill')    # 用缺失值后面的值来填充
```

3. 插值填充缺失值

Pandas中提供了interpolate()方法，可以根据缺失值前后的数据，使用插值法来推测缺失值，代码如下：

```
data.interpolate(method='linear') # 以线性插值填充数据缺失值
```

如图 2.13所示，图中展示了一个含有缺失值的数据集进行上面的缺失值补充方法所产生的结果。

上面的这些缺失值补充方法在一些表格的运算处理识别算法的实现过程中也可以进行巧妙的应用，熟练掌握这些方法能够极大地提升数据处理的灵活性。

2.3.2　数据的冗余剔除

轨迹数据的冗余剔除是轨迹数据清洗的重要一环，它可以在不影响数据所包含信息的情况下减少数据量、提高数据处理的效率。在实际的轨迹数据处理中，可能会遇到以下两种冗余的情况。

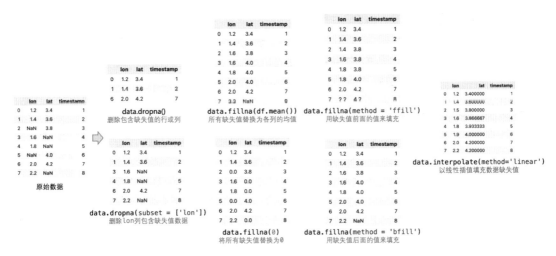

图2.13　缺失值补充

1. 同一时刻重复数据的冗余

轨迹数据集中，可能会遇到同一辆车在同一时刻上存在多条轨迹数据的情况。其产生的原因可能是采样间隔过短，而数据集的时间字段精度不够，例如，采样间隔为1s，而数据集的时间字段精度为1min，这样就会导致同一辆车在同一分钟内出现多条轨迹数据。这种情况下，如果不进行冗余数据剔除则将会对后续的处理造成不小的麻烦。剔除这些冗余数据的办法也比较简单，对同一时刻同一辆车只保留一条轨迹数据即可。代码如下：

```
# 去除同一时刻重复的轨迹点
data = data.drop_duplicates(subset=['id', 'time'])
```

2. 车辆停留的冗余

车辆轨迹数据中，数据的采样间隔通常会非常短，例如，每隔几秒钟采集一次数据，这也导致不管车辆在行驶还是停车过程中都会不间断地产生数据。而在实际应用中，往往更加关注的是车辆在出行期间的轨迹，而并不关注车辆在停留期间的轨迹。对车辆的每一次停车，只需要知道停车的起始时间与停车的结束时间即可，中间部分在同一地点产生的数据信息是冗余的，可以进行剔除从而减少数据的整体规模。对连续的n条数据（n≥3），如果这些数据产生的位置相同，则只需要保留第1条与第n条数据即可，中间部分的数据是冗余信息，可以进行剔除。而在代码中，只需要判断每一条数据的车辆ID与经纬度是否与前一条和后一条轨迹相同即可，若相同则进行剔除，代码如下：

```
# 对数据进行排序
data = data.sort_values(by=['id', 'time'])
# 去除车辆停留的冗余轨迹点，设定三个条件
# condition1判断前后轨迹的ID是否与本条轨迹相同
condition1 = (data['id'].shift() == data['id']) & (data['id'].shift(-1) ==
data['id'])
```

```
# condition2 判断前后轨迹的经度是否与本条轨迹相同
condition2 = (data['lon'].shift() == data['lon']) & (data['lon'].shift(-1) ==
data['lon'])
# condition3 判断前后轨迹的纬度是否与本条轨迹相同
condition3 = (data['lat'].shift() == data['lat']) & (data['lat'].shift(-1) ==
data['lat'])
# 剔除同时满足这三个条件的轨迹数据
data = data[-(condition1 & condition2 &condition3)]
```

实际上，上面对车辆停留的冗余剔除方法中，还没有考虑到轨迹数据除了车辆ID、时间、经纬度字段以外字段所携带信息的情况。例如，出租车车辆可能在停车的过程中有乘客上车，载客状态从"空车"变为"载客"，这时候就需要保留这一信息。

在TransBigData中，提供了一个轨迹数据冗余剔除的方法 tbd.traj_clean_redundant()，用于剔除上述的两种冗余情况，也可以检测除了车辆ID、经纬度字段以外的其他字段信息是否存在冗余。代码如下：

```
import transbigdata as tbd
# 除车辆编号、时间、经纬度外，还考虑速度字段是否存在冗余
data = tbd.traj_clean_redundant(data, col = ['id','time','lon','lat','speed'])
```

2.3.3　数据的漂移清洗

在车辆轨迹数据中，由于数据采集设备本身的误差、环境干扰、设备故障、GPS信号的不稳定、卫星覆盖率不足、信号遮挡等因素，可能导致采集的车辆轨迹数据与实际情况存在一定的偏差和误差，会导致轨迹数据的实际位置与采集的位置不一致，即车辆轨迹数据的漂移。在数据上，漂移的表现形式是轨迹数据的位置点与实际位置点的距离较大，出现突然的瞬移。这种漂移会影响后续的空间分析和空间统计，因此需要对车辆轨迹数据进行清洗，以保证数据的准确性和可用性。

1. 研究区域外的数据剔除

对于车辆轨迹数据的漂移，首先可以通过给定研究区域范围剔除研究区域外的轨迹数据。对研究区域的定义通常可以有两种方式，一种是通过给定研究区域的左下角坐标点和右上角坐标点确定边界范围bounds，另一种则是通过给定研究区域范围的地理信息文件（geojson或shp文件）。

通过bounds剔除漂移数据的思路比较简单：

```
# 通过bounds 剔除漂移数据
bounds = [113.6, 22.4, 114.8, 22.9] # 左下角和右上角的坐标点
data = data[(data['lon'] >= bounds[0]) &
            (data['lon'] <= bounds[2]) &
            (data['lat'] >= bounds[1]) &
            (data['lat'] <= bounds[3])]
```

通过geojson或shp文件剔除漂移数据则需要先将geojson或shp文件读取为GeoPandas中的GeoDataFrame类型，然后可以通过GeoPandas提供的intersects()方法或sjoin来判断轨迹数据是否在研究区域内，但这种方法需要对每一条轨迹数据都进行空间几何匹配，在数据量人时会相当耗时。

而TransBigData包中提供的tbd.clean_outofshape()方法实现了更高效的点与面匹配，其工作原理是先将数据进行栅格化，然后将栅格与给定范围进行对应，以此判断数据是否在指定范围内。这种方式大大减少了匹配所需的计算量，不过栅格大小的选择可能会引起数据匹配结果的误差。tbd.clean_outofshape()方法中的accuracy参数可以用来控制栅格大小，以调整数据匹配的精确程度。其代码如下：

```
# 读取深圳的行政区划
sz = gpd.read_file('Data/sz.json')
# 通过geojson或shp文件剔除漂移数据
data = tbd.clean_outofshape(data,                    # 轨迹数据
                            sz,                      # 行政区划边界
                            col=['lon', 'lat'],      # 经纬度列名
                            accuracy=500)            # 内置栅格大小，单位米
                                                     # 值越高则计算速度越快
                                                     # 但精度越低
```

2. 研究区域内的漂移清洗

在研究区域内出现的轨迹漂移，则需要根据连续的轨迹变化情况来判断并进行清洗，其原理如图2.14所示。

常见的清洗思路有以下三种：

（1）速度阈值法：如果当前轨迹数据与前一条轨迹和后一条轨迹之间的速度过大，则认为是漂移；

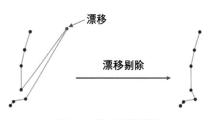

图2.14 轨迹漂移判断

（2）距离阈值法：如果当前轨迹数据与前一条轨迹和后一条轨迹之间的距离过大，则认为是漂移；

（3）角度阈值法：如果前一条轨迹、当前轨迹与后一条轨迹三者形成的夹角过小，则认为是漂移。

下面将介绍这三种清洗方法的具体实现。首先，生成一段虚拟的轨迹数据，用于演示清洗方法的实现。

```
import pandas as pd
import numpy as np
data = pd.DataFrame([
    [34745, '19:42:18', 113.831619, 22.716999],
    [34745, '19:43:18', 113.828217, 22.7069],
    [34745, '19:59:48', 113.820213, 22.674967],
    [34745, '20:10:06', 113.999885, 22.6478], # 此处插入了一条漂移数据
```

```
    [34745, '20:11:06', 113.82048, 22.6423],
    [34745, '20:13:46', 113.826767, 22.630899],
    [34745, '20:22:07', 113.811348, 22.628067],
    [34745, '20:24:07', 113.809898, 22.627399],
    [34745, '20:24:27', 113.809898, 22.627399],
    [34745, '20:27:43', 113.806847, 22.623249]],
    columns=['id', 'time', 'lon',  'lat'])
# 按照时间排序
data.sort_values(by='time',inplace=True)
# 将时间字符串转换为时间格式
data['time'] = pd.to_datetime(data['time'])
data
```

结果如图 2.15所示，其中共有10个轨迹数据点，其中第4个数据点的坐标与前后两个数据点的距离较大，因此可以认为是漂移。

	id	time	lon	lat
0	34745	2023-04-05 19:42:18	113.831619	22.716999
1	34745	2023-04-05 19:43:18	113.828217	22.706900
2	34745	2023-04-05 19:59:48	113.820213	22.674967
3	34745	2023-04-05 20:10:06	113.999885	22.647800
4	34745	2023-04-05 20:11:06	113.820480	22.642300
5	34745	2023-04-05 20:13:46	113.826767	22.630899
6	34745	2023-04-05 20:22:07	113.811348	22.628067
7	34745	2023-04-05 20:24:07	113.809898	22.627399
8	34745	2023-04-05 20:24:27	113.809898	22.627399
9	34745	2023-04-05 20:27:43	113.806847	22.623249

图2.15　测试漂移清洗的虚拟轨迹数据

需要注意的是，上面的代码在执行表格的运算操作时使用了inplace参数，用于指示是否将更改应用于原始数据表。当inplace=True时，对表格的操作更改将应用于原始数据，并且不会返回任何新的数据表；当inplace=False时，表格运算操作则会返回一个新的数据表副本，而原始数据将保持不变。例如，上面的代码使用sort_values()方法对DataFrame进行排序，因为设置了inplace=True，data表的内容会被直接修改。但如果不使用inplace=True，则必须将返回的DataFrame分配给一个新的变量，例如：

```
# 按照时间排序
# 方式一:inplace=True时,data表的内容会被直接修改
data.sort_values(by='time',inplace=True)
# 方式二:inplace=False时,必须将返回的DataFrame分配给一个新的变量
data = data.sort_values(by='time')
```

接下来，将轨迹点转换为shapely中的线进行可视化，可以清晰地看到轨迹数据的漂移。

```
# 将轨迹点转换为线
from shapely.geometry import LineString
LineString(data[['lon', 'lat']].values)
```

结果如图 2.16所示。

接下来将介绍三种清洗方法的实现。首先，对表数据，可以通过DataFrame的shift()方法，将数据的经纬度和时间列整体往上和往下移动一行，再赋值给新的列，这样同一行数据中就包含了前一条和后一条轨迹的信息，方便后续的比较。

图2.16 虚拟轨迹线

```
# 将前一行的经纬度和时间赋值给当前行，方便比较
data['lon_pre'] = data['lon'].shift()
data['lat_pre'] = data['lat'].shift()
data['time_pre'] = data['time'].shift()
# 将后一行的经纬度和时间赋值给当前行，方便比较
data['lon_next'] = data['lon'].shift(-1)
data['lat_next'] = data['lat'].shift(-1)
data['time_next'] = data['time'].shift(-1)
# 将表格转置，方便查看
data.T
```

结果如图 2.17所示。

	0	1	2	3	4	5	6	7	8	9
id	34745	34745	34745	34745	34745	34745	34745	34745	34745	34745
time	2023-04-05 19:42:18	2023-04-05 19:43:18	2023-04-05 19:59:48	2023-04-05 20:10:06	2023-04-05 20:11:06	2023-04-05 20:13:46	2023-04-05 20:22:07	2023-04-05 20:24:07	2023-04-05 20:24:27	2023-04-05 20:27:43
lon	113.831619	113.828217	113.820213	113.999885	113.82048	113.826767	113.811348	113.809898	113.809898	113.806847
lat	22.716999	22.7069	22.674967	22.6478	22.6423	22.630899	22.628067	22.627399	22.627399	22.623249
lon_pre	NaN	113.831619	113.828217	113.820213	113.999885	113.82048	113.826767	113.811348	113.809898	113.809898
lat_pre	NaN	22.716999	22.7069	22.674967	22.6478	22.6423	22.630899	22.628067	22.627399	22.627399
time_pre	NaT	2023-04-05 19:42:18	2023-04-05 19:43:18	2023-04-05 19:59:48	2023-04-05 20:10:06	2023-04-05 20:11:06	2023-04-05 20:13:46	2023-04-05 20:22:07	2023-04-05 20:24:07	2023-04-05 20:24:27
lon_next	113.828217	113.820213	113.999885	113.82048	113.826767	113.811348	113.809898	113.809898	113.806847	NaN
lat_next	22.7069	22.674967	22.6478	22.6423	22.630899	22.628067	22.627399	22.627399	22.623249	NaN
time_next	2023-04-05 19:43:18	2023-04-05 19:59:48	2023-04-05 20:10:06	2023-04-05 20:11:06	2023-04-05 20:13:46	2023-04-05 20:22:07	2023-04-05 20:24:07	2023-04-05 20:24:27	2023-04-05 20:27:43	NaT

图2.17 将前一条和后一条轨迹的信息赋值到同一行

由于同一行中包含了前一条和后一条轨迹的信息，可以通过经纬度计算当前轨迹、前一条轨迹和后一条轨迹三者之间的距离，用于后续漂移的判断。

```
# 计算当前点与前一点的距离，单位为m
data['dis_pre'] = tbd.getdistance(data['lon'], data['lat'], data['lon_pre'],
data['lat_pre'])
# 计算当前点与后一点的距离，单位为m
data['dis_next'] = tbd.getdistance(data['lon'], data['lat'], data['lon_next'],
data['lat_next'])
# 计算当前一点与后一点的距离，单位为m
data['dis_prenext'] = tbd.getdistance(data['lon_pre'], data['lat_pre'],
data['lon_next'], data['lat_next'])
```

然后，以同样的原理计算当前轨迹、前一条轨迹和后一条轨迹三者之间的时间差和速度，用于后续漂移的判断。

```
# 计算当前点与前一点的时间差，单位为s
data['timegap_pre'] = (data['time'] - data['time_pre']).dt.total_seconds()
# 计算当前点与后一点的时间差，单位为s
data['timegap_next'] = (data['time_next'] - data['time']).dt.total_seconds()
```

```
# 计算当前一点与后一点的时间差，单位为s
data['timegap_prenext'] = (data['time_next'] - data['time_pre']).dt.total_
seconds()
# 计算当前点与前一点的速度，换算为km/h
data['speed_pre'] = data['dis_pre'] / data['timegap_pre'] * 3.6
# 计算当前点与后一点的速度，换算为km/h
data['speed_next'] = data['dis_next'] / data['timegap_next'] * 3.6
# 计算当前一点与后一点的速度，换算为km/h
data['speed_prenext'] = data['dis_prenext'] / data['timegap_prenext'] * 3.6
```

接着，需要计算三个轨迹点形成的夹角角度。若已知三角形的三条边长 a、b、c，可以通过余弦定理计算出三角形的内角，用于后续漂移的判断，公式如式（2.1）所示。

$$\cos\alpha=\frac{b^2+c^2-a^2}{2bc} \tag{2.1}$$

计算的代码如下：

```
# 基于余弦定理计算前一条轨迹段与后一条轨迹段的夹角
angle_cos = (data['dis_pre']**2+data['dis_next']**2-data['dis_prenext']**2)/
(2*data['dis_pre']*data['dis_next'])
# 由于计算误差，可能会出现大于1或小于-1的情况，需要将其限制在-1 ~ 1之间
angle_cos = np.maximum(np.minimum(angle_cos, 1), -1)
# 将夹角弧度转换为角度
data['angle'] = np.degrees(np.arccos(angle_cos))
```

上面的代码中，计算了每三个轨迹点之间的距离、速度与角度，查看一下计算的结果：

```
# 将表格转置，方便查看
data.T
```

结果如图2.18所示。

	0	1	2	3	4	5	6	7	8	9
id	34745	34745	34745	34745	34745	34745	34745	34745	34745	34745
time	2023-04-05 19:42:18	2023-04-05 19:43:18	2023-04-05 19:59:48	2023-04-05 20:10:06	2023-04-05 20:11:06	2023-04-05 20:13:46	2023-04-05 20:22:07	2023-04-05 20:24:07	2023-04-05 20:24:27	2023-04-05 20:27:43
lon	113.831619	113.828217	113.820213	113.999885	113.82048	113.826767	113.811348	113.809898	113.809898	113.806847
lat	22.716999	22.7069	22.674967	22.6478	22.6423	22.630899	22.628067	22.627399	22.627399	22.623249
lon_pre	NaN	113.831619	113.828217	113.820213	113.999885	113.82048	113.826767	113.811348	113.809898	113.809898
lat_pre	NaN	22.716999	22.7069	22.674967	22.6478	22.6423	22.630899	22.628067	22.627399	22.627399
time_pre	NaT	2023-04-05 19:42:18	2023-04-05 19:43:18	2023-04-05 19:59:48	2023-04-05 20:10:06	2023-04-05 20:11:06	2023-04-05 20:13:46	2023-04-05 20:22:07	2023-04-05 20:24:07	2023-04-05 20:24:27
lon_next	113.828217	113.820213	113.999885	113.82048	113.826767	113.811348	113.809898	113.809898	113.806847	NaN
lat_next	22.7069	22.674967	22.6478	22.6423	22.630899	22.628067	22.627399	22.627399	22.623249	NaN
time_next	2023-04-05 19:43:18	2023-04-05 19:59:48	2023-04-05 20:10:06	2023-04-05 20:11:06	2023-04-05 20:13:46	2023-04-05 20:22:07	2023-04-05 20:24:07	2023-04-05 20:24:27	2023-04-05 20:27:43	NaT
dis_pre	NaN	1175.925672	3644.49253	18682.071162	18421.172259	1422.486384	1613.54521	166.328368	0.0	557.678411
dis_next	1175.925672	3644.49253	18682.071162	18421.172259	1422.486384	1613.54521	166.328368	0.0	557.678411	NaN
dis_prenext	NaN	4817.985036	18798.928056	3632.507991	17865.683969	1839.325331	1774.544476	166.328368	557.678411	NaN
timegap_pre	NaN	60.0	990.0	618.0	60.0	160.0	501.0	120.0	20.0	196.0
timegap_next	60.0	990.0	618.0	60.0	160.0	501.0	120.0	20.0	196.0	NaN
timegap_prenext	NaN	1050.0	1608.0	678.0	220.0	661.0	621.0	140.0	216.0	NaN
speed_pre	NaN	70.55554	13.2527	108.827599	1105.270336	32.005944	11.594337	4.989851	0.0	10.243073
speed_next	70.55554	13.2527	108.827599	1105.270336	32.005944	11.594337	4.989851	0.0	10.243073	NaN
speed_prenext	NaN	16.518806	42.087152	19.287653	292.347556	10.017506	10.287214	4.277015	9.29464	NaN
angle	NaN	175.760626	86.251581	11.207988	64.961482	74.278104	164.733283	NaN	NaN	NaN

图2.18 每三个轨迹点所之间的距离、速度与角度计算结果

值得关注的是，轨迹点8与前一个轨迹点7之间的距离为0，导致计算出的角度为

NaN。鉴于这两个点位于相同位置，它们之间并不存在漂移，所以这一情况不会影响后续的漂移判断。

接下来，通过速度阈值来进行漂移判断。如果当前轨迹点的速度大于速度阈值，那么可以认为该轨迹点存在漂移，应予以剔除。

```
# 利用速度限制剔除异常点
speedlimit = 100
data_cleaned = data[-(data['speed_pre'] > speedlimit)]
len(data_cleaned)

# 输出结果，此时剔除了两条数据，而实际上只有一条数据存在漂移
8
```

这里需要注意的是，如果仅仅是将当前轨迹与前一条轨迹的速度进行比较，将速度过大的记录剔除，则会将漂移数据与漂移数据的下一条数据一并剔除，而漂移数据的下一条数据往往是正常数据。因此，更好的方法是将当前轨迹与前一条轨迹的速度与后一条轨迹的速度进行比较，只有两者都超过速度阈值时，才将该轨迹点剔除。

```
# 利用速度限制剔除异常点
speedlimit = 100
data_cleaned = data[-((data['speed_pre'] > speedlimit)&
                       (data['speed_next'] > speedlimit))]
len(data_cleaned)

# 输出结果，此时剔除了一条数据
9
```

将剔除后的数据绘制出来，可以看到，漂移数据已经被剔除：

```
# 将轨迹点转换为线
LineString(data_cleaned[['lon', 'lat']].values)
```

结果如图 2.19所示。

接下来，利用距离阈值进行漂移判断，若当前轨迹点与前一条轨迹点的距离大于距离阈值，则认为该轨迹点存在漂移，应该予以剔除：

```
# 利用距离限制剔除异常点
dislimit = 5000
data_cleaned = data[-((data['dis_pre'] > dislimit)&
                       (data['dis_next'] > dislimit))]
len(data_cleaned)

# 输出结果，此时剔除了一条数据
9
```

图2.19 漂移数据剔除后的轨迹

将剔除后的数据绘制出来，结果与图 2.19一致。

同样，对角度进行判断，若当三个轨迹点所形成的夹角角度小于阈值，则认为该轨

迹点存在漂移，应该予以剔除：

```
# 利用角度限制剔除异常点
anglelimit = 30
data_cleaned = data[-(data['angle'] < anglelimit)]
len(data_cleaned)

# 输出结果,此时剔除了一条数据
9
```

结果同样与图2.19一致。

在上面的样例中，只是简单展示了轨迹数据漂移清洗的原理，上面的代码仅限于单一车辆轨迹的清洗。而在TransBigData中，提供了 tbd.traj_clean_drift()方法，可以对多辆车的轨迹数据进行清洗。同时，也将距离、速度与角度三者集成到同一个方法中。

```
import transbigdata as tbd
df_cleaned = tbd.traj_clean_drift(
    data,                       # 轨迹数据,可包含多辆车的数据,以id区分
    col = ['id', 'time', 'lon', 'lat'], # 轨迹数据的列名
    speedlimit = 80, # 速度阈值,单位为km/h,设置为None则不进行速度判断
    dislimit = 4000, # 距离阈值,单位为m,设置为None则不进行距离判断
    anglelimit = 30) # 角度阈值,单位为度,设置为None则不进行角度判断
LineString(df_cleaned[['lon', 'lat']].values.tolist())
```

结果与图2.19一致。

2.4 车辆轨迹数据的平滑处理

2.4.1 卡尔曼滤波的基本原理

1.什么是卡尔曼滤波

在处理车辆轨迹数据时，轨迹点实际上是对车辆实际"状态"的一种"观测"信息。由于误差的存在，观测数据可能会与车辆的实际状态存在一定的偏差。

如何更精确地获取车辆的实际状态呢？考虑前面小节中所提及的判断车辆轨迹是否出现漂移的方法，主要将某个轨迹点与前面的轨迹的位置比较，查看是否存在明显不合理的瞬移。这种思路其实就是根据车辆之前的轨迹，预判车辆接下来可能的位置，如果记录的下一个轨迹点远超出预期，那么就可以断定这条轨迹出现了异常。

这种方法与卡尔曼滤波（Kalman Filter）的思路有很大相似性。卡尔曼滤波是一种线性二次估计算法，用于对线性动态系统进行状态估计。它主要是结合以前的状态估计（即预测的当前轨迹点的位置）和当前的观测数据（记录的当前位置轨迹点），来进行当前状态的最优估计。

卡尔曼滤波的实现过程是使用上一次最优结果预测当前值，同时使用观测值修正当前值，得到最优结果。这种方法可以有效地减少噪声的影响，从而更精确地估计出车辆的实际状态。

卡尔曼滤波能够帮助推测出车辆的实际状态，对于任何存在不确定性信息的动态系统，都可以利用卡尔曼滤波来预测系统下一步的行为。即使存在噪声信息干扰，卡尔曼滤波通常也能有效地揭示实际发生的情况，找出现象之间不易察觉的相关性。

在实践中，卡尔曼滤波可以对轨迹数据进行平滑处理，减少数据噪声的影响。在对车辆轨迹使用卡尔曼滤波算法进行平滑处理时，每次处理的是一条轨迹，轨迹中的每一个轨迹点可认为是算法中的一帧。在卡尔曼滤波器算法的工作过程中，对每一帧数据的经纬坐标进行处理，大致分为预测和更新两个步骤。

- 预测阶段：根据过去的状态估计和系统的动态模型，预测当前的状态和误差协方差。
- 更新阶段：根据预测的状态和当前的观测数据，通过卡尔曼增益（Kalman Gain）来更新状态估计和误差协方差。

通过这种方式，卡尔曼滤波器可以有效地解决噪声干扰下的预测和滤波问题，即在不完全、含有误差的信息中估计一个动态系统的状态。

2. 卡尔曼滤波的预测阶段

首先介绍卡尔曼滤波的预测阶段。对一辆车，车辆在行驶过程中会有位置、速度、加速度等状态，这些状态是不管是否测量都会客观存在的。通过这些状态，可以建立系统的状态方程，通过每一帧的状态来预测下一帧的状态。可以将第 k 帧的车辆的状态表示为如式（2.2）所示：

$$\vec{x}_k = \begin{bmatrix} a_k \\ b_k \\ \zeta_k \\ \eta_k \end{bmatrix} \tag{2.2}$$

其中，为了方便表示，也避免字母之间发生干扰，用 a、b 表示车辆的 x 与 y 坐标，ζ、η 表示车辆在 x 方向与 y 方向上的速度。

假设第 k 帧与第 $k-1$ 帧之间的时间差为 Δt。如果在没有其他外力干扰（加减速，转弯）的情况下，车辆会保持匀速直线运动。所以可以写出第 k 帧的车辆的状态与第 $(k-1)$ 帧的车辆的状态之间的数学关系：

$$a_k = a_{k-1} + \Delta t \times \zeta_{k-1} \tag{2.3}$$

$$b_k = b_{k-1} + \Delta t \times \eta_{k-1} \tag{2.4}$$

$$\zeta_k = \zeta_{k-1} \tag{2.5}$$

$$\eta_k = \eta_{k-1} \tag{2.6}$$

这里，可以写成矩阵的形式，如下所示：

$$\vec{x}_k=\begin{bmatrix} a_k \\ b_k \\ \zeta_k \\ \eta_k \end{bmatrix}=\begin{bmatrix} 1 & 0 & \Delta t & 0 \\ 0 & 1 & 0 & \Delta t \\ 0 & 0 & 1 & 0 \\ 0 & 0 & 0 & 1 \end{bmatrix}\begin{bmatrix} a_{k-1} \\ b_{k-1} \\ \zeta_{k-1} \\ \eta_{k-1} \end{bmatrix}=\boldsymbol{F}\vec{x}_{k-1} \tag{2.7}$$

其中，F被称为状态转移矩阵。

不过，上面的情况显然是理想状态下的结果。如果能够知道车辆的加减速等信息时，就可以用一定的方法计算出车辆更精准的状态。这些额外输入的信息可以用$\vec{u}_k$表示，这些信息对车辆的四个状态的影响可以用矩阵$\boldsymbol{B}\vec{u}_k$表示，那么式（2.7）中可以增加$\boldsymbol{B}\vec{u}_{k-1}$一项来表示这些输入信息的影响，表示为

$$\vec{x}_k=\boldsymbol{F}\vec{x}_{k-1}+\boldsymbol{B}\vec{u}_{k-1} \tag{2.8}$$

然而，即使考虑了以上所述的输入信息影响，理论模型计算出的结果仍然不能完全准确地描述现实世界的情况，还会存在一定的误差。例如，在追踪车辆轨迹数据时，车辆的轮胎可能会打滑，或者粗糙的地面可能会降低其移动速度。这些不可预测的因素可能会影响预测结果的准确性。因此，每个预测步骤后都需要添加一些新的随机项$\vec{w}_k$，以模拟与"世界"相关的所有不确定性。

在引入$\boldsymbol{B}\vec{u}_{k-1}$和$\vec{w}_{k-1}$之后，第$k$帧的车辆状态估计可以表示为

$$\hat{x}_k^-=\boldsymbol{F}\hat{x}_{k-1}+\boldsymbol{B}\vec{u}_{k-1}+\vec{w}_{k-1} \tag{2.9}$$

这就是卡尔曼滤波的系统状态方程。注意，在这里使用$\hat{x}_k^-$来表示k时刻$\vec{x}_k$的预测值（带有负号是因为它还未经过第二步的修正）。在此场景中，$\vec{w}_k$包含四个误差项，分别对应$\vec{x}_k$中的四个状态，每个状态的误差项都是一个随机变量，服从均值为0的正态分布（高斯分布）。当定义多个随机变量的方差时，除了随机变量本身的方差，随机变量之间可能存在一定的相关性，通常会采用协方差矩阵来表示，记为字母$\boldsymbol{Q}$，即$\vec{w}_k\sim N(0;Q_k)$。$\boldsymbol{Q}$矩阵也被称为系统过程噪声的协方差矩阵。

状态方程表示的是从上一帧的状态估计$\hat{x}_{k-1}$和输入信息$\vec{u}_{k-1}$经过一定的数学关系，推导出下一帧的状态$\hat{x}_k$。

在车辆轨迹数据中，大多数情况下可能并不知道额外输入的信息$\vec{u}_k$，因此$\boldsymbol{B}\vec{u}_k$这一项也可以省略。此时，状态方程可以简化为

$$\hat{x}_k^-=\boldsymbol{F}\hat{x}_{k-1}+\vec{u}_{k-1} \tag{2.10}$$

此时，还需要计算$\vec{x}_k$四个状态之间的协方差，以便后续对状态进行更新修正，它可以用来表示这四个状态之间的相关性。这个矩阵用字母$\boldsymbol{P}$表示，它也被称为状态协方差矩阵。

$$\boldsymbol{P}_k=\begin{bmatrix} \Sigma_{aa} & \Sigma_{ab} & \Sigma_{a\zeta} & \Sigma_{a\eta} \\ \Sigma_{ba} & \Sigma_{bb} & \Sigma_{b\zeta} & \Sigma_{b\eta} \\ \Sigma_{\zeta a} & \Sigma_{\zeta b} & \Sigma_{\zeta\zeta} & \Sigma_{\zeta\eta} \\ \Sigma_{\eta a} & \Sigma_{\eta b} & \Sigma_{\eta\zeta} & \Sigma_{\eta\eta} \end{bmatrix} \tag{2.11}$$

其中，Σ_{aa}代表变量a的方差，Σ_{ab}代表a与b之间的协方差，以此类推。

在系统状态方程中，由式（2.10）可以推出k与$k-1$帧之间状态协方差矩阵$\boldsymbol{P}$的关系：

$$\boldsymbol{P}_k^- = \boldsymbol{F}Cov(\hat{\boldsymbol{x}}_{k-1}, \hat{\boldsymbol{x}}_{k-1})\boldsymbol{F}^{\mathrm{T}} + Cov(\boldsymbol{w}_k, \boldsymbol{w}_k)$$
$$= \boldsymbol{F}\boldsymbol{P}_{k-1}\boldsymbol{F}^{\mathrm{T}} + \boldsymbol{Q}_k \tag{2.12}$$

上式中，用$\boldsymbol{P}_k^-$表示对k时刻状态协方差矩阵的预测值（还没有进行下一步的更新），用$\boldsymbol{P}_{k-1}$表示$k-1$时刻状态协方差矩阵的估计值，用$\boldsymbol{Q}_k$表示系统过程噪声的协方差矩阵。

上述的过程如图 2.20所示。

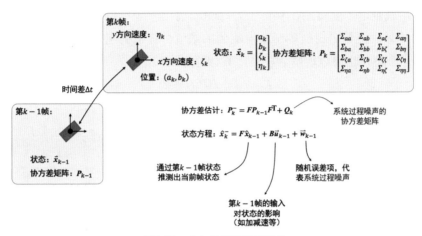

图2.20 卡尔曼滤波预测阶段

3. 卡尔曼滤波的更新阶段

在车辆轨迹的场景下，GPS定位系统是一种传感器，它返回的经纬度信息是观测到的数值，一定程度上它反映了车辆真实状态的信息。这里可以用$\boldsymbol{z}_k$来表示k时刻的传感器观测值，也就是轨迹数据中的经纬度位置信息。

$$\boldsymbol{z}_k = \begin{bmatrix} lon_k \\ lat_k \end{bmatrix} \tag{2.13}$$

在卡尔曼滤波的更新阶段，需要对前面预测的状态$\hat{\boldsymbol{x}}_k^-$和当前的观测数据$\boldsymbol{z}_k$进行比较，从而更新状态估计和误差协方差。

数据中所观测到的GPS传感器数值$\boldsymbol{z}_k$应该与车辆状态有关，实际上，经纬度就是前面所定义的车辆状态中的前两个状态，所以可以用一个矩阵$\boldsymbol{H}$来表示这种关系，得到观测方程，也就是从前面所预测的车辆状态估计出应该从传感器处观测到的数值。

$$\hat{\boldsymbol{z}}_k = \begin{bmatrix} \boldsymbol{a}_k \\ \boldsymbol{b}_k \end{bmatrix} + \vec{\boldsymbol{v}}_k = \begin{bmatrix} 1 & 0 & 0 & 0 \\ 0 & 1 & 0 & 0 \end{bmatrix} \begin{bmatrix} a_k \\ b_k \\ \zeta_k \\ \eta_k \end{bmatrix} + \vec{\boldsymbol{v}}_k = \boldsymbol{H}\vec{\boldsymbol{x}}_k + \vec{\boldsymbol{v}}_k \tag{2.14}$$

在观测方程中，与前面状态方程类似，引入$\vec{\boldsymbol{v}}_k \sim N(0; R_k)$来代表传感器测量时产生的噪声误差，$R$代表测量噪声协方差。

在卡尔曼滤波的更新阶段，需要将预测的状态估计$\hat{x}_k$与观测值z_k进行比较，从而得到更精确的状态估计。可以通过计算两者之间的误差来得到更精确的状态估计，这个误差可以用e_k来表示：

$$e_k=z_k-\hat{z}_k^-=z_k-H\hat{x}_k^-\tag{2.15}$$

卡尔曼滤波的更新阶段，则依据卡尔曼增益来更新状态估计和误差协方差。修正状态的公式如下：

$$\hat{x}_k=\hat{x}_k^-+K_ke_k=\hat{x}_k^-+K_k(z_k-H\hat{x}_k^-)\tag{2.16}$$

其中，K_k就是卡尔曼增益。实际上，在更新的这一步可以选择更相信上一步理论模型所预测的结果，还是更相信传感器检测到的数值。而K_k的出现就是为了调整这两者之间更相信哪一个值，也可以理解为权重，其计算方法如下。

$$K_k=P_k^-H^{\mathrm{T}}(HP_k^-H^{\mathrm{T}}+R)^{-1}\tag{2.17}$$

下一步，需要更新协方差矩阵，以便在下一帧中对轨迹进行预测：

$$P_k=(I-K_kH)P_k^-\tag{2.18}$$

上述的过程如图2.21所示。

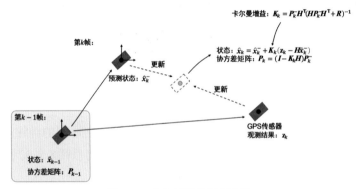

图2.21　卡尔曼滤波更新阶段

纵观整个卡尔曼滤波算法，有R和Q两个协方差矩阵的大小需要设定，而K_k的取值则是由R和Q来决定。

可以看到，K_k的取值大小与R有一定的关系。如果R取得越小，那么K_k的取值就越大，也就是说更相信传感器检测到的数值；反之，如果R取得越大，那么K_k的取值就越小，更新后的状态就更加接近于理论模型所预测的结果。

2.4.2　基于卡尔曼滤波的轨迹数据平滑处理

基于前面所介绍的卡尔曼滤波算法，可以对车辆轨迹数据进行平滑处理，从而减少数据噪声的影响。利用pykalman包，可以很方便地实现卡尔曼滤波算法。但在使用时，还需要定义卡尔曼滤波的模型，并将轨迹数据输入到模型中。将这一过程封装为如下函数：

```
import numpy as np
from pykalman import KalmanFilter
def Kalman_traj_smooth(data, process_noise_std, measurement_noise_std):
    '''
    使用卡尔曼滤波器对轨迹数据进行平滑处理

    参数
    ----
    data : DataFrame
        轨迹数据,包含time、lon、lat三列
    process_noise_std : float or list
        过程噪声标准差,如果是list,则认为是过程噪声协方差矩阵的对角线元素
    measurement_noise_std : float or list
        观测噪声标准差,如果是list,则认为是观测噪声协方差矩阵的对角线元素

    返回
    ----
    data : DataFrame
        平滑后的轨迹数据
    '''
    # 拷贝数据,避免修改原始数据
    data = data.copy()
    # 轨迹数据转换为numpy数组
    observations = data[['lon', 'lat']].values
    timestamps = data['time']
    # F-状态转移矩阵
    transition_matrix = np.array([[1, 0, 1, 0],
                                  [0, 1, 0, 1],
                                  [0, 0, 1, 0],
                                  [0, 0, 0, 1]])
    # H-观测矩阵
    observation_matrix = np.array([[1, 0, 0, 0],
                                   [0, 1, 0, 0]])
    # R-观测噪声协方差矩阵
    # 如果measurement_noise_std是list,
    # 则认为是观测噪声协方差矩阵的对角线元素
    if isinstance(measurement_noise_std, list):
        observation_covariance = np.diag(measurement_noise_std)**2
    else:
        observation_covariance = np.eye(2) * measurement_noise_std**2
    # Q-过程噪声协方差矩阵
    # 如果process_noise_std是list
    # 则认为是过程噪声协方差矩阵的对角线元素
    if isinstance(process_noise_std, list):
        transition_covariance = np.diag(process_noise_std)**2
    else:
        transition_covariance = np.eye(4) * process_noise_std**2
    # 初始状态
    initial_state_mean = [observations[0, 0], observations[0, 1], 0, 0]
    # 初始状态协方差矩阵
    initial_state_covariance = np.eye(4) * 1
```

```
# 初始化卡尔曼滤波器
kf = KalmanFilter(
    transition_matrices=transition_matrix,
    observation_matrices=observation_matrix,
    initial_state_mean=initial_state_mean,
    initial_state_covariance=initial_state_covariance,
    observation_covariance=observation_covariance,
    transition_covariance=transition_covariance
)
# 使用卡尔曼滤波器进行平滑处理
# 先创建变量存储平滑后的状态
smoothed_states = np.zeros((len(observations), 4))
# 将初始状态存储到平滑后的状态中
smoothed_states[0, :] = initial_state_mean
# 从第二个状态开始，进行循环迭代
current_state = initial_state_mean
current_covariance = initial_state_covariance
for i in range(1, len(observations)):
    # 计算时间间隔
    dt = (timestamps.iloc[i]-timestamps.iloc[i-1]).total_seconds()
    # 更新状态转移矩阵
    kf.transition_matrices = np.array([[1, 0, dt, 0],
                                       [0, 1, 0, dt],
                                       [0, 0, 1, 0],
                                       [0, 0, 0, 1]])
    # 根据当前状态的预测情况与观测结果进行状态估计
    current_state, current_covariance = kf.filter_update(
        current_state, current_covariance, observations[i]
    )
    # 将平滑后的状态存储到变量中
    smoothed_states[i, :] = current_state
# 将平滑后的数据结果添加到原始数据中
data['lon'] = smoothed_states[:, 0]
data['lat'] = smoothed_states[:, 1]
return data
```

上面的函数中，定义了一个卡尔曼滤波器，以及将轨迹数据输入到卡尔曼滤波器中的方法，得到平滑后的轨迹数据。在定义卡尔曼滤波器时，需要定义状态转移矩阵、观测矩阵、观测噪声协方差矩阵、过程噪声协方差矩阵、初始状态、初始状态协方差矩阵等参数，这些参数决定了卡尔曼滤波器的工作效果。

在车辆轨迹数据中，除了经纬度信息以外，可能还会自带有速度、方向角等。这些信息也可以用来辅助卡尔曼滤波器的工作，但也需要对应地修改卡尔曼滤波器的参数。

在上面的函数中，卡尔曼滤波器的有些参数是可以调整的，比如观测噪声标准差（measurement_noise_std）、过程噪声标准差（process_noise_std）等。如果更加相信数据观测的结果，可以适当减小观测噪声标准差；如果更加相信理论模型的结果，可以适当减小过程噪声标准差。通常，这两者之间的取值比例关系会影响平滑后的轨迹数据的平滑程度。

接下来，使用上面的函数对一条轨迹数据进行平滑处理。首先，读取测试数据，代码如下：

```
import pandas as pd
traj = pd.read_csv('Data/测试轨迹.csv')
traj['time'] = pd.to_datetime(traj['time'])
traj
```

结果如图 2.22所示。这一数据包含了一车一次出行的轨迹数据。

	id	time	lon	lat
0	1	2009-06-29 10:57:17	116.319697	40.007513
1	1	2009-06-29 10:57:22	116.319706	40.007586
2	1	2009-06-29 10:57:27	116.319636	40.007687
3	1	2009-06-29 10:57:32	116.319598	40.007696
4	1	2009-06-29 10:57:37	116.319648	40.007644
...	...	...	...	...
121	1	2009-06-29 11:09:47	116.323486	40.000369
122	1	2009-06-29 11:09:57	116.325127	40.000571
123	1	2009-06-29 11:10:02	116.326878	40.000870
124	1	2009-06-29 11:10:07	116.327222	40.001014
125	1	2009-06-29 11:13:12	116.327460	40.000522

126 rows × 4 columns

图2.22　卡尔曼滤波测试轨迹数据

用前面所写的卡尔曼滤波算法对轨迹数据进行平滑处理：

```
traj_smoothed = Kalman_traj_smooth(traj,
                                   process_noise_std = 0.01,
                                   measurement_noise_std = 1)
```

此时得到的轨迹数据格式与原始数据一致，只是经纬度信息发生了变化，变成了平滑后的结果。可以将平滑后的轨迹数据与原始轨迹数据进行对比，代码如下：

```
import matplotlib.pyplot as plt
# 显示中文
plt.rcParams['font.sans-serif']=['SimHei']
plt.rcParams['axes.unicode_minus'] = False
fig = plt.figure(1,(5,5),dpi=300)
ax = plt.subplot(111)
# 绘制原始轨迹与平滑后的轨迹
plt.plot(traj['lon'], traj['lat'],label = '原始轨迹')
plt.plot(traj_smoothed['lon'], traj_smoothed['lat'],label='平滑后轨迹')
plt.legend()
plt.show()
```

结果如图 2.23所示。可以看到，平滑后的轨迹数据相比原始轨迹数据更加平滑。

上述的处理过程也可以用transbigdata包中的traj_smooth()方法来实现，该函数支持对多条轨迹数据进行平滑处理，以id列来区分不同的轨迹。代码如下：

```
import transbigdata as tbd
```

```
traj_smoothed = tbd.traj_smooth(traj,col = ['id','time','lon', 'lat'],proj =
False,process_noise_std = 0.01, measurement_noise_std = 1)
```

输出的结果与图 2.23一致。

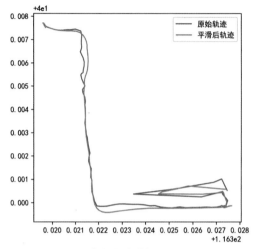

图2.23 卡尔曼滤波轨迹平滑结果

2.4.3 轨迹平滑适用场景的讨论

卡尔曼滤波法的目标是通过估计系统状态来优化观测值，同时考虑观测噪声和系统动态的不确定性。它在平滑轨迹数据方面有优势，可以降低噪声影响，减少轨迹在小范围内的波动。然而，卡尔曼滤波法无法完全消除所有噪声或处理轨迹漂移。

卡尔曼滤波法适用于轨迹数据中噪声相对稳定的情况，即噪声方差保持不变。它特别适合处理轨迹数据中的小范围波动，对由测量误差引起的细小波动有较好的平滑效果。

然而，当轨迹出现较大漂移时，卡尔曼滤波法的效果受到限制。漂移点被视为观测值，对状态估计产生较大影响，卡尔曼滤波法无法直接处理。

此外，卡尔曼滤波法需要设定过程误差和观测误差的协方差矩阵，这些参数设置会影响平滑效果。不合理的协方差矩阵设定可能导致平滑后的轨迹数据产生较大偏差，尤其在轨迹数据处理中容易使轨迹偏离道路路网。

在处理轨迹数据时，常见思路是先进行漂移剔除，再进行平滑处理，最后进行路网匹配。这种思路的考虑是：

● 漂移剔除步骤剔除了数据中明显的漂移点，即剔除数据中较大的噪声，漂移点的存在会对后续的处理步骤产生严重干扰，将漂移点从数据中去除或进行修正，以保证后续处理的准确性和可靠性。

● 漂移剔除后，轨迹数据可能仍然存在一些噪声和波动。为了减少这些噪声和波动的影响，平滑处理可以对轨迹数据进行进一步处理，使其更加平滑、连续，并保持轨迹的整体趋势。

● 最后，平滑后的轨迹更加稳定，也更适合进行路网匹配，减少了由于噪声和波动引起的误差，提高路网匹配的准确性和可靠性。

2.5 车辆轨迹数据的增密与稀疏化

对于不同的车辆轨迹数据，轨迹的采样间隔往往存在较大的差异。轨迹数据的增密与稀疏化是指在时间或空间上对轨迹数据进行不同程度的插值或采样，也是常用的轨迹处理操作，如图2.24所示。

（a）原始轨迹　　　　　　　（b）轨迹增密后　　　　　　　（c）轨迹稀疏化后

图2.24　轨迹的增密与稀疏化

2.5.1 轨迹的增密

轨迹增密是通过提高采样频率或在已有数据点之间插入新的数据点，使原始轨迹数据变得更加密集。这样，能够更准确地描述轨迹的运动状态和行为特征，更有效地分析轨迹的相似性和差异性，从而更好地识别轨迹中的异常和规律。例如，在进行路网匹配工作时，如果轨迹过于稀疏，可能需要先对轨迹进行增密处理，以提高路网匹配的准确性。对于GPS数据，约30s采样一次的轨迹点也许可以记录出行的大致路径，但由于采样时间较长且路网数据路段相对精细，很难确保车辆经过的大部分路段都有轨迹点。此时，将数据增密到每5s一条记录可能是一个好的选择。

轨迹增密的基本假设是，车辆在各轨迹点之间进行匀速直线移动。给定一些相对密集的时间点，可以对轨迹进行时空插值，从而获得增密的轨迹数据。以下简单示例解释了轨迹的时空插值方法，假设有一批轨迹点数据如下：

```
# 给定轨迹点
traj = pd.DataFrame([
    ['A', '2010-10-02 08:23:10', 120.7, 30.8],
    ['A', '2010-10-02 09:35:00', 120.1, 31.1],
    ['A', '2010-10-02 10:04:00', 120.1, 31.1]
], columns=['id', 'time', 'lon', 'lat'])
```

其中记录了车辆A在三个时刻的空间位置。然后，给定一些时间点，如下：

```
# 给定时间
densify_time = pd.DataFrame([
```

```
    ['2010-10-02 08:00:00'],
    ['2010-10-02 08:30:00'],
    ['2010-10-02 09:00:00'],
    ['2010-10-02 09:30:00'],
    ['2010-10-02 10:00:00']
], columns=['time'])
```

　　假设车辆在各轨迹点之间匀速直线移动，时空插值的任务是通过插值法推算车辆在以上时间点的空间位置，如图2.25所示。

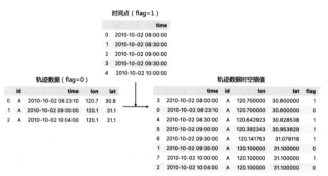

图2.25　轨迹数据的时空插值

　　在前面数据缺失值补全的章节中，介绍了pandas的interpolate()方法可以对数据进行插值补全。轨迹的时空插值也可以利用这一方法实现，具体思路是将轨迹点数据和时间点数据合并，按照时间进行排序，最后依据时间对经纬度坐标进行插值。在代码上，Time列的需要转换成为pandas能够识别的时间（datetime）格式，将其设置为索引（index），再进行插值，代码如下：

```
traj['flag'] = 0            # 标记原始轨迹,flag为0
densify_time['flag'] = 1    # 标记要插值的时间,flag为1
# 将两个表合起来,以便后续的插值
traj_densified = pd.concat([traj,densify_time])
# 将时间由字符串转换为datetime格式
traj_densified['time'] = pd.to_datetime(traj_densified['time'])
# 将时间转换为index,然后以此为依据对lon和lat进行时空插值
traj_densified = traj_densified.set_index('time')           # 将时间转换为index
traj_densified = traj_densified.interpolate(method = 'index')# 以时间为依据进行插值
traj_densified = traj_densified.reset_index()               # 将index重新转换回列
traj_densified = traj_densified.sort_values(by = 'time')    # 按时间排序
traj_densified['id'] = 'A'                                  # 补全id列
traj_densified
```

　　结果如图2.26所示。

	time	id	lon	lat	flag
3	2010-10-02 08:00:00	A	120.700000	30.800000	1
0	2010-10-02 08:23:10	A	120.700000	30.800000	0
4	2010-10-02 08:30:00	A	120.642923	30.828538	1
5	2010-10-02 09:00:00	A	120.392343	30.953828	1
6	2010-10-02 09:30:00	A	120.141763	31.079118	1
1	2010-10-02 09:35:00	A	120.100000	31.100000	0
7	2010-10-02 10:00:00	A	120.100000	31.100000	1
2	2010-10-02 10:04:00	A	120.100000	31.100000	0

图2.26　时空插值的结果

通过上述代码，用缺失值补全的插值运算实现了数据的时空差值，得到车辆在给定时间点的空间位置。在实际应用中，可以将给定的时间点设置为一定的时间间隔，如5s、10s等，从而得到增密的轨迹数据。需要注意的是，上述使用的例子是对单一车辆的轨迹坐标进行插值。如果数据表中同时有多辆车的轨迹数据，则需要将个体信息提取为单独的数据表分组进行差值。

在TransBigData中也提供了 tbd.traj_densify()方法实现轨迹的增密，该方法能够支持多辆车的轨迹数据同时进行增密，其使用方法如下：

```
# 轨迹点增密
data_densified = tbd.traj_densify(
    data,                          # 轨迹点数据
    col=['id', 'time', 'lon', 'lat'], # 轨迹数据的列名
    timegap=15)                    # 增密时间间隔，单位为 s
```

上述代码为每辆车在观测时间段内每15s增加一个轨迹点，并采用时空插值推测轨迹点的空间位置，确保了轨迹点数据的时间间隔不超过15s。增密后的轨迹数据概况如下：

```
# 轨迹增密后的数据概况
tbd.data_summary(data_densified, col=['id', 'time'], show_sample_duration=True)

# 输出结果
Amount of data
-----------------
Total number of data items:  4751728
Total number of individuals:  664
Data volume of individuals(Mean):  7156.2169
Data volume of individuals(Upper quartile):  7657.25
Data volume of individuals(Median):  7424.0
Data volume of individuals(Lower quartile):  6901.0

Data time period
-----------------
Start time:  2014-10-22 00:00:00
End time:  2014-10-22 23:59:59

Sampling interval
-----------------
Mean:  11.6022 s
Upper quartile:  15.0 s
Median:  15.0 s
Lower quartile:  8.0 s
```

可以看到，增密后的数据采样间隔已经控制在15s以内。

2.5.2 轨迹的稀疏化

在轨迹过于密集时，会增加数据的存储和处理成本降低效率，数据也会变得难以分

析，这时候则可能需要对轨迹进行稀疏化处理。稀疏化是指通过减少采样频率或者删除部分数据点，使得原始轨迹数据变得更加稀疏。例如，航拍技术所识别的轨迹数据是在视频帧信息中提取车辆的位置信息，其生成的轨迹数据采样间隔可能会精细到0.1s，这样的数据量会非常大，而且对于分析来说也是不必要的。此时，可以将轨迹数据稀疏化到每秒一条记录，以减少数据量，也便于分析。

轨迹稀疏化的原理有两种，第一种是与前面所提到的轨迹时空插值类似，给定一些比原始数据采样间隔更加稀疏的时间采样点，通过时空插值的方法推测出轨迹数据中间的轨迹点。第二种方法则是直接对原始数据进行采样，每隔一定固定的时间段采样一个轨迹点。

对于第一种方法，原理与轨迹增密类似，这里不再赘述。对于第二种方法，提供一个轨迹采样的实现样例，其思路是将数据以一定时间间隔分组，然后对每组仅保留第一条数据，代码如下：

```python
# 给定轨迹点
traj = pd.DataFrame([
    ['A', '2010-10-02 08:20:00', 120.6, 30.8],
    ['A', '2010-10-02 08:22:00', 120.7, 30.9],
    ['A', '2010-10-02 09:23:10', 120.8, 31.0],
    ['A', '2010-10-02 09:35:00', 120.9, 31.1],
    ['A', '2010-10-02 10:40:00', 120.9, 31.0]
], columns=['id', 'time', 'lon', 'lat'])
# 给定时间间隔,1800s采样一次
timegap = 1800
# 将时间转换为时间戳,再以时间间隔分组
traj['time'] = pd.to_datetime(traj['time'])
traj['timestamp']=(traj['time']-traj['time'].min()).dt.total_seconds()
traj['timegroup'] = (traj['timestamp']/timegap).astype(int)
# 分组后, 只保留每组的第一个点
traj = traj.drop_duplicates(subset=['timegroup'],keep= 'first')
traj
```

结果如图 2.27所示。

	id	time	lon	lat	timestamp	timegroup
0	A	2010-10-02 08:20:00	120.6	30.8	0.0	0
2	A	2010-10-02 09:23:10	120.8	31.0	3790.0	2
4	A	2010-10-02 10:40:00	120.9	31.0	8400.0	4

图2.27　轨迹采样的结果

可以看到，原本的五条轨迹数据，在采样后仅保留三条，经过稀疏化后会确保轨迹的采样间隔大于给定的时间间隔。

在TransBigData中，也提供了 tbd.traj_sparsify()方法实现轨迹稀疏化的功能，在其中，可以通过method参数指定以插值法（interpolate）或采样法（subsample）实现轨迹的稀疏化。

```python
# 轨迹点稀疏化
data_sparsified = tbd.traj_sparsify(
```

```
    data,                      # 轨迹点数据
    col=['id', 'time', 'lon', 'lat'],   # 轨迹数据的列名
    timegap=120,               # 稀疏化时间间隔,单位为s
    method='subsample'   # 插值法(interpolate)或采样法(subsample)
)
# 稀疏化后的数据概况
tbd.data_summary(data_sparsified, col=['id', 'time'], show_sample_duration=True)

# 输出结果
Amount of data
-----------------
Total number of data items:  398211
Total number of individuals:  664
Data volume of individuals(Mean):  599.7154
Data volume of individuals(Upper quartile):  696.0
Data volume of individuals(Median):  644.5
Data volume of individuals(Lower quartile):  519.5

Data time period
-----------------
Start time:  2014-10-22 00:00:00
End time:  2014-10-22 23:59:59

Sampling interval
-----------------
Mean:  138.6018 s
Upper quartile:  137.0 s
Median:  120.0 s
Lower quartile:  109.0 s
```

通过上述的代码对轨迹以采样法进行了稀疏化，使相邻两条数据的时间间隔在120s
以上。

2.6 车辆轨迹数据的坐标转换

在处理轨迹数据之前，确定轨迹数据的坐标系并确保它和其他地理信息在同一坐标
系下是至关重要的一点。常见的数据坐标转换有下面两种。

2.6.1 地理坐标系与投影坐标系的坐标转换

当轨迹数据采用投影坐标系（单位为m），而其他地理信息文件（如路网）采用地
理坐标系（单位为°）时，二者无法直接匹配。通常地理坐标系更常用于数据处理，因
此在这种情况下，需要将轨迹数据转换为地理坐标系。然而，投影坐标系的种类繁多，
首先需要确定轨迹数据所属的坐标系，进而获取对应的EPSG代码，方能进行转换。具体
转换方法如下：

```
# 先将轨迹数据全部转换为GeoDataFrame的点数据集
import geopandas as gpd
data = gpd.GeoDataFrame(data)
data['geometry'] = gpd.points_from_xy(data['lon'],data['lat'])
# 坐标转换
data.crs = {'init':'epsg:2416'}  # 在此处定义投影坐标系的epsg代号，示例的代号为2416
data = data.to_crs(epsg = 4326)  # 将轨迹数据转换为wgs84坐标系
# 提取经纬度
data['lon'] = data.geometry.x   # 提取轨迹数据的经度
data['lat'] = data.geometry.y   # 提取轨迹数据的纬度
```

2.6.2　地理坐标系与火星坐标系的坐标转换

在获取轨迹数据后，可能会发现经纬度坐标在地图上可视化时与地图之间存在一定的偏移，这很可能是由火星坐标系导致的。火星坐标系是一种加密后的坐标系，对真实坐标系统进行了人为的加偏处理，按照特定的算法，将实际坐标加密成虚假坐标。这种加偏非线性，导致各地的偏移情况各不相同。由于它是人为加密得到的，因此不属于正规地理坐标系，也没有EPSG代号。

我国规定所有的电子地图、导航设备，都需要加入国家保密插件。一方面，地图公司测绘地图，测绘完成后送到国家测绘局，将真实坐标的电子地图加密变成火星坐标系，才可以出版和发布。另一方面，所有需要用到导航电子地图的GPS公司都需要在软件中加入国家保密算法，将真实的坐标信号加密转换成国家要求的保密的坐标。这样，GPS导航仪和导航电子地图就可以完全匹配，GPS才可以正常工作，因此，通常获取的GPS数据都是火星坐标系。

国内的火星坐标系有两种。

① GCJ02：GCJ代表国测局，高德地图和腾讯地图使用的是GCJ02坐标系，GCJ02是在WGS84基础上加密而成。大部分的公交车GPS数据为车载GPS导航仪收集，因此为GCJ02坐标系。

② BD09：BD代表百度，百度地图使用的坐标系是BD09，是在GCJ02的基础上二次加密而成，由百度地图提供的地图底图、定位服务或导航LBS所收集的数据均为BD09坐标系。

此外，国外的谷歌地图、Mapbox、OpenStreetMap等地图供应商提供的数据则为WGS84坐标系。

WGS84、GCJ02和BD09坐标系下的数据如果放在一起可视化，会导致500～1000m的偏移（不同地方的偏移程度不同）。在实际处理中，需要明确数据的坐标系以及地图底图的坐标系。如果忽略了这个问题，则会对数据后续的地理空间处理（如路网匹配、公交上下客站点匹配等）的精确性造成很大影响。火星坐标系由于不存在EPSG代号，数据坐标系的转换则不能靠前面的方法实现。转换的方法有以下两种。

① 地图API。

通过网络地图（如高德、百度地图等）开发者平台提供的坐标转换服务，其原理是将坐标打包向网络地图平台API接口提交，由网络地图进行转换后返回转换完成的数据。这种API服务只支持由WGS84坐标系向GCJ02与BD09转换，单次请求可批量解析坐标数量有限额，每日也有总量限额。

② 第三方工具。

由于加密与解密的算法并没有公布，第三方工具能实现的是坐标的近似转换。TransBigData工具提供了WGS84、BD09、GCJ02三者经纬度坐标互转，同时也附带了输入起终点经纬度计算直线距离的方法：

```
# WGS84、BD09、GCJ02三者经纬度坐标互转
tbd.wgs84tobd09(lon, lat)
tbd.wgs84togcj02(lon, lat)
tbd.gcj02tobd09(lon, lat)
tbd.gcj02towgs84(lon, lat)
tbd.bd09togcj02(lon, lat)
tbd.bd09towgs84(lon, lat)
# 输入起终点经纬度，获取距离（米）
tbd.getdistance(lon1, lat1, lon2, lat2)
```

例如，可以用以下代码将轨迹数据从GCJ02坐标系转换为WGS84坐标系：

```
# 对整列经纬度进行坐标转换
data['lon'], data['lat'] = tbd.gcj02towgs84(data['lon'], data['lat'])
```

2.7 车辆轨迹数据的栅格化

2.7.1 为什么要栅格化

栅格化处理，又称为网格化处理，是一种将连续的空间数据转换为离散数据的方法。在栅格化处理中，将整个研究区域划分为规则的网格单元（如矩形或正方形），每个网格单元代表一个空间区域。这样，连续的地理数据可以转换为网格单元上的离散值，以便于进一步的数据分析和处理。

车辆轨迹的栅格化是进行数据分析、处理与可视化的常见操作，思路是将轨迹的经纬度信息对应到栅格上，并将栅格作为空间分析单元以处理车辆轨迹数据。这种做法有以下的优势。

（1）空间离散化，减少定位误差的影响：由于采集的车辆轨迹数据可能具有一定的定位误差，即使在静止状态下，数据也可能在一个小范围的空间区域内波动（无法保证在静止时，车辆的经纬度完全相等）。通过将空间离散化为栅格，可以为数据定义一个大致的误差范围。如果数据位于同一个栅格内，就认为它们处于同一位置，这样就可以避免小范围的定位误差对数据分析的影响。

（2）属性可比较，直观展示数据分布：栅格化处理后，每个栅格具有相同的大小，这使得不同栅格中的数据量可以直接比较，从而更好地分析数据分布特征。将车辆轨迹数据进行栅格化处理后，可以更清晰地展示数据在空间上的分布情况。例如，图 2.28中将密集的GPS点数据转换为栅格数据后，可以清楚地看到哪些区域的数据量较大，从而为进一步分析提供依据。

（3）精度可控制：栅格化允许通过调整栅格大小来控制分析精度。例如，可以将栅格大小设置为1km、500m、10m或1m等，以满足不同的分析需求。

（4）匹配效率高：因为每个栅格的大小一致且分布具有规律性，可以利用向量化方法对车辆轨迹的经纬度进行计算。这样可以迅速匹配和处理地理数据，从而提升数据处理效率。

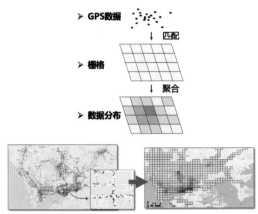

图2.28　轨迹数据的栅格化

2.7.2　轨迹栅格化的方法

如何进行栅格化呢？在进行栅格化时，需要考虑的有两个问题。

（1）给定研究范围以及栅格大小，如何生成研究范围内所有的栅格的地理信息几何图形？

（2）如何将轨迹数据以最小的计算量、以最快的方式对应到栅格上？

对第一个问题，给定研究范围以及栅格大小，栅格化即是对整个研究范围铺满栅格，而要以矢量图形来存储栅格数据，则需要推算出整个研究范围内所有栅格的四个顶点坐标。有了每个栅格的顶点坐标后，就可以构建出每个栅格的几何图形（Polygon），存放到同一个地理信息文件（GeoDataFrame）中。

对第二个问题，轨迹数据一般是以经纬度形式存储，且经常会遇到百万以上的数量级。如果对每个轨迹数据点都需要用复杂的空间连接匹配到栅格上，则需要耗费大量的时间。

综合以上两点，本书提出相应的栅格方法思路即是直接对经纬度进行加减乘除运算。对第一个问题，给定研究范围与栅格大小，推算出栅格的长与宽对应的经度 Δlon 和纬度 Δlat，再通过每个栅格的编号推算出四个顶点坐标。对第二个问题，则只需要通过简单的加减乘除即可将轨迹经纬度对应到栅格，在Python中可以用向量运算解决。相比空间连接匹配，这种向量计算的方法能够极大地提高轨迹对应栅格的效率。

1. 研究范围内栅格的生成

解决第一个问题，首先以研究范围中心点所在位置为基准，近似地计算每个栅格对应的经纬度Δlon和Δlat的大小。在图 2.29中可以看出，如果将地球看成一个球，所有的经线周长都相同，而纬线的周长则在赤道时最长（此时与经线一样长），越往两极去，纬线的周长越小。也就是说，除非研究范围在赤道上，否则研究范围内栅格的Δlon与Δlat是不等的。假设地球半径为R，研究范围左下角经纬度为(lon_1,lat_1)，右上角坐标为(lon_2,lat_2)，则中心点的坐标为$(lon,lat)=\left(\dfrac{lon_1+lat_1}{2},\dfrac{lon_2+lat_2}{2}\right)$。在研究范围处，经线的周长为$2\pi R$，对应经度的$360°$；纬线的周长则为$2\pi R\cos(lat)$，对应纬度的$360°$。那么如果栅格长度为$a$，对应的经纬度是如下：

$$\Delta lon=\frac{a}{2\pi R}\cdot 360° \tag{2.19}$$

$$\Delta lat=\frac{a}{2\pi R\cos\left(\dfrac{lat_1+lat_2}{2}\right)}\cdot 360° \tag{2.20}$$

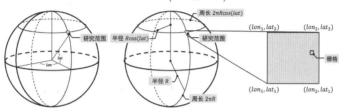

图2.29 研究范围处的经线与纬线周长不同

以研究范围的左下角为起点，作为第一个栅格的中心点，把栅格铺满整个研究范围。以列号与行号$(loncol,latcol)$对栅格进行编号，分别从0开始，如图 2.30所示。那么给定行号列号，每个栅格的中心点坐标$(hblon,hblat)$为：

$$hblon = loncol \cdot \Delta lon+lon_1 \tag{2.21}$$

$$hblat = latco \cdot \Delta lat+lat_1 \tag{2.22}$$

每个栅格的四个顶点坐标怎么确定呢？大家可能会不假思索地答出，对$(hblon,hblat)$上下加减$\dfrac{\Delta lat}{2}$，左右加减$\dfrac{\Delta lon}{2}$即可。这种方法在数学上是对的，但是在实际应用时，由于小数点取值问题可能会出现$hblon_i+\dfrac{\Delta lon}{2}\neq hblon_{i+1}-\dfrac{\Delta lon}{2}$和$hblat_j+\dfrac{\Delta lat}{2}$ $\neq hblat_{j+1}-\dfrac{\Delta lat}{2}$的情况，导致栅格的边缘处出现"小缝"。解决方案是，每个栅格只推算一个顶点，以周围三个栅格推算出的顶点，如图 2.31所示。由此可以得到四个顶点的坐标为（逆时针方向）：

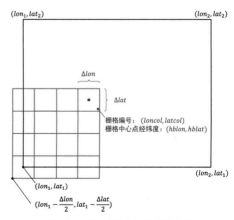

图2.30 研究区域内的栅格划分

$$\left(hblon_i-\frac{\Delta\,lon}{2},hblat_j-\frac{\Delta\,lat}{2}\right) \tag{2.23}$$

$$\left(hblon_{i+1}-\frac{\Delta\,lon}{2},hblat_j-\frac{\Delta\,lat}{2}\right) \tag{2.24}$$

$$\left(hblon_{i+1}-\frac{\Delta\,lon}{2},hblat_{+1j}-\frac{\Delta\,lat}{2}\right) \tag{2.25}$$

$$\left(hblon_i-\frac{\Delta\,lon}{2},hblat_{j+1}-\frac{\Delta\,lat}{2}\right) \tag{2.26}$$

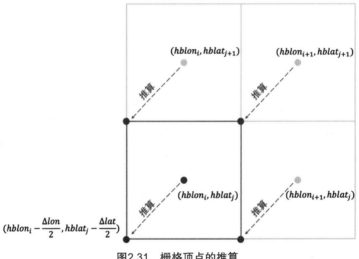

图2.31　栅格顶点的推算

通过上面公式对每个栅格的顶点计算，循环生成栅格，即可生成整个研究范围的栅格。

2. 轨迹数据的栅格对应

解决第二个问题，给定研究范围内的任意一点经纬度(x,y)，只需要计算x和y距离最左下角的$lon_1-\frac{\Delta\,lon}{2}$和$lat_1-\frac{\Delta\,lat}{2}$经过了多少个$\Delta\,lon$和$\Delta\,lat$即可。可以用以下方法对应至所属的栅格编号（$\lfloor x\rfloor$代表对$x$向下取整，$\lceil x\rceil$代表对$x$向上取整）：

$$loncol=\left\lfloor\frac{x-\left(lon_1-\frac{\Delta\,lon}{2}\right)}{\Delta\,lon}\right\rfloor \tag{2.27}$$

$$latcol=\left\lfloor\frac{y-\left(lat_1-\frac{\Delta\,lat}{2}\right)}{\Delta\,lat}\right\rfloor \tag{2.28}$$

3. 栅格化方法的优势

熟悉ArcGIS和地理信息处理的小伙伴可能会有以下疑问：ArcGIS里面也可以生成栅格（网格、渔网），为什么我还要在Python中去生成呢？可否在ArcGIS里面生成栅格，再导入进Python呢？

前面提到过，在栅格化时要解决两个问题：生成研究范围的栅格。将数据快速对应至栅格。

如果借助其他栅格化工具创建栅格，则只能解决其中的第一个问题，第二个问题则需要对大规模的轨迹数据进行空间连接，耗费大量计算资源。以本书中提出的方法进行栅格化，在这个体系下，只要做一个简单的加减乘除运算就可以让所有经纬度对应到各自的栅格，空间对应所需的计算量极低，在应对大规模数据的情况下是非常实用的。

由于是在地理坐标系上划分栅格，这种栅格化方法不可避免地会造成一定的精度损失，具体来说有以下因素：一方面由于纬线的周长与纬度大小相关，以研究区域的纬度最小值与最大值处为基准计算的 Δlat 应该是不同的，即不同栅格的 Δlat 应该不同。另一方面，这一栅格划分法也将地球假设为一个完美的球，而实际上地球更接近于一个椭球。如果追求更加精准的栅格划分方法，则应该在投影坐标系上进行划分。交通大数据中，一方面栅格划分法的研究范围一般在某一国家中，在单个城市或者几个城市的小范围内，这种近似带来的误差基本可以忽略不计；另一方面，GPS设备所产生的数据点一般会有10m左右的误差，栅格划分精确度的提高并不能保证轨迹数据分析的精确度提升。本书所使用的栅格划分法通过牺牲一定的精确度，换取了计算速度的极大提高。

2.7.3　TransBigData 实现轨迹栅格化

基于上面介绍的原理，TransBigData提供了在研究区域内生成多种类型的栅格的方法，可以为研究区域生成栅格，也提供了算法能够将经纬度数据快速映射到生成的网格上，TransBigData中提供的栅格处理体系如图2.32和表2-2所示。

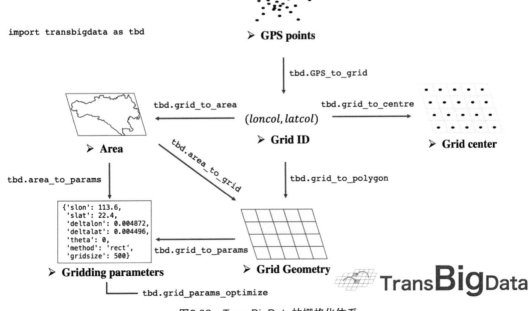

图2.32　TransBigData的栅格化体系

表2-2　TransBigData提供的栅格化方法

方　　法	描　　述
tbd.area_to_grid	给定研究范围，生成研究范围内的方形栅格
tbd.area_to_params	给定研究范围与栅格大小，生成栅格参数
tbd.GPS_to_grid	将GPS数据输入至栅格。输入数据的经纬度列与栅格参数，输出对应 的栅格编号
tbd.grid_to_centre	由栅格编号计算栅格中心点经纬度。输入数据的栅格编号与栅格参数，输出对应的栅格中心点
tbd.grid_to_polygon	由栅格编号生成栅格的几何信息列。输入数据的栅格编号与栅格参数，输出对应的地理信息列
tbd.grid_to_area	将数据对应至矢量面。输入带有栅格经纬度编号的数据，矢量图形与栅格化参数，输出数据栅格，并至矢量图形
tbd.grid_to_params	从栅格几何信息中重新计算出栅格参数

接下来，将介绍如何用TransBigData包对轨迹数据进行栅格化，在研究区域范围内生成栅格并将轨迹数据对应到栅格上。如果要使用TransBigData工具进行栅格化，则首先需要确定栅格参数（params），可以理解为每生成一个params就在研究范围内定义了一个栅格坐标系。

```python
# 栅格化
# 定义范围，获取栅格参数
bounds = [113.75, 22.4, 114.62, 22.86]
params = tbd.area_to_params(bounds,accuracy = 500) # 设定栅格的大小为500m×500m
params

# 输出结果
{'slon': 113.75,                              # 原点经度
 'slat': 22.4,                                # 原点纬度
 'deltalon': 0.00487168144644911,             # 单个栅格的经度
 'deltalat': 0.004496605206422906,            # 单个栅格的纬度
 'theta': 0,                                  # 栅格的旋转角度
 'method': 'rect',                            # 栅格的形状
 'gridsize': 500}                             # 栅格的大小（米）
```

输出的栅格化参数params的内容包含了栅格坐标系的信息。

此外，也可以用tbd.area_to_grid()方法同时生成栅格和栅格参数。

```python
# 生成研究区域内的栅格
grids,params = tbd.area_to_grid(bounds,accuracy = 5000)
# 设定栅格的大小为5000m×5000m
grids
```

结果如图 2.33所示。其中，每一个栅格有LONCOL列与LATCOL列的信息，代表了是第几行第几列的栅格。

以上所生成的栅格grids是GeoDataFrame形式，可以直接进行绘制查看：

```python
# 绘制栅格
grids.plot(edgecolor = 'k')
```

结果如图 2.34所示。

	LONCOL	LATCOL	geometry
0	-1	-1	POLYGON ((113.67692 22.33255, 113.72564 22.332...
2	0	-1	POLYGON ((113.72564 22.33255, 113.77436 22.332...
5	1	-1	POLYGON ((113.77436 22.33255, 113.82308 22.332...
8	2	-1	POLYGON ((113.82308 22.33255, 113.87179 22.332...
11	3	-1	POLYGON ((113.87179 22.33255, 113.92051 22.332...
...	...	...	...
2147	15	11	POLYGON ((114.45639 22.87214, 114.50511 22.872...
2150	16	11	POLYGON ((114.50511 22.87214, 114.55383 22.872...
2153	17	11	POLYGON ((114.55383 22.87214, 114.60254 22.872...
2156	18	11	POLYGON ((114.60254 22.87214, 114.65126 22.872...
2159	19	11	POLYGON ((114.65126 22.87214, 114.69998 22.872...

273 rows × 3 columns

图2.33 TransBigData生成的栅格数据表

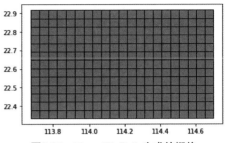

图2.34 TransBigData生成的栅格

取得栅格化参数后，便可以使用tbd.GPS_to_grid()方法将轨迹数据的经纬度对应至栅格。该方法会生成LONCOL列与LATCOL列，并由这两列共同指定数据所对应的栅格。

```
# 将经纬度数据对应到栅格
data['LONCOL'],data['LATCOL'] = tbd.GPS_to_grid(data['lon'],data['lat'],
params)
```

以上，便完成了在研究区域范围内生成栅格并将轨迹数据对应到栅格上的过程。

2.8 车辆轨迹数据的停车与出行识别

在长时间连续观测的车辆轨迹数据中，一个很常见的需求是从轨迹数据中提取车辆的停车部分和出行部分。停车部分可以用来分析车辆的停车时长、停车地点等信息；出行部分则可以进一步分析每一次出行的起终点、出行路径、出行时长、出行距离、出行速度等信息。本节将介绍如何从车辆轨迹中识别停车与出行，提取每一次出行的车辆轨迹信息，并生成轨迹线型。

2.8.1 停车识别方法

在车辆轨迹数据中，车辆的停车与出行通常会用时间阈值法来识别，思路如下：为了避免轨迹数据的波动，需要事先在地理空间上划分栅格；如果停留时间超过了设定的阈值（通常是30min），那么可以认为这段时间车辆是在停车；在两次停车之间的时间段，就认为车辆是在行驶，如图 2.35所示。

对于大规模的车辆轨迹数据，如果识别算法能够用表格的列运算方法进行，则可以极大地提高运算效率。下面，介绍如何通过表格的列运算来实现停车识别。在代码上，停车识别的整体思路如图 2.36所示。

在整个识别过程中，需要用到两次shift()方法，该方法可以将数据向上或向下移动一行，shift()不加任何参数时表示的是数据向下移动一行，shift(-1)则是将数据向上移动一行。如果将data['列']与data['列'].shift()进行比较时，data['列']是当前行，

data['列'].shift()是要进行比较的行，为当前行的上一行。因此，通过data['列']==data['列'].shift()可以将数据与前一行数据进行比较，而data['列']==data['列'].shift(-1)可以将数据与前一行数据进行比较。

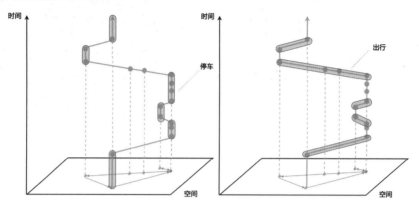

图2.35 停车与出行

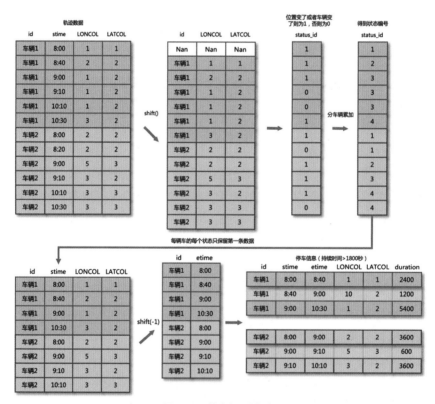

图2.36 停留识别方法

识别的思路是先通过比较连续两行数据，对停留的状态进行编号，然后计算每个停留的持续时间，超过给定的阈值则为停车。具体的代码如下：

```
# 定义一个栅格参数
bounds = [113.75, 22.4, 114.62, 22.86]
params = tbd.area_to_params(bounds, accuracy=100, method='rect')
```

```
# 将轨迹数据复制一份,用于停车的提取,用copy()方法可以避免对原数据的修改
stay = data.copy()
# 转换时间格式,将列名time转换为stime
stay['stime'] = pd.to_datetime(stay['time'])
# 将轨迹点数据按照id和time排序,确保同一辆车的数据以时间先后顺序排在一起
stay = stay.sort_values(by=['id', 'time'])
# 将经纬度对应至栅格
stay['LONCOL'], stay['LATCOL'] = tbd.GPS_to_grid(
    stay['lon'], stay['lat'], params)
# 为停留的状态进行编号,通过LONCOL、LATCOL和id是否相同来判断连续的两条记录是否在同一个栅格
内,如果是,则认为是同一个停留状态
stay['status_id'] = ((stay['LONCOL'] != stay['LONCOL'].shift()) |
                     (stay['LATCOL'] != stay['LATCOL'].shift()) |
                     (stay['id'] != stay['id'].shift())).astype(int)
# 通过astype(int)将布尔值转换为整数,True为1,False为0,方便后续的累加
stay['status_id'] = stay.groupby(['id'])['status_id'].cumsum()
# 累加状态值,为每个停留状态进行编号
# 对每个停留状态,进保留起始的记录,删除后续的记录
stay = stay.drop_duplicates(subset=['id', 'status_id'], keep='first').copy()
# 每个停留状态的结束时间是下一个停留状态的开始时间
stay['etime'] = stay['stime'].shift(-1)
# 计算停留时长,单位为s
stay['duration'] = (pd.to_datetime(stay['etime']) -
                    pd.to_datetime(stay['stime'])).dt.total_seconds()
# 删除停留时长小于30min的停留状态
stay = stay[stay['duration'] >= 1800].copy()
# 保留需要的列
stay = stay[['id', 'stime', 'LONCOL', 'LATCOL','etime', 'lon', 'lat',
'duration']]
# 为停车添加id
stay['stayid'] = range(len(stay))
stay
```

结果如图 2.37 所示。

	id	stime	LONCOL	LATCOL	etime	lon	lat	duration	stayid
61	0	2014-10-22 03:49:15	265	150	2014-10-22 04:54:37	114.007797	22.534800	3922.0	0
515	0	2014-10-22 08:06:26	351	154	2014-10-22 09:25:21	114.092003	22.538099	4735.0	1
606	0	2014-10-22 10:15:39	265	150	2014-10-22 11:37:57	114.007797	22.534901	4938.0	2
989	0	2014-10-22 15:37:57	265	150	2014-10-22 16:40:52	114.008003	22.534901	3775.0	3
1484	0	2014-10-22 22:29:11	265	150	2014-10-22 23:46:52	114.007797	22.534800	4661.0	4
...	...	...	...	...	...	...	...	...	...
1152680	662	2014-10-22 11:14:07	569	223	2014-10-22 12:22:46	114.304604	22.600800	4119.0	3271
1153068	662	2014-10-22 16:49:59	265	150	2014-10-22 18:04:07	114.007797	22.534901	4448.0	3272
1154068	663	2014-10-22 04:25:18	186	163	2014-10-22 05:31:29	113.931297	22.546700	3971.0	3273
1154738	663	2014-10-22 11:34:10	264	150	2014-10-22 12:38:55	114.007004	22.534700	3885.0	3274
1155383	663	2014-10-22 20:20:57	219	143	2014-10-22 21:13:35	113.962898	22.528700	3158.0	3275

3276 rows × 9 columns

图2.37　停车识别结果

2.8.2　出行识别方法

在获得停车信息后,相邻两个停车点之间的时间段就是车辆的出行信息。同样,可以通过表格的列运算来实现出行识别,思路如图 2.38 所示。

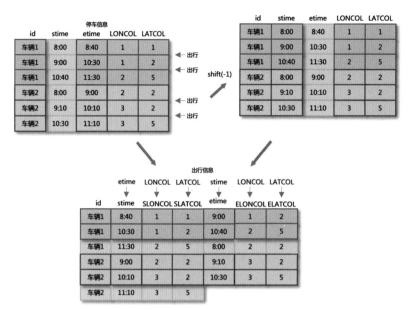

图2.38　出行识别方法

此外，由于轨迹数据集中，每辆车最开始时间段和最后时间段的数据都有可能是在出行中的状态，因此在进行出行识别之前将车辆轨迹数据集中在车辆的第一条和最一条数据加入停车数据集中再进行识别，则可以保留这部分的出行信息。具体的识别代码如下：

```python
# 每辆车的第一条记录
first_data = data.drop_duplicates(subset=['id'],keep='first').copy()
first_data['stime'] = first_data['time']
first_data['etime'] = first_data['time']
first_data['duration'] = 0
first_data['LONCOL'], first_data['LATCOL'] = tbd.GPS_to_grid(
    first_data['lon'], first_data['lat'], params)
first_data = first_data[['id', 'stime', 'LONCOL', 'LATCOL',
                'etime', 'lon', 'lat', 'duration']]
# 每辆车的最后一条记录
last_data = data.drop_duplicates(subset=['id'],keep='last').copy()
last_data['stime'] = last_data['time']
last_data['etime'] = last_data['time']
last_data['duration'] = 0
last_data['LONCOL'], last_data['LATCOL'] = tbd.GPS_to_grid(
    last_data['lon'], last_data['lat'], params)
last_data = last_data[['id', 'stime', 'LONCOL', 'LATCOL',
                'etime', 'lon', 'lat', 'duration']]
# 将第一条数据和最后一条数据加入到停车数据中，创建一个出行数据表
move = pd.concat([stay,first_data,last_data],axis=0)
# 将出行数据按照id和stime排序
move = move.sort_values(by=['id','stime'])
# 为每一次出行添加终点信息
move['stime_next'] = move['stime'].shift(-1)
move['elon'] = move['lon'].shift(-1)
```

```
move['elat'] = move['lat'].shift(-1)
move['ELONCOL'] = move['LONCOL'].shift(-1)
move['ELATCOL'] = move['LATCOL'].shift(-1)
# 将不同车辆的数据删除
move=move[move['id'].shift(-1)==move['id']].drop(['stime','duration'], axis=1)
# 重命名列名，整理为出行信息
move = move.rename(columns={'lon': 'slon',
                           'lat': 'slat',
                           'etime': 'stime',
                           'stime_next': 'etime',
                           'LONCOL': 'SLONCOL',
                           'LATCOL': 'SLATCOL',
                           })
# 出行的持续时间
move['duration'] = (move['etime'] - move['stime']).dt.total_seconds()
# 删除持续时间为0的出行
move = move[move['duration']>0]
# 为出行添加id
move['moveid'] = range(len(move))
move.head().T
```

结果如图 2.39所示。

	0	**61**	**515**	**606**	**989**
id	0	0	0	0	0
SLONCOL	289	265	351	265	265
SLATCOL	139	150	154	150	150
stime	2014-10-22 02:54:30	2014-10-22 04:54:37	2014-10-22 09:25:21	2014-10-22 11:37:57	2014-10-22 16:40:52
slon	114.031799	114.007797	114.092003	114.007797	114.008003
slat	22.524799	22.5348	22.538099	22.534901	22.534901
stayid	NaN	0.0	1.0	2.0	3.0
etime	2014-10-22 03:49:15	2014-10-22 08:06:26	2014-10-22 10:15:39	2014-10-22 15:37:57	2014-10-22 22:29:11
elon	114.007797	114.092003	114.007797	114.008003	114.007797
elat	22.5348	22.538099	22.534901	22.534901	22.5348
ELONCOL	265.0	351.0	265.0	265.0	265.0
ELATCOL	150.0	154.0	150.0	150.0	150.0
duration	3285.0	11509.0	3018.0	14400.0	20899.0
moveid	0	1	2	3	4

图2.39　出行识别结果

上面的停车与出行识别已经在TransBigData包中提供了相应的方法，可以通过 tbd.traj_stay_move()方法实现，其代码如下：

```
stay, move = tbd.traj_stay_move(
    data,                           # 轨迹点数据
    params,                         # 栅格参数
    col=['id', 'time', 'lon', 'lat'], # 轨迹数据的列名
    activitytime=1800)              # 停车时间阈值，单位为s
```

其中，tbd.traj_stay_move()方法中没有剔除持续时间为0的出行，这是考虑到有些轨迹数据采样间隔较长，可能没有采样到两个停车之间的出行过程，导致出行的持续时间

计算结果为0的情况。

 ## 2.9　车辆轨迹数据的切片与分段

2.9.1　轨迹的切片

通过前面的代码，成功地从数据中提取了停车和出行信息。然而，在所得到的出行信息中，只包含每次出行的起始点和终止点的时间以及经纬度信息，而没有出行轨迹信息。为了进一步分析车辆的出行轨迹，需要从每次出行的时间段内提取轨迹数据，即根据出行信息对轨迹数据集进行切片（slice）。在之前计算得到的出行信息中，每条出行信息都具有出行id、起始时间和结束时间列。轨迹切片的结果是提取出行过程中的轨迹点，并为每个轨迹点分配出行id标签。

轨迹切片的思路如图 2.40所示。为轨迹数据创建一个flag列，用于标记该行是否位于所需切片的时间段内。然后将出行数据中的每次出行记录分解为开始时间记录（flag标签为1）和结束时间记录（flag标签为-1），并插入到轨迹数据中。接下来，按车辆对flag列进行分组求和，得到flag1列。在结果中，flag1列值为1（出行）且flag列值为0（非临时插入的数据）的行即为所需的轨迹数据。

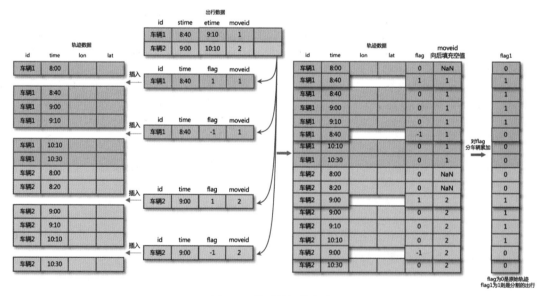

图2.40　轨迹的切片思路

需要注意的是，这里的切片思路要求用于切片的时间段不存在重叠的时间段，也就是说，如果一个时间段内存在两次出行，那么这种切片方法就无法实现。实现的代码如下：

```
# 为了将出行过程中的整段轨迹提取出来，需要将出行的起始时间和结束时间分别向前和向后延长1s
data['time'] = pd.to_datetime(data['time'])
move['stime'] = pd.to_datetime(move['stime'])-pd.Timedelta(seconds=1)
move['etime'] = pd.to_datetime(move['etime'])+pd.Timedelta(seconds=1)
# 提取出行的起始时间和结束时间
move_s = move[['id', 'stime','moveid']].copy()
move_s.columns = ['id', 'time', 'moveid']
move_s['flag'] = 1
move_e = move[['id', 'etime','moveid']].copy()
move_e.columns = ['id', 'time', 'moveid']
move_e['flag'] = -1
# 将出行的起始时间和结束时间合并到轨迹数据中
data_sliced = pd.concat([data, move_s, move_e])
data_sliced = data_sliced.sort_values(by=['id', 'time'])
# 推算出行id与车辆id信息
data_sliced['moveid'] = data_sliced['moveid'].ffill()
# 提取出行过程中的轨迹数据
data_sliced['flag'] = data_sliced['flag'].fillna(0)
data_sliced['flag1'] = data_sliced.groupby('id')['flag'].cumsum()
data_sliced['id'] = data_sliced['id'].ffill()
data_sliced = data_sliced[(data_sliced['flag1'] == 1) &
                          (data_sliced['flag'] == 0) &
                          (-data_sliced['id'].isnull())]
data_sliced['moveid'] = data_sliced['moveid'].ffill()
data_sliced.drop(['flag','flag1'], axis=1, inplace=True)
data_sliced
```

结果如图 2.41所示。

	id	lon	lat	time	speed	moveid
0	0	114.031799	22.524799	2014-10-22 02:54:30	42.0	0.0
1	0	114.038696	22.531500	2014-10-22 02:54:37	52.0	0.0
2	0	114.047302	22.531799	2014-10-22 02:55:07	59.0	0.0
3	0	114.055099	22.531500	2014-10-22 02:55:37	50.0	0.0
4	0	114.062500	22.531799	2014-10-22 02:56:08	46.0	0.0
...	...	...	...	...	...	...
1155648	663	113.945999	22.571501	2014-10-22 23:48:32	35.0	3939.0
1155649	663	113.943398	22.578199	2014-10-22 23:49:32	29.0	3939.0
1155650	663	113.943298	22.583200	2014-10-22 23:50:35	0.0	3939.0
1155651	663	113.943298	22.583500	2014-10-22 23:51:05	14.0	3939.0
1155652	663	113.942001	22.588800	2014-10-22 23:52:56	13.0	3939.0

854455 rows × 6 columns

图2.41　轨迹切片的结果

上述的方法可以用TransBigData中的 tbd.traj_slice()方法实现，其代码如下：

```
move_points = tbd.traj_slice(
    data,                                          # 轨迹点数据
    move,                                          # 出行数据
    traj_col=['id', 'time'],                       # 轨迹数据的列名
    slice_col=['id', 'stime', 'etime', 'moveid'])  # 出行数据的列名
```

同样，可以通过下面的代码将车辆停车期间的轨迹数据提取出来：

```
stay_points = tbd.traj_slice(
    data,                                          # 轨迹点数据
    stay,                                          # 停车数据
    traj_col=['id', 'time'],                       # 轨迹数据的列名
    slice_col=['id', 'stime', 'etime', 'stayid']) # 停车数据的列名
```

接下来，将切片后的出行与停车时间段内轨迹数据存储备用。

```
# 存储切片后的出行与停车轨迹
move_points.to_csv(r'Data/move_points.csv',index=False)
stay_points.to_csv(r'Data/stay_points.csv',index=False)
```

2.9.2　轨迹的分段

轨迹的分段（segment）是与轨迹切片相似的一个概念。在处理轨迹数据时，每个轨迹点都有一个标签字段，用以表示所属的轨迹分段，例如车辆ID（vid）或出行ID（moveid）。要判断某个轨迹分段的起点与终点信息，如时间和位置，需要根据标签字段将轨迹数据进行分组，并提取每个分段的起点与终点信息，这一过程就是轨迹的分段。

轨迹分段的思路如图 2.42所示，轨迹分段与轨迹切片在输入和输出方面有相反的关系：－轨迹切片是根据轨迹分段的起始信息为轨迹数据打上标签，以表明每个轨迹点属于哪个分段；－轨迹分段则是通过轨迹数据的标签信息来提取轨迹分段的起始信息。

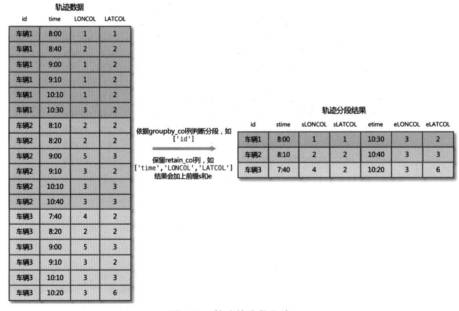

图2.42　轨迹的分段思路

实现轨迹分段的代码如下：

```
# 给定示例的轨迹点
traj = pd.DataFrame([
    ['A', '2010-10-02 08:10:00', 120.5, 30.5],
    ['A', '2010-10-02 08:22:00', 120.7, 30.9],
    ['A', '2010-10-02 09:23:10', 120.8, 31.0],
    ['A', '2010-10-02 10:40:00', 120.9, 31.0],
    ['B', '2010-11-03 08:20:00', 120.7, 30.9],
    ['B', '2010-11-03 08:22:00', 120.7, 30.9],
    ['B', '2010-11-03 09:23:10', 120.8, 31.0],
    ['B', '2010-11-03 10:45:00', 120.3, 31.2],
    ['C', '2010-12-04 09:23:00', 120.3, 30.4],
    ['C', '2010-12-04 09:23:10', 120.8, 31.0],
    ['C', '2010-12-04 09:35:00', 120.9, 31.1],
    ['C', '2010-12-04 09:41:00', 120.2, 31.2],
], columns=['id', 'time', 'lon', 'lat'])
# 分组的列名
groupby_col = ['id']
# 保留的列名
retain_col = ['time', 'lon', 'lat']
# 计算每个轨迹分段的起始信息
sdata = traj.drop_duplicates(subset=groupby_col,keep='first')[groupby_col+retain_
col]
edata = traj.drop_duplicates(subset=groupby_col,keep='last')[groupby_col+retain_
col]
# 重命名retain_col的列名，加上前缀s和e表示起始和结束
sdata.rename(columns = dict(zip(retain_col,['s'+col for col in retain_
col])),inplace=True)
edata.rename(columns = dict(zip(retain_col,['e'+col for col in retain_
col])),inplace=True)
# 合并起始信息
segment = pd.merge(sdata,edata,on = groupby_col,how = 'inner')
segment
```

输出结果如图 2.43所示。

	id	stime	slon	slat	etime	elon	elat
0	A	2010-10-02 08:10:00	120.5	30.5	2010-10-02 10:40:00	120.9	31.0
1	B	2010-11-03 08:20:00	120.7	30.9	2010-11-03 10:45:00	120.3	31.2
2	C	2010-12-04 09:23:00	120.3	30.4	2010-12-04 09:41:00	120.2	31.2

图2.43　轨迹分段示例

在代码中，指定了用于指定轨迹段分组的列名，以groupby_col变量进行存储，也指定了需要保留的列名，以retain_col变量进行存储。接着，使用drop_duplicates()方法分别提取每个分组的起始和终止信息，并使用rename()方法为每个字段添加前缀s和e，以表明该字段是起始信息还是终止信息。最后，使用merge()方法将起始信息和终止信息合并，得到轨迹分段信息。

上述方法也在TransBigData中提供了tbd.traj_segment()方法。该方法接受三个参数：轨迹数据（data）、按照指定字段进行分组的字段名称（groupby_col），以及需要保留的字段名称（retain_col）。用法如下：

```
segment = tbd.traj_segment(traj, groupby_col, retain_col)
```

输出结果与图2.43相同。

2.9.3　计算轨迹长度

在实际应用场景中，如车辆行驶里程、能耗、排放等信息的计算，经常需要计算轨迹长度。在本节中将介绍两种计算轨迹长度的方法：基于投影坐标系的计算和基于球面三角公式的计算。这一节中介绍这两种方法的实现。

另外，因为至少需要两个轨迹点轨迹才具备长度，所以需要先去除只有一个轨迹点的出行记录：

```
# 保留出行轨迹数量点大于1的出行
# 计算每个出行的轨迹点数量
move_points_count = move_points['moveid'].value_counts()
# 保留出行轨迹数量点大于1的出行
move_points_count = move_points_count[move_points_count>1]
move_points = move_points[move_points['moveid'].isin(move_points_count.index)]
```

1. 基于投影坐标系的轨迹长度计算

获取到出行轨迹的地理信息后，可以进一步计算每次车辆出行的距离，但通常数据中的地理坐标采用的是地理坐标系，即经纬度坐标。

尽管经纬度坐标可以在地球表面上精确定位，但由于一经度表示的距离只有在赤道上才大致等于一纬度表示的距离，所以在地理坐标系中得到精确的实际距离是有难度的。解决这个问题的方法是引入投影坐标系，它把地球表面的三维曲面展开到二维平面上，平面上的地理元素坐标单位是米。在这种坐标系下，可以计算出地理元素的实际距离和面积。

在轨迹长度的计算过程中，通常会采用以下步骤：

● 把轨迹由坐标点转换为线，然后保存为地理信息表格的格式。

● 把轨迹线投影到适当的投影坐标系，然后计算长度。

下面将实现这两个步骤。

（1）轨迹由坐标点转换为线型地理信息。

对于每一条轨迹，可以生成其线型，然后保存为GeoDataFrame的格式。GeoDataFrame是GeoPandas库的一种数据结构，是Pandas的DataFrame的扩展，可以保存几何数据，如点、线、面等。在创建轨迹线的过程中，需要为每次出行的连续轨迹点创建一条线，这些线通常以shapely库中的LineString格式保存，并把所有数据保存在GeoDataFrame中。

轨迹线型的创建可以通过下面的代码实现：

```
# 以出行id为分组，对每一分组创建LineString
from shapely.geometry import LineString
move_trajs = move_points.groupby('moveid').apply(
    lambda r: LineString(
        r[['lon', 'lat']].values
    )
)
# 转换为GeoDataFrame，将线型都存储在geometry列中
move_trajs = gpd.GeoDataFrame(move_trajs.rename('geometry'), crs='EPSG:4326').
reset_index()
move_trajs
```

结果如图2.44所示。

用下面的代码绘制轨迹查看：

```
move_trajs.plot()
```

结果如图2.45所示。

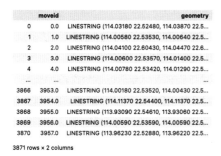

图2.44　生成的轨迹线型

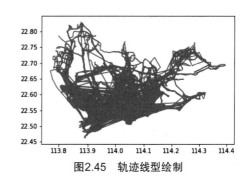

图2.45　轨迹线型绘制

其中，可以用下面的代码取出一条轨迹查看，其数据类型为shapely所提供的LineString：

```
# 取出第一条轨迹
move_trajs['geometry'].iloc[0]
```

结果如图2.46所示。

上述过程也可以用TransBigData中的tbd.traj_to_linestring()方法实现，其中，需要输入的参数包括：轨迹点数据（data），轨迹点数据中用于标识轨迹的字段名称（col），需按经度、纬度、轨迹标识的顺序进行指定。用法如下：

图2.46　第一条轨迹的线型

```
move_trajs = tbd.traj_to_linestring(move_points, col=['lon', 'lat', 'moveid'])
```

通过上述代码，就已经成功地提取了出行轨迹的线型信息，并将其转换为GeoDataFrame的地理信息形式进行存储。以此为基础，就可以利用geopandas中所提供的空间处理匹配方法操作轨迹数据，实现长度计算、空间连接等操作。

（2）把轨迹线投影到投影坐标系，并计算长度。

坐标投影的方法众多，各种投影方式可能会导致不同类型的形变，但每种投影方法

都尽可能减少一种或两种数据特性的形变。按照投影前后地理要素的形变性质，可以将其分类为等角投影、等积投影和等距投影等。当计算出行轨迹的距离时，需要将轨迹的坐标系转换为投影坐标系，然后再计算距离。

成功为轨迹创建了GeoDataFrame格式的要素后，便可以方便地使用内置的坐标转换算法。在进行转换前，需要首先确定数据的原始坐标系，对于国际通用的经纬度坐标，其使用的是WGS84坐标系，EPSG代码为4326。设定数据原始坐标系的代码如下：

```
# 指定数据的原始坐标系
move_trajs.crs = 'epsg:4326'
```

接下来，可以使用GeoDataFrame中的to_crs()方法将数据转换到投影坐标系。此时，需要指定一个合适数据的投影坐标系，以尽量减小投影带来的偏差。1954年，参照苏联克拉索夫斯基椭球体，建立了北京54坐标系。然后在1978年，采用国际大地测量协会推荐的1975地球椭球体（IAG75），建立了新的西安80坐标系。在国内的测绘领域，常用的是高斯投影。使用北京54地理坐标系的椭球参数进行高斯投影，就可以得到北京54坐标系下的投影坐标系。处理轨迹数据时，如果需要进行距离和面积的测量，可以选择数据所在位置分带的北京54坐标系投影带号，将数据投影到高斯投影坐标系下，就能计算出相对准确的距离和面积。这里选择北京54坐标系下经度在112.5°～115.5°范围内的投影坐标系，其epsg代号为2414。转换投影坐标系的代码如下：

```
# 将轨迹转换为投影坐标系，以便计算轨迹长度
move_trajs_proj = move_trajs.to_crs(epsg= 2414)
# 计算每一条轨迹的长度
move_trajs['length'] = move_trajs_proj.length
move_trajs
```

结果如图 2.47所示。其中，length字段存储了每条轨迹的长度，单位为m。

	moveid	geometry	length
0	0.0	LINESTRING (114.03180 22.52480, 114.03870 22.5...	23018.877328
1	1.0	LINESTRING (114.00580 22.53530, 114.00640 22.5...	79783.935350
2	2.0	LINESTRING (114.04100 22.60430, 114.04470 22.6...	25447.566132
3	3.0	LINESTRING (114.00600 22.53570, 114.01400 22.5...	98086.625333
4	4.0	LINESTRING (114.00780 22.53420, 114.01290 22.5...	132786.792949
...	...	...	...
3866	3953.0	LINESTRING (114.00180 22.53520, 114.00430 22.5...	122550.461580
3867	3954.0	LINESTRING (114.11370 22.54400, 114.11370 22.5...	140990.046882
3868	3955.0	LINESTRING (113.93090 22.54610, 113.93060 22.5...	148325.796156
3869	3956.0	LINESTRING (114.00590 22.53590, 114.00590 22.5...	152968.813165
3870	3957.0	LINESTRING (113.96230 22.52880, 113.96220 22.5...	90110.063902

3871 rows × 3 columns

图2.47　投影坐标系下出行距离计算结果

2. 基于球面三角公式的轨迹长度计算

前面介绍了投影坐标系下的轨迹长度计算，这种计算的结果是相对准确的。但是，当数据量较大时，这一计算方法通常需要耗费较长的时间用于实现对轨迹线型地理信息的构建与坐标转换。

如果需要计算轨迹的长度，而不需要非常精确，则可以直接在地理坐标系下采用球

面三角公式（Haversine Formula）进行计算。这种计算方法的优点是简单快捷，但是计算结果的准确性相对投影坐标系方法更低一些。

假设两个坐标点的经纬度为(x_1, y_1)和(x_2, y_2)，则两点之间的距离d可以用下面的公式计算：

$$d = R \cdot \arccos(\cos(y_1) \cdot \cos(y_2) \cdot \cos(x_1 - x_2) + \sin(y_1) \cdot \sin(y_2)) \qquad (2.29)$$

其中，R是地球的平均半径，通常取为6371000m。所有的角度（经度和纬度）都需要转换为弧度，才能用于这个公式中的三角函数。这一方法能够以较低的计算成本完成经纬度之间距离的运算。

然而，这一公式假设地球是完美的球体，但实际上地球是一个椭球体。因此，这一公式在短距离上的精度较高，但在处理极长距离（接近或超过半个地球周长）时，可能会出现数值不稳定，精度较低的情况。

基于上述方法，在TransBigData中提供了tbd.getdistance(lon1,lat1,lon2,lat2)的方法用于计算两个轨迹点之间的长度，该方法能够支持表格的列运算，使用方法如下：

```
# 计算两经纬度坐标点的之间的距离
data['distance'] = tbd.getdistance(data['lon1'],data['lat1'],data['lon2'],
data['lat2'])
```

利用上述方法，可以快速地计算轨迹的长度：

```
# 对每一轨迹段计算长度
move_trajs = move_points.copy()
# 将下一行的坐标平移至同一行,方便进行列运算
move_trajs['lon_next'] = move_trajs['lon'].shift(-1)
move_trajs['lat_next'] = move_trajs['lat'].shift(-1)
# 还需确保计算的是同一条轨迹的坐标点
move_trajs['moveid_next'] = move_trajs['moveid'].shift(-1)
move_trajs=move_trajs[move_trajs['moveid']==move_trajs['moveid_next']]
# 计算每两点之间的长度,并统计整条轨迹的长度
move_trajs['length'] = tbd.getdistance(move_trajs['lon'],move_trajs['lat'],move_
trajs['lon_next'],move_trajs['lat_next'])
move_trajs = move_trajs.groupby('moveid')['length'].sum().reset_index()
move_trajs
```

输出结果如图 2.48所示，对比可发现与投影坐标系下的计算结果非常接近。

3. TransBigData提供的轨迹长度计算方法

上述的轨迹长度计算方法也在TransBigData中提供了tbd.traj_length()方法。该方法接受三个参数：出行分割后的轨迹点数据（move_points）、轨迹数据的列名（col）以及采用的方法（method），其中，Haversine表示采用球面三角公式计算，Project表示采用投影坐标系计算。用法如下：

	moveid	length
0	0.0	23011.983816
1	1.0	79773.242901
2	2.0	25445.100129
3	3.0	98097.342885
4	4.0	132899.228612
...	...	...
3865	3953.0	122714.661714
3866	3954.0	141001.964274
3867	3955.0	148570.145619
3868	3956.0	152996.169565
3869	3957.0	90172.994523

3870 rows × 2 columns

图2.48 基于球面三角公式的轨迹长度计算结果

```
# 采用球面三角公式计算轨迹长度
move_trajs = tbd.traj_length(move_points, col=['lon', 'lat','moveid'],
method='Haversine')
# 采用投影坐标系计算轨迹长度
move_trajs = tbd.traj_length(move_points, col=['lon', 'lat','moveid'],
method='Project')
```

 ## 2.10 车辆轨迹数据预处理方法小结

在本章中介绍了轨迹数据的预处理流程。其中，TransBigData提供了大量方便快捷的方法，如表2-3和图2.49所示。

表 2-3　TransBigData提供的轨迹预处理方法

方　　法	描　　述
tbd.data_summary	打印数据质量报告，包括数据量、观测时段、采样间隔等
tbd.traj_clean_redundant	数据冗余剔除，包括同一时刻重复数据的冗余和车辆停留时产生的重复数据冗余
tbd.clean_outofshape	剔除研究区域范围外的数据
tbd.traj_clean_drift	轨迹漂移清洗，支持从距离、速度与角度三者进行判断
tbd.traj_smooth	轨迹平滑处理，基于卡尔曼滤波法
tbd.traj_densify	轨迹增密，为每辆车在观测时间段内每一定时间增加一个轨迹点，并采用时空插值推测轨迹点的空间位置
tbd.traj_sparsify	轨迹稀疏化，确保轨迹的采样间隔大于给定的时间间隔
tbd.traj_stay_move	以栅格为空间范围判断停留，并识别轨迹中的出行和停留信息
tbd.traj_slice	对轨迹点进行切片，根据轨迹分段的起始信息为轨迹数据打上标签，以表明每个轨迹点属于哪个分段
tbd.traj_segment	对轨迹点进行分段，通过轨迹数据的标签信息来提取轨迹分段的起始信息
tbd.traj_to_linestring	将轨迹点转换为线几何对象
tbd.traj_length	计算轨迹的长度

本节为本章的轨迹数据预处理过程做一个小结，提供整个流程的代码示例。首先，读取数据并观察数据的基本情况是否存在缺失：

```
import pandas as pd
import geopandas as gpd
import transbigdata as tbd
# 读取轨迹点数据
data = pd.read_csv('Data/GPSData.csv')
# 转换时间格式
data['time'] = pd.to_datetime(data['time'])
data.info()

# 输出结果
<class 'pandas.core.frame.DataFrame'>
```

```
RangeIndex: 1155653 entries, 0 to 1155652
Data columns (total 5 columns):
 #   Column  Non-Null Count    Dtype
---  ------  --------------    -----
 0   id      1155653 non-null  int64
 1   lon     1155653 non-null  float64
 2   lat     1155653 non-null  float64
 3   time    1155653 non-null  datetime64[ns]
 4   speed   1155653 non-null  int64
dtypes: datetime64[ns](1), float64(2), int64(2)
memory usage: 44.1 MB
```

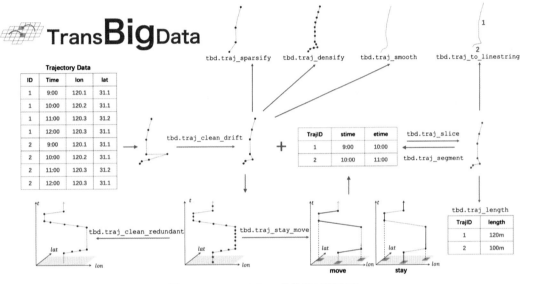

图2.49　TransBigData的轨迹处理体系

然后，用TransBigData生成数据质量报告，观察数据中车辆的数量、观测时间段与采样间隔：

```
# 生成数据质量报告
tbd.data_summary(data,col=['id', 'time'],show_sample_duration=True)

# 输出结果
Amount of data
-----------------
Total number of data items:  1155653
Total number of individuals:  664
Data volume of individuals(Mean):  1740.4413
Data volume of individuals(Upper quartile):  2092.25
Data volume of individuals(Median):  1885.0
Data volume of individuals(Lower quartile):  1439.75


Data time period
-----------------
Start time:  2014-10-22 00:00:00
End time:  2014-10-22 23:59:59
```

```
Sampling interval
-----------------
Mean:  47.7235 s
Upper quartile:  49.0 s
Median:  30.0 s
Lower quartile:  30.0 s
```

接着，进入数据清洗的阶段，首先剔除冗余数据，减小数据规模将加快后续的计算效率：

```
# 数据冗余剔除
data = tbd.traj_clean_redundant(data, col = ['id','time','lon','lat','speed'])
len(data)

# 输出结果，数据行数减少
777205
```

然后，进行数据漂移清洗：

```
# 数据漂移剔除
# 研究区域外的数据剔除
sz = gpd.read_file('Data/sz.json')
data = tbd.clean_outofshape(data, sz,  col=['lon', 'lat'], accuracy=500)
# 研究区域内的漂移清洗，以速度、距离、角度三个方法进行清洗
data = tbd.traj_clean_drift(data,  col=['id', 'time', 'lon', 'lat'],
speedlimit=80, dislimit=4000,  anglelimit=30)
len(data)

# 输出结果，数据行数减少
747757
```

在清洗完的轨迹数据上，定义栅格坐标系，将轨迹栅格化以识别其中的停车与出行信息：

```
# 停车与出行识别
# 定义栅格化参数
bounds = [113.75, 22.4, 114.62, 22.86]
params = tbd.area_to_params(bounds,accuracy = 100)
# 识别停车与出行
stay, move = tbd.traj_stay_move(data, params, col=['id', 'time', 'lon', 'lat'],
activitytime=1800)
len(stay), len(move)

# 输出结果
(3294, 3958)
```

基于停车与出行信息，将轨迹数据切片，提取出停车期间与出行期间的轨迹点。由于前面已经进行了冗余数据剔除的操作，在停车期间的冗余轨迹点已经被剔除，轨迹数据中停车期间的数据量远少于出行期间的轨迹点。

```
# 提取停车期间的轨迹点
stay_points = tbd.traj_slice(data, stay, traj_col=['id', 'time'], slice_
col=['id', 'stime', 'etime', 'stayid'])
# 提取出行期间的轨迹点
move_points = tbd.traj_slice(data, move, traj_col=['id', 'time'], slice_
col=['id', 'stime', 'etime', 'moveid'])
# 存储切片后的出行
move_points.to_csv(r'Data/move_points.csv',index=False)
stay_points.to_csv(r'Data/stay_points.csv',index=False)
len(stay_points), len(move_points)

# 输出结果
(20875, 733404)
```

最后，为了方便后续对轨迹数据的出行路径与路网匹配等功能，对出行过程中的轨迹点进行增密或稀疏化处理，此时指定id列为出行编号（moveid）列，即进行轨迹点增密或稀疏化操作的时候对每一次出行都单独考虑，代码如下：

```
# 轨迹点增密，确保轨迹采样间隔在15s内
move_points_densified = tbd.traj_densify(move_points, col=['moveid', 'time',
'lon', 'lat'], timegap=15)
# 轨迹点稀疏化，确保轨迹采样间隔在60s以上
move_points_sparsified = tbd.traj_sparsify(move_points, col=['moveid', 'time',
'lon', 'lat'],  timegap=60)
```

经过上面的代码，就已经完成了数据预处理中的大部分操作。在实际应用中，应该根据实际情况与后续的处理任务需求选择合适的方法对轨迹数据进行预处理。

第3章
车辆轨迹数据的可视化

车辆轨迹数据具有空间的属性，在地图上对轨迹数据进行可视化可以直观地展示数据的分布情况，本章将梳理总结轨迹数据的各类地图可视化方法与工具。总的来说，可视化的方法分为三类：基于Matplotlib的地图可视化、基于WebGIS的在线可视化工具和在Python中实现的交互式可视化。

 ## 3.1 基于 Matplotlib 的地图可视化

在Python中，可以使用Matplotlib库对轨迹数据进行可视化。这种方法的优点是，在数据处理过程中可以直接将结果绘制在地图上，并且绘制的图表看起来更加正式。在本节中，将使用Matplotlib库作为绘图工具，使用GeoPandas绘制地理要素，使用TransBigData绘制底图，然后使用散点图、热力图和栅格图的形式来可视化轨迹数据，从空间维度观察数据的基本情况。

3.1.1 车辆轨迹数据的散点图绘制

在数据的分布情况的绘制时，可以采用散点图绘制数据的大致分布。不过，由于数据量较大，如果将数据全部以散点的形式绘制，绘制的散点图会非常密集，也无法展示出在同一个点上的数据量。因此，需要先对数据进行集计/聚合，一方面减少散点的数量，便于绘制；另一方面也可以用颜色深浅表示一定区域范围内数据量的多少。这里，以经纬度小数点保留三位小数的方式进行聚合统计。在地理上，经纬度小数点保留三位小数的范围约为100m，因此这里的聚合空间范围也是100m。聚合的代码如下：

```
# 经纬度小数点保留三位小数，以此作为聚合的依据
agg = data[['lon', 'lat']].round(3).copy()
# 集计每个小范围内数据量
agg['count'] = 1
agg = agg.groupby(['lon', 'lat'])['count'].count().reset_index()
# 排序数据，让数据量小的放上面先画，数据量大的放下面最后画
agg = agg.sort_values(by='count')
# 转换为GeoDataFrame，以便绘制
import geopandas as gpd
agg = gpd.GeoDataFrame(agg,
```

```
    geometry=gpd.points_from_xy(agg['lon'], agg['lat'])
)# 以经纬度坐标生成点
agg
```

结果如图 3.1所示。

接下来，将聚合后的散点图绘制在地图上，并添加地图底图与比例尺，以便更好地观察数据的分布情况。

TransBigData包支持在Matplotlib中加载地图底图，该工具支持瓦片地图的本地保存与比例尺、指北针的添加。其原理是通过多线程爬虫获取地图公司提供的瓦片地图，计算每个瓦片在图中所对应的位置，拼合成为底

	lon	lat	count	geometry
23310	114.395	22.695	1	POINT (114.39500 22.69500)
3994	113.899	22.568	1	POINT (113.89900 22.56800)
14860	114.058	22.649	1	POINT (114.05800 22.64900)
14864	114.058	22.670	1	POINT (114.05800 22.67000)
14867	114.058	22.734	1	POINT (114.05800 22.73400)
...	...	...	...	...
9565	113.988	22.560	9379	POINT (113.98800 22.56000)
5737	113.923	22.546	13120	POINT (113.92300 22.54600)
17456	114.102	22.582	16579	POINT (114.10200 22.58200)
17457	114.102	22.583	20920	POINT (114.10200 22.58300)
10339	114.008	22.535	104313	POINT (114.00800 22.53500)

23311 rows × 4 columns

图3.1 读取的轨迹数据

图。TransBigData中的地图底图由mapbox提供，坐标系为WGS84。如果要使用该功能，首先需要在mapbox网站注册一个mapbox的账号成为开发者，并获取mapbox token。如果已经得到了mapbox token，可以用以下代码为TransBigData设置mapbox token。在没有设置mapbox token时，则会调用免费的openstreetmap地图底图。

```
import transbigdata as tbd
# 用下面代码设置mapbox token
tbd.set_mapboxtoken('pk.eyxxxxxxxxx.xxxxxxxxx')# 填入mapbox token
```

在TransBigData中，token只需要设置一次，后面重新打开Python时不需要再重新设置。如果需要更换token，则再次运行上面的代码即可。另外，还需要设置地图底图的存储位置，当TransBigData下一次绘制同一个位置的地图时，会从本地读取加载。

```
# 设置你的地图底图存储路径
# 如果是Linux或者Mac系统，路径如下，注意最后有一个反斜杠
tbd.set_imgsavepath(r'/Users/xxxx/xxxx/')
# 如果是Windows系统，路径如下，最后注意要两个斜杠，以防转义
tbd.set_imgsavepath(r'E:\pythonscript\xxx\\')
```

用上面的代码设置好路径后，下次绘制底图时会在设置的路径下创建一个名为tileimg的文件夹，将瓦片地图底图都存储在其中。

TransBigData工具的plot_map方法用于添加地图底图，plotscale()方法则用于添加地图的比例尺与指北针，其参数如表 3-1和表 3-2所示。

表3-1 tbd.plot_map方法参数

参数	描 述
bounds	底图的绘图边界lon1，lat1，lon2，lat2，其中，lon1，lat1是左下角坐标，lon2，lat2是右上角坐标
zoom	底图的缩放等级，越大越精细，加载的时间也就越久，一般单个城市大小的范围，这个参数选取12～16
style	地图底图的样式，可选1～11，在没有设置mapbox token时，则会调用免费的openstreetmap地图底图

表3-2　tbd.plotscale方法参数

参　　数	描　　述
bounds	绘图边界
textsize	标注文字大小
compasssize	标注的指北针大小
accuracy	标注比例尺的长度
rect	标注位置
unit	'KM', 'km', 'M', 'm'比例尺的单位
style	1或2，比例尺样式

绘制的代码如下：

```
# 创建图框
import matplotlib.pyplot as plt
fig = plt.figure(1, (8, 8), dpi=300)
ax = plt.subplot(111)
plt.sca(ax)
# 添加地图底图
bounds = [113.7, 22.42, 114.3, 22.8]
tbd.plot_map(plt, bounds, zoom=12, style=11)
# 绘制散点图
agg.plot(ax=ax,
         markersize=0.1,                        # 点的大小
         column='count',                        # 以count列的映射到颜色的深浅
         scheme='quantiles',                    # 颜色以分位数分级
         k=8,                                   # 分级数
         legend=True,                           # 显示图例
         legend_kwds={'loc': 'lower right',     # 图例位置
                      'fontsize': 8}            # 图例字体大小
         )
# 添加比例尺和指北针
tbd.plotscale(ax, bounds=bounds, textsize=10, compasssize=1,
              accuracy=2000, rect=[0.06, 0.03])
plt.axis('off')
plt.xlim(bounds[0], bounds[2])
plt.ylim(bounds[1], bounds[3])
plt.show()
```

结果如图3.2所示。通过可视化，可以看到数据在空间分布上能够覆盖整个城市范围。

在进行散点绘制时，使用的是GeoDataFrame的内置plot方法。其中，空间数据的分级渲染（choropleth mapping）方案是通过scheme参数来指定的。GeoDataFrame.plot()方法支持包括"Quantiles"（分位数）、"Equal_interval"（等间距）、"Fisher_Jenks"（费希尔-詹克斯）等在内的分级方案。这些方案的主要差别在于如何将属性值分配给不同的颜色样式，相同的数据在不同的颜色样式下能产生不同的视觉效果。

同时，为了展示图例，可以将legend参数设置为True。在legend_kwds中，可以设定图例的参数，例如，图例可以位于左上角（'upper left'）、右上角（'upper right'）、左下

角（'lower left'）或右下角（'lower right'）。也可以通过bbox_to_anchor参数来自定义图例左下角的坐标。例如，设置legend_kwds={'bbox_to_anchor':(1,1)}会把图例放在绘图区域的右上角，这样图例就不会被绘图区域所限制。

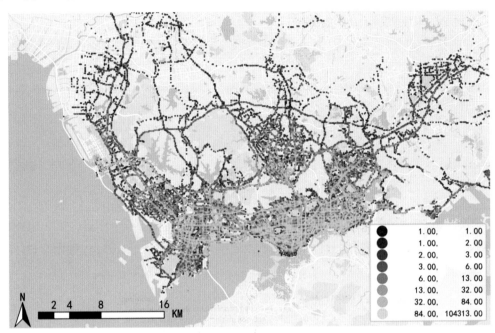

图3.2　轨迹数据空间分布散点图

3.1.2　车辆轨迹数据的栅格图绘制

在前面的章节中，介绍了数据的栅格化原理与实现方法。在这一节中，将介绍如何使用TransBigData包对实际的车辆轨迹数据进行栅格化处理，并绘制地理栅格图。

首先引入TransBigData包，并在研究范围内定义栅格化参数：

```
# 栅格化
# 定义范围，获取栅格化参数
bounds = [113.75, 22.4, 114.62, 22.86]
params = tbd.area_to_params(bounds,accuracy = 500)
params

# 输出结果
{'slon': 113.75,
 'slat': 22.4,
 'deltalon': 0.00487168144644911,
 'deltalat': 0.004496605206422906,
 'theta': 0,
 'method': 'rect',
 'gridsize': 500}
```

此时输出的栅格化参数params的内容代表了栅格坐标系的原点坐标与单个栅格的经纬

度长宽。取得栅格化参数后，可以使用tbd.GPS_to_grids()方法将GPS对应至栅格。该方法会生成LONCOL列与LATCOL列，并由这两列共同指定数据所对应的栅格编号。然后，基于栅格编号，可以使用tbd.grid_to_polygon()方法生成栅格的地理信息，代码如下：

```
# 将GPS栅格化,从经纬度信息计算栅格编号
data['LONCOL'], data['LATCOL'] = tbd.GPS_to_grid(data['lon'], data['lat'],
params)
# 集计栅格数据量
grid_agg = data.groupby(['LONCOL', 'LATCOL'])['id'].count().reset_index()
# 生成栅格地理信息
grid_agg['geometry'] = tbd.grid_to_polygon(
    [grid_agg['LONCOL'], grid_agg['LATCOL']],
    params)
# 转为GeoDataFrame
grid_agg = gpd.GeoDataFrame(grid_agg)
grid_agg
```

结果如图 3.3所示。grid_agg数据表中的每一行数据代表了一个栅格，其中LONCOL与LATCOL分别代表了栅格编号，id代表了该栅格内的数据量，geometry列则存储了该栅格的地理信息。

	LONCOL	LATCOL	id	geometry
0	-281	1376	249	POLYGON ((112.37862 28.58508, 112.38349 28.585...
1	-39	160	1	POLYGON ((113.55757 23.11721, 113.56244 23.117...
2	-38	160	5	POLYGON ((113.56244 23.11721, 113.56731 23.117...
3	-38	161	1	POLYGON ((113.56244 23.12171, 113.56731 23.121...
4	-37	159	1	POLYGON ((113.56731 23.11271, 113.57218 23.112...
...	...	...	...	
3215	130	66	4	POLYGON ((114.38088 22.69453, 114.38575 22.694...
3216	131	65	1	POLYGON ((114.38575 22.69003, 114.39063 22.690...
3217	131	66	4	POLYGON ((114.38575 22.69453, 114.39063 22.694...
3218	132	65	9	POLYGON ((114.39063 22.69003, 114.39550 22.690...
3219	132	66	4	POLYGON ((114.39063 22.69453, 114.39550 22.694...

3220 rows × 4 columns

图3.3　栅格的地理信息生成

代码如下：

```
import matplotlib as mpl
import matplotlib.pyplot as plt
fig = plt.figure(1, (16, 6), dpi=300)
ax = plt.subplot(111)
plt.sca(ax)
bounds = [113.7, 22.42, 114.3, 22.8]
# 绘制地图底图
tbd.plot_map(plt, bounds, zoom=12, style=11)
# 定义颜色映射
cmap = mpl.colors.LinearSegmentedColormap.from_list(
    'cmap', ['#9DCC42', '#FFFE03', '#F7941D', '#E9420E', '#FF0000'], 256)
# 绘制栅格图
grid_agg.plot(ax=ax, column='id',
            cmap = cmap,
            vmax=grid_agg['id'].quantile(0.99),
            legend=True)
```

```
# 添加比例尺和指北针
tbd.plotscale(ax, bounds=bounds, textsize=10, compasssize=1,
              accuracy=2000, rect=[0.06, 0.03])
plt.axis('off')
plt.xlim(bounds[0], bounds[2])
plt.ylim(bounds[1], bounds[3])
plt.show()
```

结果如图 3.4所示。

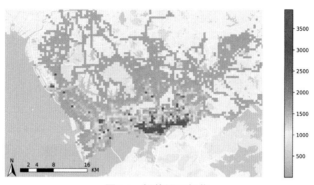

图3.4 栅格图可视化

3.1.3 车辆轨迹数据的热力图绘制

热力图（Heatmap）是一种重要的数据可视化技术，它依靠颜色的深浅来反映数据的大小或者强度。在这种图形中，各种变量的相对值或比率通过颜色的不同来展示。通常，颜色越深表示数值越大或强度更强，反之，颜色越浅则代表数值较小或强度较弱。最初的热力图是由矩形色块和颜色编码组成的，但随着时间的推移，它逐渐演变为现在大多数人熟知的平滑模糊的热力图谱。热力图通常会经过平滑处理，以便能够更自然地展示地理数据的分布和密度，帮助人们理解特定区域的模式和趋势。热力图不仅能展示数据密度、个体分布，还可用于显示交通流量、环境污染等地理信息。在需要处理和分析精细的空间分布数据时，热力图成为了一种极其实用的工具。

在Python中，热力图的绘制通常基于栅格图或等高线图。栅格图的绘制方法在前面已经介绍过，这里将着重介绍基于等高线图的热力图绘制方法。

地理学中的等高线是指地形图上高程相等的各点连成的闭合曲线。在等高线分布稀疏的地方，坡度较缓；而在等高线分布密集的地方，坡度较陡。等高线图的这种特性也可以应用到数据可视化中。如果某份数据除了x、y坐标外，还有第三个维度，这个维度可以视为等高线中的高程。这样就可以在空间中构建出一个曲面，并用等高线图描述这份数据的空间分布情况。如果等高线的层次数非常多，那么绘制出的图表颜色变化将会非常平滑。

不过，面对数据分布稀疏的数据集，直接画出等高线图可能无法展示出理想的可视化效果。在这种情况下，一般有两种解决办法。

● 密度估计法：通过核密度估计（Kernel Density Estimation，KDE）预测数据的分布密度，然后根据这个密度来绘制等高线图。

● 构造曲面法：依据数据的分布统计特性建立曲面，再对这个曲面进行插值处理，最后绘制等高线图。

接下来，将分别介绍以上提及的几种绘制热力图的方法。

1. 直接对数据进行等高线热力图绘制

Matplotlib提供了plt.contour（只绘制等高线）和plt.contourf（绘制等高线并在等高线之间填充颜色）两种等高线绘制方法。它们绘制出来的颜色代表了数据量密度，这具有现实的物理意义。然而，这种绘制方式对数据的要求比较高，需要输入的数据分布本身比较平滑，否则可视化效果可能不佳。

plt.contour所接收的参数中，*x*为经度，*y*为纬度，均为一维向量；*z*则为二维矩阵，每一个数值代表一个栅格的权重。因此，需要将表格形式的数据（Tabular）转换为栅格矩阵形式（Raster）。这是地理信息系统（GIS）和遥感领域数据处理中的一个重要步骤，如图3.5所示。

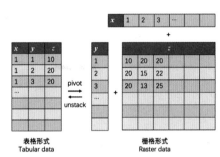

在绘制之前，需要将数据转换成指定的形式输入，也需要通过levels参数自行指定等高线绘制的层数与等高线的值。

图3.5　表格数据与栅格数据的转换

```python
import numpy as np
# 转换数据透视表，变成矩阵格式
d = agg.pivot(columns = 'lon',index = 'lat',values = 'count').fillna(0)

# 取对数，缩小最大值与最小值之间的差距
z = np.log(d.values)
x = d.columns
y = d.index
# 划分层数
levels = np.linspace(0, z.max(), 25)
```

将整理好的数据使用contourf()方法进行可视化绘制。

```python
# 导入绘图包
import matplotlib as mpl
import matplotlib.pyplot as plt
import transbigdata as tbd
fig = plt.figure(1, (8, 8), dpi=300)
ax = plt.subplot(111)
plt.sca(ax)
bounds = [113.7, 22.42, 114.3, 22.8]
tbd.plot_map(plt, bounds, zoom=12, style=11)
# 定义颜色映射
```

```
cmap = mpl.colors.LinearSegmentedColormap.from_list(
    'cmap', ['#9DCC42', '#FFFE03', '#F7941D', '#E9420E', '#FF0000'], 256)
# 绘制等高线图
plt.contourf(x, y, z, levels=levels, cmap=cmap, origin='lower')
# 添加比例尺和指北针
tbd.plotscale(ax, bounds=bounds, textsize=10, compasssize=1,
              accuracy=2000, rect=[0.06, 0.03])
plt.axis('off')
plt.xlim(bounds[0], bounds[2])
plt.ylim(bounds[1], bounds[3])
# 绘制colorbar
cax = plt.axes([0.13, 0.32, 0.02, 0.3])
cbar = plt.colorbar(cax=cax)
val = [1, 10, 100, 1000, 10000]
pos = np.log(np.array(val))
cbar.set_ticks(pos)                # 调整colorbar的显示标记位置
cbar.set_ticklabels(val)           # 调整每个标记位置显示什么内容
plt.title('数据量')                 # 加colorbar的标题
plt.show()
```

结果如图 3.6所示。在直接用数据进行等高线可视化时，数据分布没有经过平滑处理，这种方式一般需要在数据量较大、数据的分布较为密集的情况下才能得到较好的显示效果。例如，图 3.6中，数据分布较为密集，可以绘制出精细的等高线图，并清晰地看到路网的分布情况。

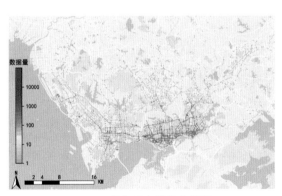

图3.6　数据分布的等高线图

2. 基于空间核密度分析的热力图绘制

前面直接对数据绘制等高线图的结果在数据较为稀疏时，可能难以产生很好的展示效果，所生成的等高线图可能会出现很多孤立的点。为了解决这个问题，可以使用核密度估计方法对数据进行平滑处理，然后再绘制等高线图。

本节中主要讲解密度估计方法的实现。在地理空间数据采集过程中，获取到的数据样本常常是离散分布的。为了从这些离散数据中推测出整个数据集的分布概率，需要使用核密度估计方法，它是非参数检验方法的一种。核密度估计的优势在于，它不依赖任何关于数据分布的先验知识，不对数据分布做出任何假设，只是直接从数据样本本身出发来研究数据分布的特征。

核密度估计的基本概念是，利用一个核函数（Kernel Function）对每个数据点进行加权，每个样本点对整体概率分布产生同样的影响，都服从同一种分布，即"核（Kernel）"。这些"核"相加起来就形成了数据总体的分布，如图 3.7所示。在核密度估计过程中，每个核的大小（Bandwidth）选择会显著影响核密度估计得出的结果。

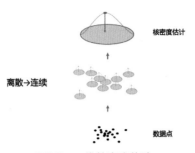

图3.7　二维核密度估计

处理过后的核密度估计出的是抽象的密度值，这种密度值无法直接对应到现实世界的物理意义。在Python编程语言中，scipy库提供了核密度估计的功能，同时，seaborn绘图库在scipy的核密度估计算法基础上，提供了密度图的绘制方法kdeplot()。应用kdeplot()方法，即可完成核密度估计到等高线图可视化绘制的效果，使用方法如下：

```python
import matplotlib.pyplot as plt
import seaborn as sns
fig = plt.figure(1, (10, 10), dpi=300)
ax = plt.subplot(111)
cax = plt.axes([0.13, 0.32, 0.02, 0.3]) # 定义 colorbar 位置
plt.sca(ax)
# 绘制地图底图
bounds = [113.7, 22.42, 114.3, 22.8]
tbd.plot_map(plt, bounds, zoom=12, style=11)
# 设置颜色
cmap = mpl.colors.LinearSegmentedColormap.from_list(
    'cmap',
    ['#9DCC42', '#FFFE03', '#F7941D', '#E9420E', '#FF0000'], 256)
# 绘制二维核密度图
sns.kdeplot(x='lon',
            y='lat',                          # 指定 x 与 y 坐标所在的列
            data=agg[agg['count'] > 5],       # 传入数据，筛选去除太小的值
            weights='count',                  # 设定权重所在字段
            alpha=0.8,                        # 透明度
            cmap=cmap,                        # 定义 colormap
            gridsize=500,                     # 绘图精细度，越高越慢
            bw_method=0.1,                    # 高斯核大小（经纬度），越小越精细
            ax=ax,
            fill=False,                       # 等高线间是否填充颜色
            cbar=True,                        # 显示 colorbar
            cbar_ax=cax                       # 指定 colorbar 位置
            )
# 添加比例尺和指北针
tbd.plotscale(ax, bounds=bounds, textsize=10, compasssize=1,
              accuracy=2000, rect=[0.06, 0.03])
plt.axis('off')
plt.xlim(bounds[0], bounds[2])
plt.ylim(bounds[1], bounds[3])
plt.show()
```

结果如图3.8所示。通过核密度分析可以看到数据在空间上分布的概率密度。

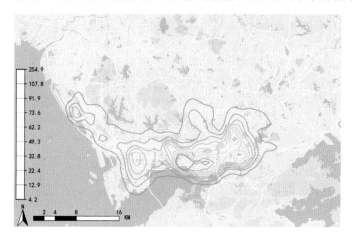

图3.8 数据分布的空间二维核密度分布图

3. 基于构造数据分布曲面与插值的热力图绘制

下面将介绍另一种思路：对数据的分布情况构造曲面，对曲面插值处理后绘制等高线图。

这一思路与地理测绘上的高程测量方法类似，高程测量的常见方法思路是首先测量地面上的特定点的高程，这些点通常被称为控制点。然后，基于这些高程点构造出地面的高程曲面，这个过程可能会涉及插值或其他统计方法，以便在点之间进行推断或估计。最后，可以基于这个高程曲面绘制等高线图。

在数据分布热力图绘制的过程中，也可以使用类似的思路。将数据在空间上的分布视为一个曲面，所统计的表格（Tabular）数据存储的是曲面上的控制点，这些点的权值可以视为曲面上控制点处的高程。

在用这一方法绘制热力图之前，相比前面小节中所介绍的直接进行绘制的方法多了以下两个步骤，如图 3.9所示。

- 最小曲率插值：首先，需要通过少数的控制点推断出整个研究范围内这一曲面的整体形态。这一步骤通常采用最小曲率插值（Minimum Curvature Interpolation）的方法生成一个平滑的表面，使得该表面在数据点处的曲率尽可能地小。
- 超采样插值：然后，基于曲面插值的结果，再进行超采样插值，以更细的分辨率描绘这一曲面，使得曲面更加平滑，绘制的效果更好。

在Python中，上述的步骤可以搭配TransBigData和PyGMT实现。PyGMT是一个用于处理地理空间和地球物理数据、制作出版质量的地图和图表的库，它是Generic Mapping Tools（GMT）的一个Python的接口，可以在Python中便捷处理地理空间数据，并进行地图绘制。它可以用下面的代码安装：

```
conda install --channel conda-forge pygmt
```

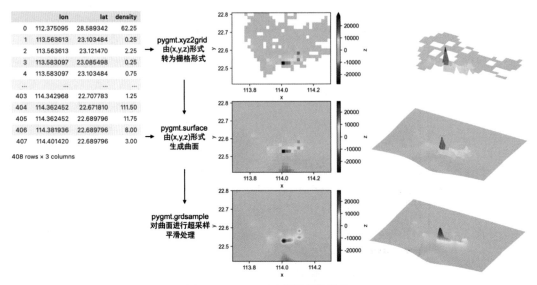

图3.9　pyGMT对空间数据的操作

　　下面基于前面的思路对数据分布数据进行数据处理与热力图绘制，首先用前面
TransBigData栅格统计的方法计算数据分布密度，也就是获得整个曲面上的"控制点"。
这里将数据统计量换算为数据的分布密度，单位为（条/km²）：

```python
data = pd.read_csv(r'Data/GPSData.csv')
# 将GPS栅格化，获得栅格参数
bounds = [113.7, 22.42, 114.3, 22.8]
grid_size = 2000
params = tbd.area_to_params(bounds,accuracy = grid_size)
# 对应的栅格编号
data['LONCOL'], data['LATCOL'] = tbd.GPS_to_grid(data['lon'], data['lat'],
params)
# 统计每一栅格数据量
grid_agg = data.groupby(['LONCOL', 'LATCOL'])['id'].count().rename('count').
reset_index()
# 转换为数据密度,单位为(条/km^2)
grid_agg['density'] = grid_agg['count'] / (grid_size/1000) ** 2
# 生成栅格中心点经纬度
grid_agg['lon'],grid_agg['lat'] = tbd.grid_to_centre([grid_agg['LONCOL'], grid_
agg['LATCOL']], params)
grid_agg = grid_agg[['lon','lat','density']]
grid_agg
```

　　接下来，需要用PyGMT包中的方法对数据地理分布进行计算，首先需要导入
PyGMT，并定义研究范围：

```python
import pygmt
# 通过region参数设置区域范围,经纬度的顺序为[west, east, south, north],与bounds的顺序
不同
region = [bounds[0],bounds[2],bounds[1],bounds[3]]
# [113.7, 114.3, 22.42, 22.8]
```

（1）最小曲率插值。

然后需要基于前面所统计的"控制点"，利用pygmt.surface方法构造曲面。在构造曲面时，需要使用spacing参数定义栅格的大小。在TransBigData栅格统计的方法中，栅格的大小已经在params参数中，可以作为pyGMT的spacing参数依据，代码如下：

```
# 通过spacing参数设置栅格大小，可以沿用TransBigData的栅格划分方式
spacing = [params['deltalon'],params['deltalat']]
# pygmt.surface()方法用于生成栅格数据，用于通过表格数据点，通过最小曲率方法生成连续的表面（以
pyGMT中的栅格数据形式返回）
data_surface = pygmt.surface(data=grid_agg[['lon','lat','density']],
region=region, spacing=spacing,tension = 0)
```

在使用pygmt.surface()方法构造曲面时，会采用最小曲率插值方法，其目标是生成一种尽可能平滑的表面，即在数据点处的曲率尽可能地小，数学上可以表达为：

$$(1-t)\nabla^2(z)+t\nabla(z)=0 \tag{3.1}$$

这里的z表示待插值的变量，也就是期望通过插值得到的值。$\nabla(z)$是z的梯度，也就是一阶导数，它指向z增加最快的方向。$\nabla^2(z)$是z的拉普拉斯算子，也就是二阶导数的和，它衡量了z在空间上的弯曲程度，也就是"曲率"。最小曲率插值法的目标就是找到一种平滑的插值，使得该方法的总曲率（所有点的曲率之和）尽可能地小。式中的t是tension参数，介于0和1之间，它在二阶和一阶导数之间调整权重。t的值越大，插值结果越平坦；t的值越小，插值结果越接近原始数据。

然而，过度强调最小曲率可能会导致插值结果失真，比如当数据在某些地方变化剧烈的情况下，最小曲率插值可能会在尝试平滑这些变化时过度平滑。这就是tension参数的作用，它调整插值过程中的平滑度。高的tension值会导致更"紧绷"的表面，帮助插值结果更好地捕捉数据中的快速变化。而低的tension值则会导致更"宽松"的表面，在数据相对平滑的情况下可能效果更好。tension参数的取值依赖于特定的数据和所需要获取的信息。可能需要通过试验来确定最佳值。在某些情况下，可能会发现不同的tension值对结果影响并不大。

这里，经过pygmt.surface()方法处理的数据已经从表格数据（Tabular）形式转换为栅格数据（Raster）形式，以xarray库提供的DataArray对象的形式进行存储，它在NumPy的Array的基础上增加了标签和元数据支持，使得处理多维数据更加直观和方便。可以直接查看栅格数据的存储形式：

```
data_surface
```

结果如图 3.10所示。

（2）超采样插值。

下一步，用pygmt.grdsample()方法进行超采样插值处理。通过pygmt.grdsample()，可以直接重新定义栅格的spacing参数以改变分辨率，算法会采用最近邻插值、双线性插值、双三次插值等插值方式来生成新的网格点的值。

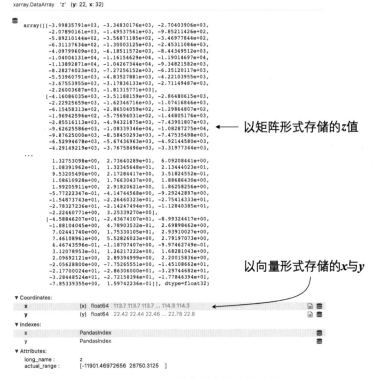

图3.10　PyGMT中栅格数据存储形式

在TransBigData中，定义一个更小的栅格大小，生成栅格参数并构建subspacing参数，传入pygmt.grdsample方法中进行超采样插值：

```
# 用pygmt.grdsample()方法将栅格数据插值为更细的栅格
# 设定一个更细的栅格大小
subparams = tbd.area_to_params(bounds,accuracy = 100)
subspacing = [subparams['deltalon'],subparams['deltalat']]
# 通过grdsample()方法将栅格插值为更细的栅格
data_surface_subsample = pygmt.grdsample(grid=data_surface, region=region,
spacing=subspacing )
```

超采样过后所获得的data_surface_subsample变量也同样以DataArray栅格对象的形式存储。

（3）用PyGMT自带的方法绘制热力图。

PyGMT也提供了地理数据绘图的便捷方法，其方法是自己独立的一套语法，与前面所介绍的Matplotlib使用方式不同。下面的代码展示了如何用PyGMT绘制一个带有等高线的热力图。

```
# 创建一个PyGMT图形对象
fig = pygmt.Figure()
# 通过makecpt()方法创建一个颜色映射表
pygmt.makecpt(series=[0, 25000],    # 颜色映射表的范围
          cmap="hot",               # 颜色映射表的颜色
          reverse=True)             # 颜色映射表的颜色是否反转
```

```
# 绘制栅格图作为底图
fig.grdimage(grid=data_surface_subsample,
             region=region,
             projection="M10c",    # 投影方式为墨卡托投影
             frame="a")            # 绘制边框
# 在图上添加指北针和比例尺
# rose 设定指北针, jTL 表示位置从左上角算起, o0.1c/0.1c 表示距离图形左上角的偏移量, w1.3c 表示大
小为 1.3cm, lO, E, S, N 表示指北针上的文字标注为 O, E, S, N(大写)
# map_scale 设定比例尺, jTL 表示位置从左上角算起, o2.0c/0.1c 表示距离图形左上角的偏移量, w10k
表示大小为 10km
fig.basemap(rose="jTL+o0.1c/0.1c+w1.3c+lO,E,S,N",
            map_scale="jTL+o2.0c/0.1c+w10k")
# 绘制等高线
fig.grdcontour(grid=data_surface_subsample,
               region=region,
               annotation=5000,   # 等高线标注间隔
               interval=2500,     # 等高线间隔
               projection="M10c")
# 添加颜色标尺
# position 设定位置, 其中, JMR 表示位置在右下角, o0.3c/0c 表示距离图形右下角的偏移量, v 表示垂直
放置
# frame 设定颜色标尺的格式, 其中第一个参数为 a10000f5000, 表示标尺每 5000 一个大格, 带文字标注,
每 2500 一个小格, 无文字标注
# 第二个参数为 x+lCount, 表示 x 轴标注为 Count
# 第三个参数为 y+lVeh, 表示 y 轴标注为 Veh
fig.colorbar(position="JMR+o0.3c/0c+v",
             frame=["a5000f2500", "x+lCount", "y+lVeh"])
# 显示图形
fig.show(dpi = 300, width=1000) # dpi 表示图形的分辨率, width 表示图形的宽度
```

结果如图 3.11 所示。

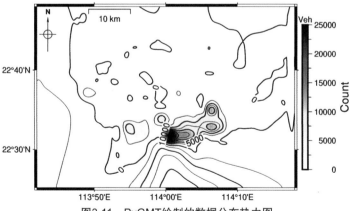

图3.11 PyGMT绘制的数据分布热力图

在PyGMT中，也可以采用三维视角进行绘制，可以方便对数据进行更直观的观察。

```
# 采用三维视角绘制
fig = pygmt.Figure()
fig.grdview(
   grid=data_surface_subsample,
```

```
    perspective=[150, 30],
    # perspective表示视角，第一个参数为水平旋转角度，第二个参数为俯仰角度
    frame=["xa", "yaf", "WSnE"],
    projection="M10c",
    zsize="2c",          # zsize表示z轴的长度
    surftype="s",
    cmap="geo",          # cmap表示颜色映射表
    contourpen="0.1p",
)
fig.colorbar(position="JMR+o0.3c/0c+v",
             frame=["a5000f2500", "x+lCount", "y+lVeh"])
fig.show(dpi=300, width=1000)
```

结果如图3.12所示。

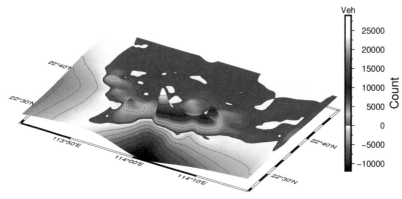

图3.12　PyGMT绘制的三维视角下数据分布

（4）使用Matplotlib的方法绘制数据的分布。

PyGMT的绘图功能虽然能够绘制精美的地图，但其缺点也很明显，笔者测试后发现，PyGMT的绘图对额外的地理数据的支持较差，如GeoDataFrame的Polygon就很难进行绘制。另外，也无法支持TransBigData的网络底图加载功能。

不过，可以将PyGMT的栅格数据处理结果放到常用的Matplotlib+TransBigData的绘图技术路线中，以便获得更灵活的绘制方法：

```
# 提取DataArray栅格数据中的x,y,z数据
z = data_surface_subsample.values
x = data_surface_subsample.coords['x'].values
y = data_surface_subsample.coords['y'].values
```

为了在绘图中实现与PyGMT中类似的等高线绘制与标注方法，需要先设定好等高线的层级：

```
# 设定等高线图绘制间隔
# 展示等高线的最大值与最小值
vmin = 0
vmax = z.max()
small_gap = 2500
big_gap = 5000
```

```
all_levels = np.arange(vmin, vmax+1, small_gap)
# 创建一个布尔数组，表示每个高度是否应该是粗线
is_coarse = all_levels % big_gap == small_gap
# 根据布尔数组将高度区分为粗线和细线
fine_levels = all_levels[ ~ is_coarse]
coarse_levels = all_levels[is_coarse]
```

然后，进行绘图，其中用了两次plt.contour，分别绘制粗与细的等高线，用plt.clabel进行等高线标注。由于空间数据已经进行了非常细分辨率的插值，直接用plt.imshow以像素的形式绘制数据量的热力图：

```
# 导入绘图包
import matplotlib.pyplot as plt
import transbigdata as tbd
# 设置中文
plt.rcParams['font.sans-serif'] = ['SimHei']
plt.rcParams['axes.unicode_minus'] = False
fig = plt.figure(1, (8, 8), dpi=300)
ax = plt.subplot(111)
plt.sca(ax)
# 添加地图底图
bounds = [113.7, 22.42, 114.3, 22.8]
tbd.plot_map(plt, bounds, zoom=12, style=11)
# 绘制数据量的等高线图
contour_fine = plt.contour(x, y, z,levels=fine_levels, linewidths=0.2,colors = 'k'
)                                      # 绘制细线
contour_coarse = plt.contour(x, y, z, levels=coarse_levels, linewidths=0.6,colors
= 'k')       # 绘制粗线
plt.clabel(contour_coarse, inline=1, fontsize=8, fmt='%1.0f')# 等高线标注
# 绘制数据量的热力图
plt.imshow(z,
           vmin=vmin,
           vmax=vmax,
           cmap='hot_r',          # 设置颜色映射
           extent=(x.min(), x.max(), y.min(), y.max()),       # 显示范围
           origin='lower',      # 确定哪个角被视为原点,lower表示原点在左下角
           alpha=0.5)           # 透明度
# 添加比例尺和指北针
tbd.plotscale(ax, bounds=bounds, textsize=10, compasssize=1,
              accuracy=2000, rect=[0.06, 0.03])
plt.axis('off')
plt.xlim(bounds[0], bounds[2])
plt.ylim(bounds[1], bounds[3])
# 绘制colorbar
cax = plt.axes([0.93, 0.32,0.02, 0.3])  # colorbar的位置
                                        # [左，下，宽，高]
cbar = plt.colorbar(cax=cax)
plt.ylabel('数据密度(条/$km^2$)')            # 加colorbar的标题
plt.show()
```

结果如图3.13所示。

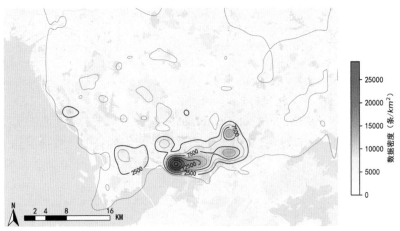

图3.13 TransBigData与PyGMT搭配绘制的热力图

 # 3.2 基于 WebGIS 的在线可视化工具

在先前的部分，已经对车辆轨迹数据进行了基础分析，包括部分数据可视化。然而，生成的可视化图表需要复杂的代码编写，并且仅能展示静态图片，无法实现交互操作。如果可以将轨迹以动态、交互式的方式可视化，将有助于更直观地观察轨迹数据的特性，也能更容易地发现数据中难以察觉的问题。

如今，市面上有许多免费且用户友好的轨迹数据可视化工具，大多数基于WebGIS技术。WebGIS是基于Web技术的地理信息系统（GIS），无需下载和安装专门的GIS软件，就可以通过Web浏览器访问基于地理信息的可视化系统。WebGIS的出现极大地降低了GIS技术的使用门槛，使得数据可视化技术更加灵活。基于WebGIS的数据可视化技术有以下优点。

● 易于使用和共享：由于WebGIS基于Web平台，只需打开网页即可使用，大大降低了使用门槛。

● 高度交互性：WebGIS数据可视化技术支持丰富的交互功能，可以通过鼠标、键盘等工具与数据进行互动，并进行可视化分析。

● 灵活的地图样式：可以通过自定义地图样式和标注，使地图更加直观和易于理解。根据需要和数据特性，可以选择不同的地图底图、标注符号和颜色等，以展现不同的地理信息。

● 可扩展性和可定制性：WebGIS数据可视化技术具有高度的可扩展性和可定制性，可以根据需要和技术能力进行二次开发和定制。例如，可以在Python中进行数据可视化，将可视化整合到整个分析流程中。

然而，因为WebGIS可视化平台都是基于浏览器运行，受限于浏览器的内存大小，可能无法很好地处理大规模数据的可视化，通常比较合适的大小在数十万条数据以内。如果需要展示更大规模的数据，可能需要借助Python将数据进行集计后再进行可视化。

3.2.1 KeplerGL 数据分布可视化

KeplerGL是一个开源的WebGIS可视化工具，由Uber公司开发和维护。它可以帮助用户快速创建、分享和嵌入高度交互式的地图和三维可视化效果。KeplerGL采用JavaScript中的React框架、Deckgl和Mapbox GL库作为核心技术，并在这些技术的基础上形成了可视化的交互式界面，使得用户可以通过简单的操作就能够创建出地理可视化图表，KeplerGL的可视化界面如图 3.14所示。

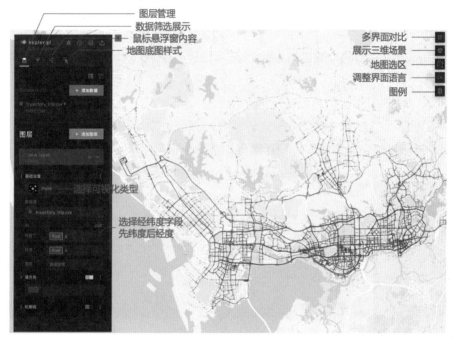

图3.14 KeplerGL界面

用KeplerGL进行格式化通常包括以下的步骤。

1. 导入数据

KeplerGL支持多种数据格式的导入，包括CSV、GeoJSON等，在导入数据后，界面中会显示已导入的数据信息，如数据的行列数、数据的类型等，也可以点开数据表进行具体内容的查看。

2. 创建可视化图层并选择可视化类型

在一些情况下，如果KeplerGL能够自动识别出数据中的一些关键字段，如经纬度等信息，就会自动地生成一些可视化图层，可以按需选择是否展示。如果没有自动识别出关键字段，则需要手动创建可视化图层并选择可视化类型。KeplerGL中提供了：点图（Point）、三维曲线（Arc）、直线（Line）、方形栅格（Grid）、六边形栅格（Hexbin）、热力图（Heatmap）、聚类图（Cluster）、多边形（Polygon）等多种可视化类型，可以根据自己的需求选择。在选择可视化类型后，需要设定数据经纬度所在的列名，以便KeplerGL能够正确识别地理信息。需要注意的是，KeplerGL中通常是先选择纬度（Lat），后选择经度（Lon），这与国内平时的使用习惯相反。

3. 图层配置

在选择可视化类型后，还可以对可视化图层进行一些配置，如设置图层的颜色、大小、透明度等。在图形的填充色和轮廓色中，可以选择预设的颜色，也可以自定义颜色映射的字段。在可视化大规模数据时，可以先将数据进行聚合集计，将统计的数据量以字段形式存储，然后在可视化的步骤中将数据量映射到颜色上。

4. 数据筛选

在用KeplerGL展示轨迹数据时，可以充分利用数据筛选功能来动态展示数据在时空上的变化情况。首先需要切换到数据筛选标签页，并在过滤器中选取时间字段，如图 3.15所示。KeplerGL会自动识别时间字段的格式，并在下方展示出时间轴柱状图，默认展示了数据在观测时间段内的分布直方图。可以通过拖动时间轴中的时间区间来筛选展示数据，也可以单击"播放"按钮让数据动态地进行展示。

图3.15　KeplerGL数据筛选

车辆轨迹数据可以在KeplerGL中以点的形式进行可视化，使用时间筛选动态展示后，也能够清晰地观察轨迹点在时空分布上的变化情况。

3.2.2　Mobmap 动态轨迹可视化

前面介绍的KeplerGL在观察数据整体的时空分布方面提供了非常方便快捷的方法。不过，这种可视化仅仅是将轨迹点离散地展示在地图上，很难通过这种方式观察到每一辆车轨迹连续的移动情况。

Mobmap是日本LocationMind公司开发的一款轨迹数据可视化工具，它可以连续地展示车辆的移动过程。利用这一工具可以细致地观察每一辆车的出行、停留等情况，也更加容易观察到数据中潜在的数据质量问题。

Mobmap支持CSV轨迹数据的读取，在导入数据时，需要选择数据中的车辆ID、纬度、经度和时间这四列，其他列也可以存在，但建议仅保留前面所述的四列，避免错误识别。在导入数据后，Mobmap会自动将数据按照时间进行排序，并将数据按照ID进行分组，再进行动态展示。

Mobmap的界面如图 3.16所示。在图中可以单击上方的"播放"按钮动态地展示轨迹的移动情况。地图上的每一个点表示一辆车，在地图上展示时也会按照时间顺序进行移动。在轨迹点的显示效果上，Mobmap提供了两种模式：普通轨迹点模式和亮度叠加模式。普通轨迹点模式以圆点代表轨迹个体，亮度叠加模式则以亮度的强弱代表轨迹点的数量。

图3.16　Mobmap轨迹可视化

为了更加细致地观察，Mobmap也提供了筛选功能，可以选中某一辆车以观察它的移动轨迹，也可以在地图上绘制线段（Linegate，闸门）作为筛选依据，筛选观察轨迹经过闸门的车辆，如图 3.17所示。

图3.17　Mobmap的轨迹筛选功能

此外，Mobmap工具还提供了轨迹线型与网格数据分布的可视化功能。

3.2.3　ODview 出行起终点可视化

通过轨迹数据的出行识别后，可以得到每一次出行的起点与终点信息。这些信息可以用来进行OD可视化以观察出行需求的分布模式。

ODview是笔者开发的一款用于可视化起点—终点（OD）出行数据的工具。它基于WebGIS 技术构建，采用 React.js 设计整个系统框架，使用 deckgl 实现地图 WebGIS 功能，而 OD 可视化功能则由 flowmap 地图库提供支持。如图 3.18所示，ODview可以在地图上用流向箭头的方式展示OD数据，同时还具备聚类显示功能。

图3.18　ODview的界面

当软件启动时，它会自动加载一些示例数据。你也可以通过"导入OD数据"模块来导入自己的CSV格式数据（数据将在本地处理，不会上传到互联网）。导入的OD数据至少需要包含四列：起点经纬度（Slon、Slat）和终点经纬度（Elon、Elat），以及可选的OD计数列（Count）。软件会自动识别这些列，但你也可以手动修改列名。如果没有计数列，请在计数列的下拉框中选择 =1选项。数据导入的界面如图 3.19所示。

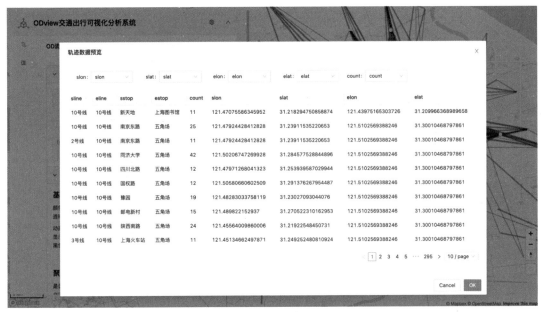

图3.19 ODview数据导入

一旦数据导入，ODview会在地图上显示OD信息。该软件提供了一些基本设置选项，具体包括如下。

- 颜色：设置OD流向图的颜色映射。
- 透明度：调整OD流向图线条的透明度。
- 动画特效：启用后，路径线段将以动态虚线形式显示。
- 显示节点：启用后，地图上的起终点将用圆点标记，圆点越大表示活动路径数量越多。
- 黑色模式：启用后，在浅色背景地图上，路径线条的颜色会反转，提高可读性。
- 是否褪色：启用后，较小的OD路径颜色会变淡，突出主要路径。
- 褪色透明：启用后，较小的OD路径颜色会趋于透明。
- 褪色比例：调整较小OD路径颜色变淡的程度。

ODview还提供了聚类显示功能，该功能会将相近的节点自动合并为一个节点，具体参数如下。

- 是否聚类：启用聚类时，相近的节点会被合并。
- 自动聚类参数：仅在启用"是否聚类"时生效。启用后，软件会根据地图当前缩放比例，自动匹配合适的聚类参数。

● 聚类层数：仅在启用"是否聚类"且关闭"自动聚类参数"时生效。可手动调整合并节点的范围，生成不同尺度的聚类图。

自定义效果的可视化效果如图 3.20所示（颜色为Sunset，透明度为50%，动画特效开启，关闭自动聚类，褪色比例为40%）。

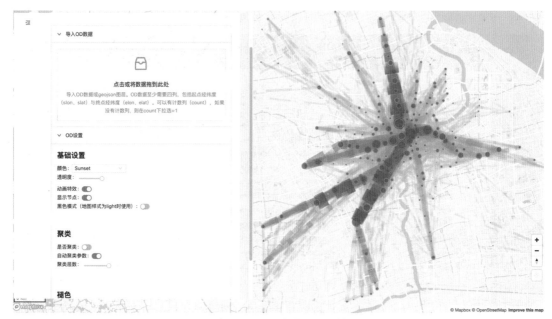

图3.20　ODview自定义展示效果

3.3　在 Python 中实现的 WebGIS 交互式可视化

随着WebGIS技术的发展，交互式的地理信息可视化已经可以在浏览器中实现。Python提供了许多开源库，可以帮助实现这样的功能。下面将介绍一些在Python中用于实现交互式地理信息可视化的库。

3.3.1　Folium 实现轨迹数据可视化

Folium是一个连接Python和著名的JavaScript地理信息可视化库leaflet.js的接口。利用它，Python代码可以直接操作数据，调用leaflet的功能，在内置地图上实现地理信息的可视化，并创建精美的交互式地图。Folium集成了Leaflet.js的强大功能和Python编程的简洁性，为创建交互式地图和进行地理空间分析提供了强大工具。这个库提供了多种地图风格以及丰富的地理数据可视化选项，例如热力图、聚类标记和GeoJSON图层。在使用Folium时，首先定义一个Map对象，然后通过添加图层元素来展示数据。定义完所有图层内容后，Map对象可以保存为HTML文件，以在浏览器中单独显示，或者在Jupyter Notebook的ipynb文件中嵌入交互式地图。在下面的示例中，利用folium库可以可视化地展示一条车辆轨迹：

```
# 读取轨迹数据
move_points = pd.read_csv(r'Data/move_points.csv')
# 选取其中某一条轨迹用于可视化
traj = move_points[move_points['moveid']==12]
traj
```

结果如图3.21所示。

	id	lon	lat	time	speed	moveid
2260	1	114.012299	22.532499	2014-10-22 23:39:17	27.0	12.0
2261	1	114.013603	22.530399	2014-10-22 23:40:10	29.0	12.0
2262	1	114.018097	22.531401	2014-10-22 23:40:40	27.0	12.0
2263	1	114.022797	22.531799	2014-10-22 23:41:10	22.0	12.0
2264	1	114.024300	22.531200	2014-10-22 23:43:17	1.0	12.0
2265	1	114.024498	22.529900	2014-10-22 23:44:17	0.0	12.0
2266	1	114.025703	22.528000	2014-10-22 23:47:24	0.0	12.0
2267	1	114.027000	22.526699	2014-10-22 23:47:54	10.0	12.0
2268	1	114.027298	22.526501	2014-10-22 23:48:01	6.0	12.0
2269	1	114.029900	22.527201	2014-10-22 23:49:39	16.0	12.0
2270	1	114.031502	22.526699	2014-10-22 23:50:09	21.0	12.0
2271	1	114.028397	22.528700	2014-10-22 23:50:39	31.0	12.0
2272	1	114.024597	22.535101	2014-10-22 23:51:09	22.0	12.0
2273	1	114.023697	22.540600	2014-10-22 23:52:47	22.0	12.0
2274	1	114.007004	22.537100	2014-10-22 23:59:35	15.0	12.0

图3.21 用于可视化的轨迹点数据

```
import folium
# 1.创建地图,地图位置为轨迹坐标中心点
m = folium.Map(location=[traj['lat'].mean(), traj['lon'].mean()],
# 地图中心点
               zoom_start=15,            # 地图缩放比例
               tiles='cartodbpositron')  # 地图样式
# 2.添加轨迹
folium.PolyLine(
    traj[['lat', 'lon']].values.tolist(),  # 轨迹坐标
    color='red',                           # 轨迹颜色
    weight=2.5,                            # 轨迹宽度
    opacity=1).add_to(m)                   # 轨迹透明度,创建轨迹后添加到地图
# 3.添加轨迹点
for i in range(len(traj)):
    folium.CircleMarker(
        location=[traj['lat'].iloc[i], traj['lon'].iloc[i]], # 轨迹点坐标
        radius=3,                          # 轨迹点半径
        color='red',                       # 轨迹点颜色
    ).add_to(m)                            # 填充透明度,创建轨迹点后添加到地图
# 4.添加起点和终点标记
folium.Marker([traj['lat'].iloc[0], traj['lon'].iloc[0]],     # 起点坐标
             popup='起点',                 # 起点标记
             icon=folium.Icon(color='green')).add_to(m)       # 起点标记颜色
folium.Marker([traj['lat'].iloc[-1], traj['lon'].iloc[-1]],
             popup='终点',
             icon=folium.Icon(color='red')).add_to(m)
# 5.保存地图
m.save('Data/trajectory_trip.html')
# 6.展示地图,在jupyter notebook直接展示
m
```

结果如图 3.22所示，可以直接在jupyter notebook中与地图进行交互。

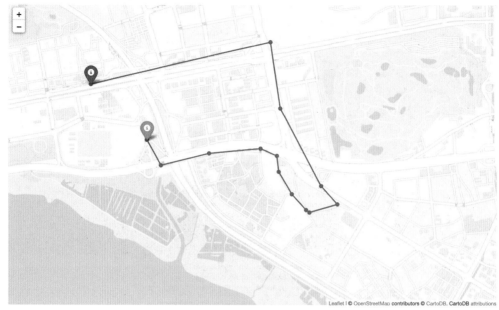

图3.22　folium地图轨迹可视化

3.3.2　TransBigData 的车辆数据可视化

在TransBigData中，可以对车辆轨迹数据使用简单的代码，快速可视化。首先准备数据：

```python
import pandas as pd
import transbigdata as tbd
# 读取轨迹数据
data = pd.read_csv(r'Data/GPSData.csv')
data['time'] = pd.to_datetime(data['time'])
# 定义栅格化参数
bounds = [113.75, 22.4, 114.62, 22.86]
params = tbd.area_to_params(bounds, accuracy=100, method='rect')
# 识别出行和停留
stay, move = tbd.traj_stay_move(data, params, col=['id', 'time', 'lon', 'lat'],
activitytime=1800)
```

tbd.visualization_data()方法可以实现数据分布的可视化，将数据传入该方法后，TransBigData会首先对数据点进行栅格集计，然后生成数据的栅格，并将数据量映射至颜色上，代码如下：

```python
# 可视化数据栅格分布
tbd.visualization_data(data,                    # 轨迹点数据
                 col = ['lon','lat'],   # 经纬度列
                 accuracy=1000,         # 栅格化精度
                 height = 500)          # 地图高度
```

结果如图 3.23所示。

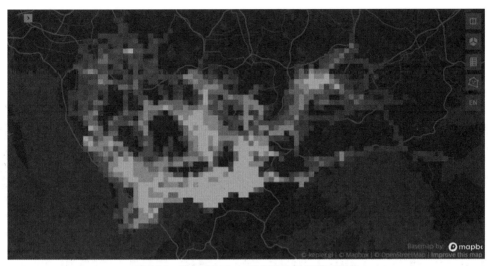

图3.23　TransBigData数据分布的栅格可视化

对于轨迹的出行OD，也可使用tbd.visualization_od()方法实现OD的弧线可视化。该方法也会对OD数据进行栅格集计，生成OD弧线，并将OD出行量映射至颜色上。代码如下：

```
# 可视化出行OD分布
tbd.visualization_od(move,                      # 出行数据，带有起终点经纬度信息
                col = ['slon','slat','elon','elat'], # 起终点经纬度
                accuracy=500,      # 栅格化精度
                mincount=5)        # 最小出行次数
```

结果如图 3.24所示。

图3.24　TransBigData数据分布的OD弧线可视化

对车辆的连续轨迹数据，tbd.visualization_trip()方法可以将数据点处理为带有时间戳的轨迹，并动态展示。其效果和Mobmap类似，代码如下：

```
# 动态可视化轨迹
tbd.visualization_trip(data, # 轨迹点数据
                    col = ['lon','lat','id','time'], # 列名
                    height = 500) # 地图高度
```

结果如图 3.25所示。

图3.25　TransBigData动态可视化轨迹

高级应用篇

第4章
车辆轨迹数据的路网匹配

在将车辆轨迹数据应用于实际研究之前，通常需要先将轨迹与路网进行匹配。通过地图匹配，可以了解车辆究竟走了哪条路以及它在道路上的具体位置。路网匹配的结果有很多用途，比如可以帮助了解车辆的行驶特征和状态，分析道路上车辆之间的距离关系以及交通拥堵状况，统计整个路网上各条路线的流量分布等。

实际上，轨迹数据仅能大致表示车辆的行驶轨迹，在地图上展示时，轨迹点只能大致沿着道路显示。车辆轨迹数据的路网匹配就是将车辆原始轨迹数据与地图上的道路进行关联，以便将不太准确的轨迹点纠正到实际道路上，使轨迹数据更真实地反映车辆在路上的行驶情况。对于地图匹配算法来说，面临着以下三个难题。

（1）轨迹定位准确性：车辆轨迹数据的位置可能不准确，存在与实际位置不符的情况。地图匹配算法需要考虑轨迹点位置与特定道路的关联，并在道路匹配过程出现歧义时，需要跟踪多个可能性。

（2）轨迹数据稀疏程度：提供给地图匹配算法的轨迹序列可能具有较低的采样频率，地图匹配算法需要在相距较远的两个位置之间猜测一条路径，其准确性可能会降低。

（3）路网准确性：路网数据的准确性也将直接影响路网匹配的效果，获取的路网数据可能由于更新不及时而与现实世界的情况不完全对应。

针对不同类型的车辆轨迹数据，由于数据稀疏程度的不同，需要采用不同的路网匹配方法，根据数据的特点和应用场景进行优化，以实现更高的准确性和效率。本章将介绍路网数据的获取与处理、介绍车辆轨迹数据的各类路网匹配思路与实现方法。

4.1 基于 OSMnx 的路网数据获取与处理

4.1.1 OSMnx 简介

在进行路网匹配之前，需要先获取路网数据。OpenStreetMap（简称OSM）是一个由志愿者组成的开源地图项目，旨在创建一个免费、可编辑、共享的全球地图数据库。与谷歌地图和百度地图等商业地图服务不同，OSM的数据是由社区成员编辑的，它不仅提供路网，还能提供关于建筑、道路、河流、公共交通等各种信息。由于OSM的数据是在国外的服务器上，因此在国内访问速度较慢，在国内很多地方的路网数据可能不够准确，但在大部分研究课题中，OSM的路网数据通常已经足够满足需求。

在Python中，可以使用OSMnx包来获取OSM的路网数据。OSMnx是一个基于Python的开源软件包，它可以轻松地下载OSM数据、创建网络图、计算路线和区域统计信息、绘制可视化地图以及建立基于网络的模型。OSMnx可以根据地址、地点、边界框或多边形区域来下载OSM数据，并将其转换为Python中可操作的数据结构。OSMnx支持将OSM数据输出到多种格式，例如shapefile、GeoPackage和GraphML等，以便将数据导入ArcGIS、QGIS等GIS软件中使用。

除此之外，OSMnx还提供了路网建模和分析功能。它可以将路网数据转换为网络，然后使用各种网络分析工具，如最短路径计算、距离计算、中心性分析和连通性分析等。这些网络分析功能主要得益于底层的networkx库，它是一个用于分析复杂网络的Python库。OSMnx利用networkx来构建和操作城市道路网络，并在此基础上使用网络分析和可视化等功能。OSMnx可以视为networkx的高级封装，为用户提供了更加便捷、易用的接口来处理城市道路网络数据。

OSMnx可以在命令行或终端中运行以下命令进行安装：

```
pip install osmnx
```

在Python脚本或Jupyter Notebook中，导入这两个库：

```
import osmnx as ox        # 导入OSMnx
import networkx as nx     # 导入networkx,用于在路网数据上应用网络分析的方法
```

4.1.2 路网数据获取

OSMnx提供了一系列方法，如 ox.graph_from_bbox()、ox.graph_from_place()、ox.graph_from_point()和 ox.graph_from_polygon()等，能够通过不同的方式指定地理区域范围来获取路网数据。接下来将逐一介绍这些方法的使用。

1.指定边界框获取路网数据

可以通过指定地理区域范围的边界框来获取路网数据。需要注意的是，虽然在shapely、geopandas、transbigdata等包中，边界框的定义通常是按照左下角经纬度和右上角经纬度的顺序，但在OSMnx中，边界框的定义采用了南纬、北纬、东经、西经的顺序。因此，在使用OSMnx获取路网数据时，请务必注意边界框坐标的顺序，否则将会导致路网数据获取失败。

```
# 指定边界框获取路网数据
# 在shapely、geopandas、transbigdata中
# 边界框的定义采用左下经纬度和右上经纬度的顺序
bounds = [114.05, 22.55, 114.07, 22.57]
# 但osmnx的边界框的坐标顺序不同,需要特别注意
```

```
north, south, east, west = bounds[3], bounds[1], bounds[2], bounds[0]
# 获取边界框中的路网数据
G = ox.graph_from_bbox(north, south, east, west,        # 边界框
                        network_type='all'              # 所有类型道路
                        )
# 绘制路网
ox.plot_graph(G)
```

结果如图 4.1所示。

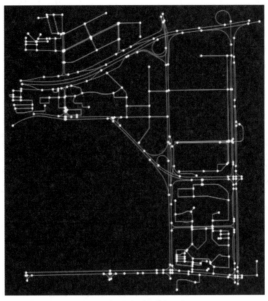

图4.1　指定边框获取路网

2. 指定中心点与半径获取路网

另一种方式是通过设定中心点的地理坐标位置（wgs84坐标系）与半径距离（单位为m）获取路网。需要特别注意的是：坐标是先纬度后经度，与国内常用的习惯不同。

```
# 指定中心点与半径获取路网

G = ox.graph_from_point(center_point=(22.55, 114.05),  # 中心点坐标
                                                        # wgs84坐标系
                        dist=2000, # 半径,单位 m
                        network_type='all'
                        )
# 绘制路网
ox.plot_graph(G)
```

结果如图 4.2所示。

3. 指定行政区划名称获取路网数据

OSMnx中内置了全球各地区的行政区划边界信息，可以通过指定区域名称来获取路网数据，也支持中文名称。例如：

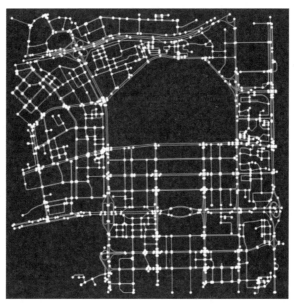

图4.2 指定中心点与半径获取路网

```
# 指定区域名称获取路网
G = ox.graph_from_place('福田区，深圳市，中国', # 区域名称
                        network_type="all")
# 绘制路网
ox.plot_graph(G)
```

结果如图4.3所示。

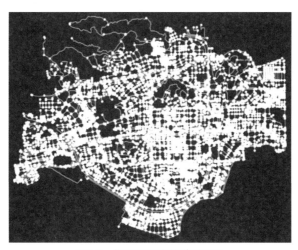

图4.3 指定区域名称获取路网

4. 指定多边形区域获取路网数据

OSMnx中的 ox.graph_from_polygon支持给定任意多边形区域来获取路网数据，而该方法则要求输入的多边形数据是shapely的Polygon或MultiPolygon对象。实际上，在上面的指定行政区名称获取路网数据中，其步骤也是先获取行政区划边界的多边形区域，再获取多边形区域内的路网数据。

OSMnx内置了通过指定行政区划名称获取行政区划边界的方法：

```
# 用OSMnx获取行政区划边界，输出的结果是GeoDataFrame
polygon = ox.geocode_to_gdf('福田区，深圳市，中国')
polygon.plot()
```

结果如图4.4所示。

然后，我们可以通过GeoDataFrame的unary_union()方法将区域范围转换为shapely的Polygon或MultiPolygon对象，再将该对象作为输入参数传入ox.graph_from_polygon()方法中，即可获取多边形区域内的路网数据。

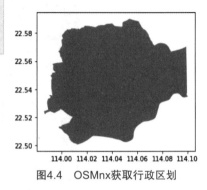

图4.4　OSMnx获取行政区划

```
# 需要用GeoDataFrame的unary_union方法
# 将区域范围转换为shapely的Polygon或MultiPolygon对象
polygon_union = polygon.unary_union
# 指定多边形区域内的路网数据
G = ox.graph_from_polygon(polygon_union, # 多边形区域
                          network_type="all")
# 绘制路网
ox.plot_graph(G)
```

结果与图4.3一致。

5. 路网获取的条件筛选

在前面提到的路网获取方法中，我们可以通过 network_type或 custom_filter参数来指定特定的路网类型。这两个参数通常只需要设置其中一个即可，当没有提供 custom_filter参数时，network_type参数会生效。network_type参数支持的路网类型包括：drive（行车道路）、drive_service（服务道路）、walk（步行道）、bike（自行车道）、all（所有道路，包括行车道路、步行道和自行车道）和 all_private（包括私有道路在内的所有道路）。

另一方面，custom_filter参数允许根据OSM内置的路网类型来筛选道路。OSM主要将道路分为四大类：空中（Aerialway/Aeroway）、陆地（Highway）、水路（Waterway）以及铁路（Railway）。需要注意的是，OSM的道路分类标准与中国的标准并不完全相同，但我们仍可以进行大致的对照。空中和水路道路的使用相对较少，因此这里主要关注陆地和铁路的分类。在OSM中，陆地道路（Highway）主要包括的类型则如表 4-1 所示。

表4-1　OSM中Highway的类型

名　称	中 文 对 照	内置车速/km·h^{-1}
motorway	高速公路	50
motorway_link	高速公路连接处	50
trunk	快速路	50
trunk_link	快速路链接处	50

名 称	中 文 对 照	内置车速/km·h^{-1}
primary	主干道	40
primary_link	主干道连接处	40
secondary	次干道	30
secondary_link	次干道连接处	30
tertiary	三级道路	10
tertiary_link	三级道路连接处	10
raceway	赛道	30
road	所有不知名的道路	10
service	通往设施的道路	10
bridleway	马道	10
cycleway	自行车道	15
residential	居住区道路	5
footway	步行	5
living_street	街区	5
steps	阶梯	5
track	轨道	5
path	路	5
pedestrian	人行道	5
platform	月台	5
construction	建设中	0
unclassified	未分类道路	20

铁路（Railway）的类型如表 4-2 所示。

表4-2　OSM中Railway的类型

名 称	中 文 对 照	速度/km·h^{-1}
subway	地铁	50
trail	火车	40

通过 custom_filter 参数，我们可以自定义筛选道路类型。例如，用下面的代码，可以只获取多边形区域范围内的高速公路和快速路：

```
# 筛选highway类型中的motorway和trunk道路
custom_filter='["highway" ~ "motorway|trunk"]'
G = ox.graph_from_polygon(polygon_union,              # 多边形区域
                          custom_filter=custom_filter)  # 筛选条件
# 绘制路网
ox.plot_graph(G)
```

结果如图 4.5 所示。

通过使用 network_type 或 custom_filter 参数来筛选道路类型，可以减少下载的数据量，提高路网数据获取的速度。

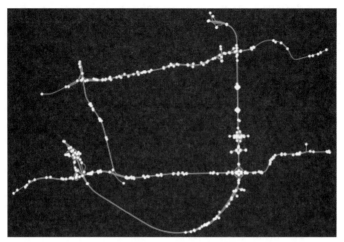

图4.5　指定获取高速公路和快速路

4.1.3　路网数据的存储形式与路网的自定义

1.路网数据存储与读取

OSMnx允许将OSM数据导出为多种格式，例如shapefile(shp)、xml、GeoPackage和GraphML等。这样，就可以将数据导入ArcGIS、QGIS等其他GIS软件或网络分析软件中使用。相关的保存代码如下：

```
# 存储为 shapefile 文件，会将路网存储为节点和边两个 shp 文件
ox.save_graph_shapefile(G,filepath='Data/mynetwork')
# 存储为 xml 文件
ox.save_graph_xml(G,filepath='Data/mynetwork.xml')
# 存储为 GeoPackage 文件
ox.save_graph_geopackage(G, filepath='Data/mynetwork.gpkg')
# 存储为 graphml 文件
ox.save_graphml(G,filepath='Data/mynetwork.graphml')
```

需要注意的是，尽管在保存时OSMnx支持多种文件格式，但在读取时，它只支持读取GraphML格式的文件。因此，如果打算在下次使用OSMnx时加载已下载的数据，那么首先需要将数据保存为GraphML格式。加载路网的代码如下：

```
# 读取 graphml 文件
G = ox.load_graphml('Data/mynetwork.graphml')
```

2.路网数据结构

上面的代码已经获取了路网数据，那么接下来我们必须理解路网数据在Python中的存储形式，了解路网数据的结构，便于根据需要构建自定义的路网，或者在现有路网的基础上进行微调。

OSMnx是在networkx包的基础上进行的封装，因此路网数据的存储形式与networkx

中的图（Graph）相同，而OSMnx在networkx的基础上进行了扩展，因此路网数据存储形式也与networkx中的图相同。因此，可以通过 type(G)来查看路网数据的类型，如下所示。

```
# 查看路网的类型
type(G)

# 输出结果
networkx.classes.multidigraph.MultiDiGraph
```

OSMnx中获取的路网是networkx中的MultiDiGraph对象，即有向多图。首先，图就是网络，是由点和线组成的。这些点叫作节点，线叫作边。在有向多图里，有向指的是，网络中的边是有方向的，就像箭头一样，从一个节点指向另一个节点。而多图的意思是，在两个节点之间可以有多条边，这也与路网的实际情况类似。

我们可以通过 G.nodes 和 G.edges 来查看路网的节点和边的信息。例如，可以通过 G.nodes来查看路网中所有节点的信息，如下所示。

```
# 查看路网中所有节点的信息
G.nodes

# 输出结果
NodeView((267005521, 267005524, 267601452, ...

# 查看路网中所有边的信息
G.edges

# 输出结果
OutMultiEdgeView([(267005521, 267005524, 0), (267005524, 496532844, 0), ...
```

上面的方法查看的是G中所有节点和边的信息，但是这些信息并不是很直观，因为其中只存储了这些节点和边的编号。如果我们想要查看这些节点和边的具体信息，我们可以通过 ox.graph_to_gdfs(G)方法将路网转换为GeoDataFrame，然后再查看节点和边的信息。GeoDataFrame是geopandas包中的数据结构，它是一种二维表格型数据结构，可以存储地理几何数据。GeoDataFrame中的每一行都是一个几何对象，例如点、线、面等。GeoDataFrame中的每一列都是一个属性，例如点的坐标、线的长度、面的面积等。代码如下：

```
gdf_nodes, gdf_edges = ox.graph_to_gdfs(G)  # 将路网转换为 GeoDataFrame
gdf_nodes.head()                            # 查看节点的信息
```

结果如图 4.6所示。

我们可以看到每个节点存储了x、y、osmid、geometry等信息。其中，x和y分别存储了节点的经度和纬度，osmid存储了这一几何要素在OSM中的唯一编号，而geometry属性存储了节点的地理几何信息，节点表把osmid作为GeoDataFrame中的索引。

plot()方法可以将GeoDataFrame中的几何要素绘制出来，代码如下：

		y	x	street_count	highway	ref	geometry
osmid							
277052169		22.543025	114.056016	3	NaN	NaN	POINT (114.05602 22.54303)
277052181		22.542235	114.055931	3	NaN	NaN	POINT (114.05593 22.54223)
277057703		22.565014	114.047432	3	NaN	NaN	POINT (114.04743 22.56501)
277486655		22.547577	114.067787	4	NaN	NaN	POINT (114.06779 22.54758)
277667695		22.566189	114.057553	3	NaN	NaN	POINT (114.05755 22.56619)

图4.6　OSMnx节点的信息

```
gdf_nodes.plot()  # 绘制节点
```

结果如图4.7所示。

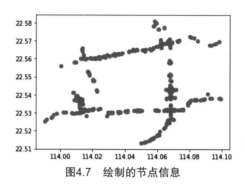

图4.7　绘制的节点信息

接下来查看边的信息，代码如下：

```
gdf_edges.head()  # 查看边的信息
```

结果如图4.8所示。

			osmid	oneway	lanes	name	highway	length	geometry	ref	maxspeed	bridge	access	tunnel
u	v	key												
277052169	499543273	0	616351220	True	4	深南大道	primary	284.321	LINESTRING (114.05602 22.54303, 114.05576 22.5...	NaN	NaN	NaN	NaN	NaN
277052181	277052169	0	25482589	True	NaN	深南大道	primary_link	111.833	LINESTRING (114.05593 22.54223, 114.05617 22.5...	NaN	NaN	NaN	NaN	NaN
	2750593322	0	1050725174	True	4	深南大道	primary	120.643	LINESTRING (114.05593 22.54223, 114.05641 22.5...	NaN	NaN	NaN	NaN	NaN
277057703	2368579133	0	45569111	True	NaN	北环大道	trunk	339.840	LINESTRING (114.04743 22.56501, 114.04900 22.5...	G107	NaN	NaN	NaN	NaN
277486655	8002408178	0	996762387	True	NaN	振华西路	secondary	24.202	LINESTRING (114.06779 22.54758, 114.06790 22.5...	NaN	NaN	NaN	NaN	NaN

图4.8　OSMnx边的信息

其中，每一行数据代表一条边，而其中又有u、v、key、osmid、geometry等属性，其中，u和v分别存储了边的起点节点和终点节点的osmid编号，key存储了边的编号（同一对u和v之间可能有多条路段，具有不同的key值），osmid列存储了这一几何要素在OSM中的唯一编号（需要注意的是，在经过OSMnx的路网简化处理后，一条边可能存在多个osmid编号，此时编号在这一列中会以数组形式存储，在进行pandas的一些处理时可能会因此报错），而geometry属性存储了边的地理几何信息，边表把u、v和key作为GeoDataFrame中的索引。

同样，可以通过plot()方法将边绘制出来，代码如下：

```
gdf_edges.plot()  # 绘制边
```

结果如图4.9所示。

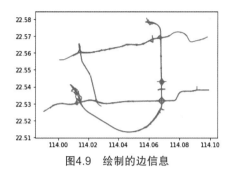

图4.9　绘制的边信息

3. 路网的自定义

清楚了 OSMnx 中路网的数据结构之后，就可以根据需要构建自己的路网了。例如，可以通过 ox.graph_from_gdfs(gdf_nodes，gdf_edges)方法构建自己的路网，其中，gdf_nodes和gdf_edges分别是节点表和边表。

这里，我们试试自己定义节点和边表再构建路网，代码如下：

```
# 构建一个自定义的OSMnx的路网
import geopandas as gpd
# 构建自己的节点表，需要的格式是GeoDataFrame
# 构建节点数据，定义了一个四个节点的路网
mynodes = gpd.GeoDataFrame({'osmid': [1, 2, 3, 4],
                            'x': [1, 0, 1, 2],
                            'y': [0, 1, 2, 3]}) mynodes['geometry'] = gpd.
points_from_xy(mynodes.x, mynodes.y) # 构建节点的几何信息
mynodes = mynodes.set_index('osmid') # 设置节点的索引
mynodes
```

结果如图 4.10所示。

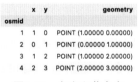

图4.10　自定义节点表

然后，构建自己的边表，代码如下：

```
# 构建边的数据
# 定义了五条边
from shapely.geometry import LineString
myedges = gpd.GeoDataFrame({'osmid': [5, 6, 7, 8, 9],    # 边的osmid编号
                            'u': [1, 1, 3, 2, 4],        # 边的起点节点的osmid
                            'v': [2, 3, 1, 3, 2],        # 边的终点节点的osmid
                            'k': [0, 0, 0, 0, 0]})       # 边的编号
# 构建边的几何信息，从前面定义的节点的几何信息中构建
myedges['geometry'] = myedges.apply(lambda x: LineString(
    [mynodes.loc[x.u].geometry, mynodes.loc[x.v].geometry]
```

```
), axis=1)
myedges = myedges.set_index(['u', 'v', 'k'])        # 设置边的索引
myedges
```

结果如图 4.11所示。

```
G2 = ox.graph_from_gdfs(mynodes, # 节点数据
                        myedges, # 边数据
                        graph_attrs=G.graph) # 图属性，这里使用了之前的路网数据的图
                                             属性

# 可视化路网
ox.plot_graph(G2)
```

结果如图 4.12所示。

			osmid	geometry
u	v	k		
1	2	0	5	LINESTRING (1.00000 0.00000, 0.00000 1.00000)
	3	0	6	LINESTRING (1.00000 0.00000, 1.00000 2.00000)
3	1	0	7	LINESTRING (1.00000 2.00000, 1.00000 0.00000)
2	3	0	8	LINESTRING (0.00000 1.00000, 1.00000 2.00000)
4	2	0	9	LINESTRING (2.00000 3.00000, 0.00000 1.00000)

图4.11　自定义边表　　　　　　　　　　图4.12　自定义路网

上面的代码我们从零开始创建了自定义的路网。但是，如果我们只是想修改一下路网中的某些节点或边，那么可以直接从路网中提取出节点表和边表，修改后再构建新的路网。代码如下：

```
# 选取两个节点
u = 267005521
v = 267005524
# 提取这两个节点
gdf_nodes_new = gdf_nodes[
    (gdf_nodes.index == u) |
    (gdf_nodes.index == v)]
# 选取两个节点之间的边
gdf_edges_new = gdf_edges[
    ((gdf_edges.index.get_level_values('u') == u) &
    (gdf_edges.index.get_level_values('v') == v)) |
    ((gdf_edges.index.get_level_values('u') == v) &
    (gdf_edges.index.get_level_values('v') == u))
]
# 构建新的网络
G2 = ox.graph_from_gdfs(gdf_nodes_new,
                        gdf_edges_new,
                        graph_attrs=G.graph)
```

```
# 可视化
ox.plot_graph(G2)
```

结果如图 4.13所示。

图4.13　自定义路网2

通过上面的方法，可以很方便地修改路网中的节点和边，从而构建自己的路网。如果需要在路网中添加一些自定义的点和连线，就只需要在原来的节点表和边表上以上述的格式添加新的节点和边，然后再构建新的路网即可。

4.1.4　路网的预处理

在使用OSMnx的路网数据之前，有一些预处理的工作是必要的。这些预处理的工作能够有效地避免后续研究分析中各类算法可能会遇到的错误。

1. 重复路段的去除

在OSMnx获取的路网中，观察其中边的信息，我们会发现每一条边的索引是由u（起点节点osmid）、v（终点节点osmid）、key组成。在大多数情况下，key值为0；在少数情况下，key会出现1、2等值。这是因为在OSM中，两个节点之间可能会存在多条路段，这些路段的key值会不同。我们可以查看key的取值情况，代码如下：

```
# 获取路网中的节点和边信息
nodes, edges = ox.graph_to_gdfs(G, nodes=True, edges=True)
# 统计key列的值的数量
edges.reset_index()['key'].value_counts()

# 输出结果
0    2680
1      26
Name: key, dtype: int64
```

然而，在路径匹配算法中，我们通常会使用路段两端的节点osmid去表示一条路段。如果路网的两个节点之间存在多个路段，输出的路径匹配结果中可能会出现"分叉"的情况，对后续的分析造成麻烦。因此，可以考虑在路网匹配之前对路网中的重复路段进行去除。代码如下：

```
# 连接两个节点只保留一条边
edges = edges.reset_index().drop_duplicates(subset=['u', 'v'], keep='first').set_
index(['u','v','key'])
```

另外，还要注意的是，由于OSMnx对路网的路段做了一定的简化处理，其中会将多条路段合并为一条，简化后路网中部分路段的osmid可能是一个列表，其中包含了合并前路段的osmid信息。可以查看一下路网中osmid的数据类型，代码如下：

```
# 查看osmid的数据类型
edges['osmid'].apply(lambda x: type(x)).value_counts()

#输出结果
<class 'int'>      2510
<class 'list'>      170
Name: osmid, dtype: int64
```

这种情况下，我们难以用osmid来表示路段，在保存路网GeoDataFrame时也因为不支持字段中存在列表内容而导致存储为本地文件时出现错误。因此，我们需要对这些存在多个osmid信息的路段编号进行修改，只保留其中的第一个osmid。代码如下：

```
# 将osmid列中的list类型转换为int类型
edges['osmid'] = edges['osmid'].apply(lambda x: x[0] if type(x) == list else x)
```

最后，可以基于修改后的节点和边属性重新构建路网，代码如下：

```
# 重新构建路网
G = ox.graph_from_gdfs(nodes, edges,
                       graph_attrs=G.graph)  # 保留原路网的属性
```

2. 路网的最大强连通子图

OSMnx包中提供了寻找路网的路径推断功能，基于给定的起终点，在路网节点数据中分别找到距离最近的两个节点作为路网中的起终点，然后利用网络最短路径算法获得起终点间的最短路径。然而，需要注意的是，在进行起终点间的路径推断之前需要在路网中提取出最大强连通子图（Maximal Strongly Connected Component，MSCC）。否则，如果在路网中匹配到的起终点不在同一个连通分量中，则无法找到起终点间的路径，程序也会报错。

最大强连通子图是复杂网络中的一个概念，最大强连通子图是指路网中最大的强连通分量。强连通分量是指在一个有向图中，任意两个节点之间都存在双向路径（从一个节点到另一个节点，然后返回到原始节点的路径），这些节点组成的子图。换句话说，强连通分量是指图中互相可达的节点集合。在城市道路网络中，最大强连通子图是一个重要概念，因为它可以表示城市中连通性最好、最可靠的区域。在进行道路网络分析时，通常会关注最大强连通子图，因为它能够揭示道路网络中的核心结构和关键路径。

也就是，在最大强连通子图中给定起终点寻找最短路径时，可以保证起终点间一定存在路径。在OSMnx包中，可以通过 get_largest_component()方法来获取最大强连通子图，代码如下：

```
# 绘制路网 (未提取最大强连通子图)
ox.plot_graph(G, node_size=0, edge_linewidth=0.5, bgcolor='k', edge_color='w')
```

结果如图4.14所示。

图4.14　未提取最大强连通子图的路网

```
# 提取最大强连通子图
G = ox.utils_graph.get_largest_component(G,
                                         strongly=True # 是否强连通
                                         )
# 绘制路网（提取最大强连通子图）
ox.plot_graph(G, node_size=0, edge_linewidth=0.5, bgcolor='k', edge_color='w')
```

结果如图 4.15所示。

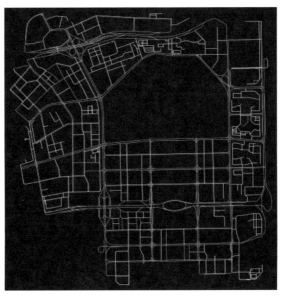

图4.15　提取最大强连通子图后的路网

可以看到，提取最大强连通子图后的路网相比提取前的路网，只保留了最大的强连通子图，有一些离散在外的不连通的路段（例如住宅区内道路不与外部道路相连）被剔除了。

4.1.5 路网的最短路径计算

OSMnx包中提供了一套在路网上给定起终点识别最短路径的完整算法（这里的最短路径一般是距离最短或出行时间最短），我们可以直接调用这套算法来完成起终点间的出行路径推断。本节将介绍最短路径识别的功能实现以及如何用这一方法实现等时圈的绘制。

1. OSMnx最短路径算法

首先，我们需要在路网中找到距离给定起终点最近的两个节点，在OSMnx包中，可以通过 distance.nearest_nodes()方法来获取给定坐标点最近的节点，代码如下：

```
# 由给定的坐标获取最近节点
orig = ox.distance.nearest_nodes(G, X=114.056016, Y=22.543025)
dest = ox.distance.nearest_nodes(G, X=114.043016, Y=22.549025)
orig, dest

# 输出结果
(277052169, 2530284961)
```

可以看到，输出的结果是两个节点的osmid。接下来，调用OSMnx包中的最短路径算法 ox.shortest_path()，来获取起终点间的最短路径。这里，先用路段长度作为权重计算最短路径，代码如下：

```
# 找到最短路径
route = ox.shortest_path(G, orig, dest, weight="length")
route

# 输出结果
[277052169, 499543273, 499543276, 5271707997, 5832657778,
 5192662017, 5832657762, 499543283, 6467166907, 2525990702,
 6467166929, 499478538, 7973099538, 1116492767, 7973099541,
 7975286412, 7975286415, 7975286416, 1116501304, 1116501296,
 7977056085, 7977056084, 7979256597, 7979256612, 7977050926,
 7979256646, 7979256649, 7979256647, 2530284961]
```

可以看到，最短路径的识别结果route是一条路径所经过的节点的列表，列表中的每个元素都是一个节点的osmid。可以通过 ox.plot_graph_route()方法来绘制路径，代码如下：

```
# 绘制路径
ox.plot_graph_route(G, route, node_size=0)
```

结果如图4.16所示。

同时，OSMnx也提供了k_shortest_paths()方法，来获取起终点间的前 *k* 条最短路径，代码如下：

图4.16 起终点间的最短路径

```
# 找到前k最短路径
routes = ox.k_shortest_paths(G, orig, dest, k=30,weight="length")
routes = list(routes)
routes

# 输出结果
[[277052169,  499543273, 499543276, 5271707997, 5832657778, ...
```

k_shortest_paths()方法返回的是一个生成器，需要将其转换为列表，然后才能进行后续的操作。其中，生成的路径列表 routes中的每个元素都是一条路径，每条路径又是一个节点的列表，列表中的每个元素都是一个节点的osmid。可以通过 ox.plot_graph_routes()方法来绘制多条路径，代码如下：

```
# 绘制前k最短路径
ox.plot_graph_routes(G,routes,node_size = 0)
```

结果如图 4.17所示。

2. 基于出行时间搜索最短路径

在前面的最短路径搜索中，我们采用的是路段长度作为权重，其中我们将 weight参数设置为 length，这是因为在路网的边信息中，每条边都已经有一个 length属性，表示路段的长度。

我们也可以根据出行时间来搜索最短路径。 OSM路网中在我们抓取下来时，每一条路就携带有道路等级的信息，也正如我们前面表4-1所列出的，每一种道路等级信息对照的速度也是不同的。

在OSMnx包中，我们可以通过 add_edge_travel_times()方法来为路网中的每条边添加出行时间信息，其原理就是根据每条边的道路等级信息，获取出行速度，再通过距离除以速度来计算出行时间。如果不想用内置的车速，我们可以使用 add_edge_speeds()方法来为路网中的不同等级的道路添加自定义速度信息，然后再通过 add_edge_travel_times()方法来为路网中的每条边添加出行时间信息，代码如下：

图4.17　起终点间的前k条最短路径

```
# 自定义速度
hwy_speeds = {"residential": 35, "secondary": 50,'primary':50, "tertiary": 60}
G = ox.add_edge_speeds(G,hwy_speeds)
# 计算出行时长
G = ox.add_edge_travel_times(G)
```

这样，我们就已经为路网中的每条边添加了出行时间信息，我们可以提取边信息来查看一下：

```
gdf_edges = ox.graph_to_gdfs(G, nodes=False, edges=True)
gdf_edges
```

结果如图 4.18所示。

其中，相比于前面的路网信息，我们可以看到，每条边都多了一个 speed_kph属性表示出行速度，以及一个 travel_time属性表示出行时间。

接下来，可以通过 shortest_path()方法，指定 weight参数为 travel_time来搜索基于出行时间的最短路径，代码如下：

```
# 找到出行时间最短路径
route = ox.shortest_path(G, orig, dest, weight="travel_time")
ox.plot_graph_route(G,route,node_size = 0)
```

u	v	key	osmid	oneway	lanes	name	highway	reversed	length	geometry	speed_kph	travel_time
277052169	499543273	0	616351220	True	4	深南大道	primary	False	284.321	LINESTRING (114.05602 22.54303, 114.05576 22.5...	50.0	20.5
277052181	277052169	0	25482589	True	NaN	深南大道	primary_link	False	111.833	LINESTRING (114.05593 22.54223, 114.05617 22.5...	20.0	20.1
	2750593322	0	1050725174	True	4	深南大道	primary	False	120.643	LINESTRING (114.05593 22.54223, 114.05641 22.5...	50.0	8.7
277057703	2368579133	0	45569111	True	NaN	北环大道	trunk	False	339.840	LINESTRING (114.04743 22.56501, 114.04900 22.5...	34.3	35.7
277486655	8002408178	0	996762387	True	NaN	振华西路	secondary	False	24.202	LINESTRING (114.06779 22.54758, 114.06790 22.5...	50.0	1.7
...	...	...	...	...	...	...	...	...	...	...	...	...
10556743830	8431769846	0	777201409	True	2	深南大道辅路	secondary	False	198.409	LINESTRING (114.06235 22.54305, 114.06058 22.5...	50.0	14.3
10576642003	2750593461	0	616351220	True	4	深南大道	primary	False	27.322	LINESTRING (114.05746 22.54287, 114.05720 22.5...	50.0	2.0
10579173218	10579173219	0	1134813607	True	1	NaN	primary_link	False	29.470	LINESTRING (114.06170 22.54252, 114.06195 22.5...	20.0	5.3
	10556743814	0	1095317745	True	3	深南大道辅路	secondary	False	131.903	LINESTRING (114.06170 22.54252, 114.06242 22.5...	50.0	9.5

图4.18 添加出行时间后的路网信息

结果如图 4.19所示。

图4.19 基于出行时间的最短路径

对一条路径，我们可以通过 get_route_edge_attributes()方法来获取路径中的每条边的属性信息，计算其长度和出行时间之和，代码如下：

```
# 出行长度
trip_length = sum(ox.utils_graph.get_route_edge_attributes(G,route,'length'))
# 出行时间
trip_time = sum(ox.utils_graph.get_route_edge_attributes(G,route,'travel_time'))
```

```
trip_length,trip_time

# 输出结果
(2858.231999999999, 230.4)
```

3. 基于OSMnx的等时圈生成

在前面的最短路径搜索中，我们实际上就能够实现网络中任意两个节点之间的最短路径搜索。而进一步拓展，在路网中给定一个起点和出行时间，就可以在网络中搜索出行时间内能够达到的节点，等时圈就是能够把这些节点全部包围的最小区域。而等时圈的生成，在OSMnx中可以很轻易地做到，其原理如图4.20所示。

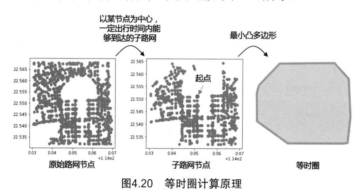

图4.20　等时圈计算原理

可以用networkx中的 nx.ego_graph()方法创建一个子图，在原来的路网中选取某节点为中心，在一定出行时间内能够到达的节点与边组成一个子网络。然后再将这一子网络的节点以最小凸多边形的形式包围起来，就得到了等时圈。其代码如下：

```
# 等时圈获取封装为方法
def isochrone(G,x,y,trip_time):
    # 由给定的坐标获取最近节点
    center_node = ox.distance.nearest_nodes(G, X=x, Y=y)
    # 创建子图
    import networkx as nx
    subgraph = nx.ego_graph(G, center_node, radius=trip_time, distance="travel_
time")
    # 获取子图中的节点，即起点的一定出行时间内能够到达的节点
    nodes = ox.graph_to_gdfs(subgraph,edges=False)
    # 获取包围这些节点的最小凸多边形作为等时圈
    isochrone_area = nodes.unary_union.convex_hull
    return isochrone_area
```

可以通过调用这个方法来获取一个等时圈，代码如下：

```
x = 114.056016
y = 22.543025
trip_time = 2*60 # 出行时间为2分钟
isochrone(G,x,y,trip_time)
```

结果如图 4.21所示。

这个等时圈正好包围了起点的2分钟出行时间内能够到达的节点。方法生成的是一个shapely中的Polygon几何对象。

图4.21 测试等时圈方法的结果

我们可以通过多次调用这个方法来获取多个等时圈，并通过 geopandas包构建GeoDataFrame，以存储多个等时圈的信息，代码如下：

```
# 生成多个等时圈
import geopandas as gpd
isochrones_gdf = gpd.GeoDataFrame([isochrone(G,x,y,60),
                isochrone(G,x,y,120),
                isochrone(G,x,y,180),
                isochrone(G,x,y,240)],columns = ['geometry'])
# 可视化
import matplotlib.pyplot as plt
fig = plt.figure(1,(5,5),dpi=150)
ax = plt.subplot(111)
# 绘制路网
ox.plot_graph(G,ax=ax,show = False,node_size=0,edge_alpha=0.4)
# 绘制等时圈
isochrones_gdf.plot(alpha = 0.4,ax=ax)
plt.show()
```

结果如图 4.22所示。

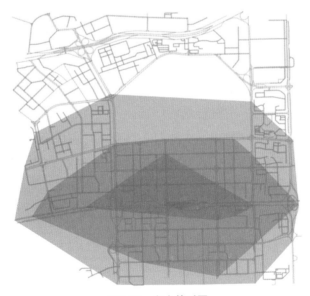

图4.22 多个等时圈

4. TransBigData的等时圈获取

在TransBigData中，也集成了等时圈的获取方法。其中，提供了接入高德地图（amap）和Mapbox平台开放的API接口获取等时圈的方法tbd.get_isochrone_amap和tbd.get_isochrone_mapbox。其中，高德地图的等时圈支持中国境内的所有城市，出行方式可选公交、地铁和公交+地铁；而Mapbox的等时圈支持全球范围内的所有城市，出行方式可选步行、自行车和驾车。

使用这一功能之前，需要在高德地图或Mapbox的开放平台注册为开发者，获取开发者的API key。然后在TransBigData中将API key作为参数传入TransBigData提供的方法里面。其中，高德地图的等时圈获取则需要同时传入API key（ak）和安全秘钥（Jscode），在高德开放平台中创建应用后可以在控制台中获取。利用高德地图获取等时圈的代码如下：

```
# 高德地图API获取等时圈
import transbigdata as tbd
lon = 114.056016
lat = 22.543025
isochrone = tbd.get_isochrone_amap(
    lon,                    # 起点经度
    lat,                    # 起点纬度
    reachtime=60,           # 出行时间为60分钟
    ak='16952...',          # 高德地图API key
    jscode='2cdd...',       # 高德地图安全秘钥
    mode=0)                 # 出行方式为0(公交)，1(地铁)，2(公交+地铁)
isochrone
```

结果如图 4.23所示，所获取的等时圈为一个GeoDataFrame，其中包含了等时圈的起点坐标、出行时间和几何信息。

	geometry	lon	lat	reachtime
0	MULTIPOLYGON (((113.94610 22.52477, 113.94516 ...	114.061128	22.540304	60

图4.23　等时圈的GeoDataFrame

```
isochrone.plot()
```

结果如图 4.24所示。

Mapbox的等时圈获取则需要传入API key（access_token），在Mapbox开放平台中创建应用后可以在控制台中获取，这与在前面用TransBigData绘制地图底图时使用的API key一致。利用Mapbox获取等时圈的代码如下：

```
# Mapbox获取等时圈
import transbigdata as tbd
lon = 114.056016
lat = 22.543025
isochrone = tbd.get_isochrone_mapbox(
    lon,              # 起点经度
    lat,              # 起点纬度
    reachtime=60,     # 出行时间为60分钟
    # Mapbox开发者密钥，如果在绘制底图时设置过秘钥，这里可以不用设置
    access_token='pk.eyJ1Ij...',
    # 出行方式为driving(驾车),walking(步行),或cycling(骑车)
    mode='walking') isochrone.plot()
```

结果如图 4.25所示。

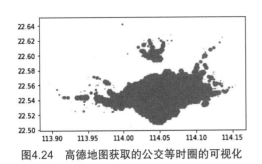

图4.24 高德地图获取的公交等时圈的可视化

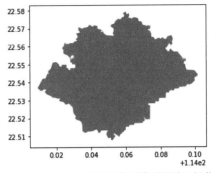

图4.25 Mapbox获取的步行等时圈的可视化

为了更方便地查看上述两类接口的等时圈获取结果，笔者制作了一个可视化工具amapreachcircle，支持在网页上交互操作，由地图选点获取公交（高德地图）、地铁（高德地图）、地铁+公交（高德地图）、步行（Mapbox）、骑行（Mapbox）、驾车（Mapbox）的1～60min出行到达圈，也支持将结果导出为geojson格式文件。其界面如图 4.26所示。

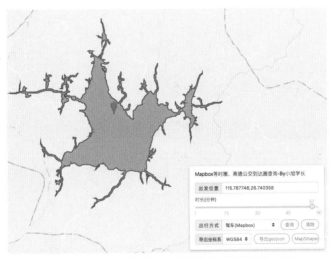

图4.26 Mapbox等时圈、高德公交到达圈查询工具

4.1.6 路网处理小结

前面我们介绍了路网的一系列获取与处理的工作。这里小结一下前面所用到的方法，如表4-3所示。

表4-3 OSMnx中常用的路网获取与处理方法小结

方　　法	说　　明
ox.graph_from_place	根据地名获取路网
ox.graph_from_point	根据中心点与半径获取路网

方　　法	说　　明
ox.graph_from_bbox	根据地理范围边界框获取路网
ox.graph_from_address	根据地址获取路网
ox.graph_from_polygon	根据多边形获取路网
ox.geocode_to_gdf	根据地址获取地理信息，行政区划边界等
ox.plot_graph	绘制路网
ox.save_graph_shapefile	将路网存储为shapefile文件
ox.save_graph_xml	将路网存储为xml文件
ox.save_graph_geopackage	将路网存储为geopackage文件
ox.save_graphml	将路网存储为graphml文件
ox.load_graphml	读取路网的graphml文件
ox.graph_to_gdfs	将路网转换为节点和边的GeoDataFrame
ox.graph_from_gdfs	根据节点和边的GeoDataFrame构建路网
ox.utils_graph.get_largest_component	提取最大强连通子图

接下来，将展示如何下载并预处理深圳市的路网数据，为后续的路网匹配做准备，路网处理的代码如下：

```python
# 下载并预处理深圳路网
import osmnx as ox
G = ox.graph_from_place(
    'Shenzhen, China',
    network_type='drive') # 路网类型为驾车路网
# 获取路网中的节点和边信息
nodes, edges = ox.graph_to_gdfs(G, nodes=True, edges=True)
# 连接每两个节点只保留一条路段
edges = edges.reset_index().drop_duplicates(
    subset=['u', 'v'], keep='first').set_index(['u', 'v', 'key'])
# 将osmid列中的list类型转换为int类型
edges['osmid'] = edges['osmid'].apply(lambda x: x[0] if type(x) == list else x)
# 重新构建路网
G = ox.graph_from_gdfs(nodes, edges,
                       graph_attrs=G.graph)# 保留原路网的属性
# 提取最大强连通子图
G = ox.utils_graph.get_largest_component(G,
                                         strongly=True  # 是否强连通
                                         )
# 存储为graphml文件
ox.save_graphml(G,filepath='Data/shenzhen.graphml')
```

可以将路网可视化观察：

```python
# 绘制路网
ox.plot_graph(G, node_size=0, edge_linewidth=0.5, bgcolor='k', edge_color='w')
```

结果如图4.27所示。

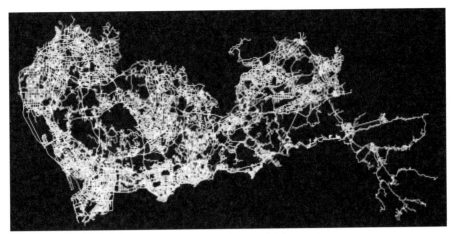

图4.27 获取的深圳路网

 ## 4.2 基于近邻匹配的路网匹配

在进行近邻匹配时，我们需要找到每个轨迹点与路网上最近的道路线段，并将轨迹点匹配到这条线段上。实际操作中，我们可以先将道路线段的节点提取出来形成一个点集（即从geometry列中的每一条LineString中提取每一个坐标点），然后计算轨迹点到这个点集的最近距离，最后将轨迹点匹配到最近距离的节点所在的道路线段上。这个过程实际上是将点匹配线的问题转换成了点匹配点的问题。

4.2.1 KDTree 近邻匹配

为了提高匹配速度，我们可以使用KDTree算法来减少计算量。KDTree的原理是为需要匹配的K维空间点建立K维树空间索引。在进行近邻匹配时，输入的点可以在树中快速检索到最近邻的点。KDTree算法的复杂度为$O(\log N)$，其中N为点的个数。

TransBigData库中的 tbd.ckdnearest_line()方法提供了使用KDTree算法匹配点到最近线的功能，我们可以利用它将轨迹点匹配到路网上最近的道路线段。接下来，我们将通过一个简单的示例来说明 tbd.ckdnearest_line()方法的使用。首先，我们需要创建一个GeoDataFrame点数据和一个GeoDataFrame线数据：

```python
import geopandas as gpd
import transbigdata as tbd
from shapely.geometry import LineString
# 创建一个点数据集的GeoDataFrame
dfA = gpd.GeoDataFrame([[1, 2], [2, 4], [2, 1],
                        [3, 0], [1, -1], [2, -2],
                        [0, 1]], columns=['lon1', 'lat1'])
dfA['geometry'] = gpd.points_from_xy(dfA['lon1'], dfA['lat1'])
dfA
```

结果如图4.28所示。

```
# 创建一个线数据集的GeoDataFrame
dfB = gpd.GeoDataFrame(
    [LineString([[1, 1], [1.5, 2.5], [3.2, 4]]),
     LineString([[1, 0], [1.5, 0], [4, 0]]),
     LineString([[1, -1], [1.5, -2], [4, -4]])],
    columns=['geometry'])
dfB['id'] = [1, 2, 3]
dfB
```

结果如图4.29所示。

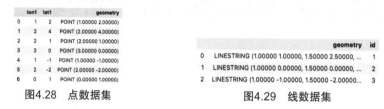

图4.28　点数据集　　　　　　　　图4.29　线数据集

然后，可以使用 tbd.ckdnearest_line()方法来匹配点数据集到线数据集上最近的道路线段。tbd.ckdnearest_line()方法的输入参数为两个GeoDataFrame：第一个参数为点数据集，第二个参数为线数据集。该方法会返回一个GeoDataFrame，其中包含了点数据集的所有列，以及线数据集的所有列，同时会在点数据集中新增一列，该列为点数据集中每个点到线数据集中最近的线的距离。

```
# 近邻匹配
dfA = tbd.ckdnearest_line(dfA,dfB)
dfA
```

结果如图4.30所示。

	lon1	lat1	geometry_x	dist	index	geometry_y	id
0	1	2	POINT (1.00000 2.00000)	0.707107	0	LINESTRING (1.00000 1.00000, 1.50000 2.50000, ...	1
1	2	4	POINT (2.00000 4.00000)	1.200000	0	LINESTRING (1.00000 1.00000, 1.50000 2.50000, ...	1
2	2	1	POINT (2.00000 1.00000)	1.000000	0	LINESTRING (1.00000 1.00000, 1.50000 2.50000, ...	1
3	0	1	POINT (0.00000 1.00000)	1.000000	0	LINESTRING (1.00000 1.00000, 1.50000 2.50000, ...	1
4	3	0	POINT (3.00000 0.00000)	1.000000	1	LINESTRING (1.00000 0.00000, 1.50000 0.00000, ...	2
5	1	-1	POINT (1.00000 -1.00000)	0.000000	2	LINESTRING (1.00000 -1.00000, 1.50000 -2.00000...	3
6	2	-2	POINT (2.00000 -2.00000)	0.500000	2	LINESTRING (1.00000 -1.00000, 1.50000 -2.00000...	3

图4.30　近邻匹配匹配结果

我们可以看到，tbd.ckdnearest_line()方法返回的GeoDataFrame中，每一个数据点都对应上了一条线，同时新增了一列 dist，该列为点到线上节点的最近距离。接下来，将匹配的结果绘制出来，查看是否匹配正确：

```
# 重命名列名,指定geometry_x列为点数据集的几何列
dfA.rename(columns={'geometry_x':'geometry'},inplace=True)
import matplotlib.pyplot as plt
fig = plt.figure(1,(5,5))     # 创建一个画布
ax = plt.subplot(111)         # 创建一个子图
```

```
dfA.plot(ax=ax,column = 'id')
# 绘制点数据集，指定id列为颜色分类列
dfB.plot(ax=ax,column = 'id')
# 绘制线数据集，指定id列为颜色分类列
plt.show()
```

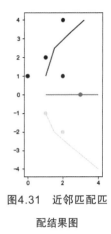

图4.31　近邻匹配匹
配结果图

结果如图4.31所示。

需要注意的是，这一方法计算的是点到线上节点的最近距离，而并不是直接计算点到线的距离。对某些直线路段，可能只有起终点有节点，此时匹配的是轨迹点到达路段起终点的距离，而不是到路段本身的距离。

4.2.2　对轨迹数据进行路网的近邻匹配

接下来，我们对实际的轨迹数据进行路网的近邻匹配。首先，我们读取轨迹数据，并为轨迹点生成几何信息：

```
# 读取轨迹点数据
import pandas as pd
move_points = pd.read_csv(r'./Data/move_points.csv') # 读取轨迹点数据
# 将轨迹点数据转换为GeoDataFrame
move_points['geometry'] = gpd.points_from_xy(move_points['lon'], move_points['lat'])
move_points = gpd.GeoDataFrame(move_points)
move_points
```

结果如图 4.32所示。其中，move_points中的轨迹已经基于前面章节所讲的轨迹切分算法进行了切分，在 moveid字段中标记了每一次出行的编号，一次出行由多个轨迹点构成。

	id	lon	lat	time	speed	moveid	geometry
0	0	114.031799	22.524799	2014-10-22 02:54:30	42.0	0.0	POINT (114.03180 22.52480)
1	0	114.038696	22.531500	2014-10-22 02:54:37	52.0	0.0	POINT (114.03870 22.53150)
2	0	114.047302	22.531799	2014-10-22 02:55:07	59.0	0.0	POINT (114.04730 22.53180)
3	0	114.055099	22.531500	2014-10-22 02:55:37	50.0	0.0	POINT (114.05510 22.53150)
4	0	114.062500	22.531799	2014-10-22 02:56:08	46.0	0.0	POINT (114.06250 22.53180)
...	...	...	...	...	...	...	...
733399	663	113.945999	22.571501	2014-10-22 23:48:32	35.0	3957.0	POINT (113.94600 22.57150)
733400	663	113.943398	22.578199	2014-10-22 23:49:32	29.0	3957.0	POINT (113.94340 22.57820)
733401	663	113.943298	22.583200	2014-10-22 23:50:35	0.0	3957.0	POINT (113.94330 22.58320)
733402	663	113.943298	22.583500	2014-10-22 23:51:05	14.0	3957.0	POINT (113.94330 22.58350)
733403	663	113.942001	22.588800	2014-10-22 23:52:56	13.0	3957.0	POINT (113.94200 22.58880)

733404 rows × 7 columns

图4.32　轨迹点数据

接下来，我们读取路网数据，并提取其中的线数据作为匹配的对象：

```
import osmnx as ox
# 读取graphml文件
G = ox.load_graphml('Data/shenzhen.graphml')
# 获取路网中的节点和边信息
nodes, edges = ox.graph_to_gdfs(G, nodes=True, edges=True)
```

```
edges = edges[['geometry']].reset_index()  # 仅保留几何信息，并重置索引
edges
```

结果如图4.33所示。

	u	v	key	geometry
0	266992397	8244777843	0	LINESTRING (114.10450 22.54050, 114.10449 22.5...
1	266992397	1126423002	0	LINESTRING (114.10450 22.54050, 114.10451 22.5...
2	266992397	3583682986	0	LINESTRING (114.10450 22.54050, 114.10456 22.5...
3	266992397	8244777741	0	LINESTRING (114.10450 22.54050, 114.10452 22.5...
4	8244777843	266992397	0	LINESTRING (114.10448 22.54058, 114.10449 22.5...
...	...	...	...	...
87738	10833930934	10839858430	0	LINESTRING (113.80791 22.70365, 113.80811 22.7...
87739	10839844208	10833930936	0	LINESTRING (113.80726 22.70064, 113.80709 22.7...
87740	10839844208	10839858430	0	LINESTRING (113.80726 22.70064, 113.80739 22.7...
87741	10839844208	10839844209	0	LINESTRING (113.80726 22.70064, 113.80726 22.7...
87742	10839844209	10839844208	0	LINESTRING (113.80727 22.70070, 113.80726 22.7...

87743 rows × 4 columns

图4.33 近邻匹配的路网数据

接下来，使用 tbd.ckdnearest_line()方法对轨迹数据进行路网的近邻匹配：

```
# 近邻匹配
move_points = tbd.ckdnearest_line(move_points,edges_proj)
move_points
```

结果如图 4.34所示。

	id	lon	lat	time	speed	moveid	geometry_x	dist	index	u	v	key	geometry_y
0	0	114.031799	22.524799	2014-10-22 02:54:30	42.0	0.0	POINT (114.03180 22.52480)	0.000077	39941	8071647109	8071647094	0	LINESTRING (114.03109 22.52387, 114.03120 22.5...
1	0	114.031898	22.525101	2014-10-22 03:32:46	35.0	0.0	POINT (114.03190 22.52510)	0.000280	39941	8071647109	8071647094	0	LINESTRING (114.03109 22.52387, 114.03120 22.5...
2	16	114.031998	22.525101	2014-10-22 04:18:36	0.0	97.0	POINT (114.03200 22.52510)	0.000343	39941	8071647109	8071647094	0	LINESTRING (114.03109 22.52387, 114.03120 22.5...
3	22	114.031898	22.525200	2014-10-22 16:12:50	16.0	135.0	POINT (114.03190 22.52520)	0.000368	39941	8071647109	8071647094	0	LINESTRING (114.03109 22.52387, 114.03120 22.5...
4	24	114.032799	22.524500	2014-10-22 11:20:10	7.0	147.0	POINT (114.03280 22.52450)	0.001106	39941	8071647109	8071647094	0	LINESTRING (114.03109 22.52387, 114.03120 22.5...
...	...	...	...	...	...	...	...	...	...	...	...	...	...
733399	663	113.914803	22.593000	2014-10-22 10:47:57	30.0	3955.0	POINT (113.91480 22.59300)	0.000174	54629	3960545959	2464842803	0	LINESTRING (113.91554 22.59682, 113.91531 22.5...
733400	663	113.915199	22.591700	2014-10-22 10:48:27	0.0	3955.0	POINT (113.91520 22.59170)	0.000177	54629	3960545959	2464842803	0	LINESTRING (113.91554 22.59682, 113.91531 22.5...
733401	663	113.915298	22.591499	2014-10-22 10:48:59	8.0	3955.0	POINT (113.91530 22.59150)	0.000197	54629	3960545959	2464842803	0	LINESTRING (113.91554 22.59682, 113.91531 22.5...
733402	663	114.014801	22.543501	2014-10-22 14:34:13	14.0	3956.0	POINT (114.01480 22.54350)	0.000023	61673	9906911240	9906899107	0	LINESTRING (114.01477 22.54366, 114.01480 22.5...
733403	663	113.912697	22.543100	2014-10-22 20:06:20	1.0	3956.0	POINT (113.91270 22.54310)	0.000104	37683	2425146623	2290893790	0	LINESTRING (113.91311 22.54392, 113.91296 22.5...

733404 rows × 13 columns

图4.34 路网的近邻匹配结果

可以看到，返回的GeoDataFrame中，每一个轨迹点都对应上了路段，用u、v和key三个字段标识所对应的路段。同时，新增了一列 dist，该列为点到线上节点的最近距离，地理坐标系下，dist字段是由经纬度直接计算，没有实际意义，后续将重新计算。

另外，表格中还有geometry_x和geometry_y两列，分别为点数据集和线数据集的几何列，可以提取点和线的几何信息，代码如下：

```
#取出第一行数据
r = move_points.iloc[0]
point = r['geometry_x']
line = r['geometry_y']
```

结果如图 4.35所示。

轨迹点   匹配的最近路段

图4.35 轨迹点和路段的几何信息

接下来，可以通过线要素的投影（project）与插值（interpolate）方法获取轨迹点在路段上的投影点，如图 4.36所示。

图4.36 线要素的投影与插值方法

- 投影（project）：给定线和点，投影方法能够在线上找出与点最近的位置，并返回从线起点开始到该位置经过的距离。
- 插值（interpolate）：给定线和距离，插值方法能够在线上找出从线起点开始经过这一距离的所在位置点，所产生的点在线上。

投影与插值代表的是两个相反的过程，投影将地理信息要素转换为距离，而插值将距离转换为地理信息要素。如果将这两个功能结合使用，就可以为空间上任意一点找到线上最近位置，代码如下：

```
# 道路路段上距离轨迹点最近的点
nearestpoint = line.interpolate(line.project(point))
nearestpoint.x,nearestpoint.y

# 输出结果
(114.03173851437944, 22.524839428820442)
```

接下来，用这个方法对所有的轨迹点进行匹配，并用匹配到的路段上最近点的信息替换这些轨迹点的坐标，代码如下：

```
# 将最近点的提取方法封装如下
def get_nearest_point_on_line(r):
    point = r['geometry_x']
    line = r['geometry_y']
    nearestpoint = line.interpolate(line.project(point))
    return nearestpoint
# 为每一个轨迹点找到最近点的几何信息
move_points['geometry'] = move_points.apply(get_nearest_point_on_line,axis=1)
```

然后，可以通过tbd.getdistance(lon1,lat1,lon2,lat2)方法计算轨迹点到最近点的距离，这一方法需要传入起点和终点经纬度列的信息。代码如下：

```
# 计算轨迹点到最近点的距离 (m)
move_points['dist'] = tbd.getdistance(
    move_points['geometry_x'].x,
    move_points['geometry_x'].y,
    move_points['geometry'].x,
    move_points['geometry'].y)
move_points['dist']

# 输出结果
0            7.668503
1            1.344517
2            7.418736
3            7.143083
4          112.813970
              ...
733399       0.627588
733400       1.218759
733401       0.636735
733402       1.639294
733403      10.156468
Name: dist, Length: 733404, dtype: float64
```

此时，dist列存储的是每一个轨迹点到最近路段上最近点的距离。可以设定一定的阈值，将距离大于阈值的点剔除以减少误匹配的情况，这一步骤也可以作为轨迹预处理中的一部分。

接下来，再整理好轨迹数据的信息：

```
# 提取经纬度信息
move_points['lon'] = move_points['geometry'].x
move_points['lat'] = move_points['geometry'].y
# 删除无用的字段
move_points = move_points.drop(['index','geometry_x','geometry_y'],axis = 1)
move_points
```

结果如图 4.37所示。

	id	lon	lat	time	speed	moveid	dist	u	v	key	geometry
0	0	114.031739	22.524839	2014-10-22 02:54:30	42.0	0.0	7.668503	8071647109	8071647094	0	POINT (114.03174 22.52484)
1	0	114.031909	22.525094	2014-10-22 03:32:46	35.0	0.0	1.344517	8071647109	8071647094	0	POINT (114.03191 22.52509)
2	16	114.031939	22.525140	2014-10-22 04:18:36	0.0	97.0	7.418736	8071647109	8071647094	0	POINT (114.03194 22.52514)
3	22	114.031954	22.525162	2014-10-22 16:12:50	16.0	135.0	7.143083	8071647109	8071647094	0	POINT (114.03195 22.52516)
4	24	114.031909	22.525095	2014-10-22 11:20:10	7.0	147.0	112.813970	8071647109	8071647094	0	POINT (114.03191 22.52509)
...	...	...	...	...	...	...	...	...	...	...	...
733399	663	113.914797	22.592999	2014-10-22 10:47:57	30.0	3955.0	0.627588	3960545959	2464842803	0	POINT (113.91480 22.59300)
733400	663	113.915189	22.591695	2014-10-22 10:48:27		3955.0	1.218759	3960545959	2464842803	0	POINT (113.91519 22.59169)
733401	663	113.915293	22.591496	2014-10-22 10:48:59	8.0	3955.0	0.636735	3960545959	2464842803	0	POINT (113.91529 22.59150)
733402	663	114.014816	22.543506	2014-10-22 14:34:13	14.0	3956.0	1.639294	9906911240	9906899107	0	POINT (114.01482 22.54351)
733403	663	113.912793	22.543079	2014-10-22 20:06:20	1.0	3956.0	10.156468	2425146623	2290893790	0	POINT (113.91279 22.54308)

733404 rows × 11 columns

图4.37　近邻匹配后的轨迹信息

　　至此，轨迹点就已经成功地匹配到了最近的路段上，TransBigData也为上述的匹配过程提供了tbd.traj_mapmatch()方法，代码如下：

```
move_points = pd.read_csv(r'./Data/move_points.csv')    # 读取轨迹点数据
G = ox.load_graphml('Data/shenzhen.graphml')           # 读取路网文件
move_points = tbd.traj_mapmatch(move_points,G)
# 用TransBigData将轨迹点匹配至最近路段
move_points
```

　　结果与图4.37一致。

　　接下来，可以统计一下每条路段一共有多少出行数量经过，并进行可视化。首先，对路段统计经过的出行数量。

```
# 统计每条路段的出行数量
trajcount = move_points[['u','v','key','mov
eid']].groupby(['u','v','key'])['moveid'].
count().rename('tripcount').reset_index()
trajcount
```

	u	v	key	tripcount
0	266992397	1126423002	0	29
1	266992397	3583682986	0	49
2	266992397	8244777741	0	18
3	266999627	267001102	0	1
4	266999627	6842596346	0	8
...	...	...	...	...
23311	10197195701	8229753888	0	6
23312	10197195701	10197195708	0	1
23313	10197195709	10197195715	0	3
23314	10197195715	8229753977	0	2
23315	10220939929	7340209605	0	1

23316 rows × 4 columns

图4.38　路段的出行数量

　　结果如图4.38所示。

　　接下来，将路段的出行数量与路段的地理信息合并，然后进行可视化：

```
# 将路段的地理信息与路段的出行数量合并
trajcount = pd.merge(edges.reset_index(),trajcount,on=['u','v','key'])
# 按照出行数量排序，从小到大，绘图时将出行数量大的路段绘制在上面
trajcount = trajcount.sort_values(by='tripcount',ascending=True)
# 可视化
import matplotlib.pyplot as plt
plt.rcParams['font.sans-serif'] = ['SimHei']   # 指定默认字体为SimHei
plt.rcParams['axes.unicode_minus'] = False
# 解决保存图像时负号'-'显示为方块的问题
fig = plt.figure(1, (12, 5), dpi=300)          # 创建一个画布
ax = plt.subplot(111)                          # 创建一个子图
bounds = [113.75, 22.43, 114.32, 22.73]        # 设置地图范围
tbd.plot_map(plt, bounds=bounds, style=11)     # 绘制地图底图
# 绘制路段的出行数量
trajcount.plot(ax=ax,
               column='tripcount',             # 指定tripcount列为颜色分类列
               cmap='Reds',                    # 指定颜色分类的颜色
               vmax=150,                       # 指定色条的最大值
               vmin=0,                         # 指定色条的最小值
               lw=0.5,                         # 指定线宽
               legend=True,                    # 显示图例
               legend_kwds={'label': "轨迹数", 'orientation': "vertical"})
               # 指定图例的标签和方向
# 绘制比例尺
tbd.plotscale(ax,
              bounds=bounds,                   # 指定地图的范围
              textsize=10,                     # 指定比例尺的字体大小
```

```
                compasssize=1,               # 指定指南针的大小
                accuracy=2000,               # 指定比例尺的精度
                rect=[0.06, 0.05])           # 指定比例尺的位置
plt.axis('off')                              # 关闭坐标轴
plt.xlim(bounds[0], bounds[2])               # 设置x轴范围
plt.ylim(bounds[1], bounds[3])               # 设置y轴范围
plt.show()
```

结果如图4.39所示。

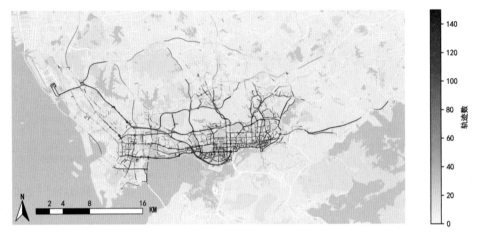

图4.39　路段的出行数量可视化

4.3　基于最短路径的路网匹配

在稀疏的轨迹数据中，每相邻两个轨迹点可能采样时间间隔较长，地理空间上相隔几公里，因此无法获得轨迹经过的准确路径。使用前面介绍的OSMnx最短路径匹配方法，我们可以实现稀疏轨迹数据下的路网匹配。我们需要将每两个相邻的轨迹点视为起点和终点，并使用OSMnx最短路径匹配方法推断它们之间的路径。然后，将这些路径组合起来，形成一条完整的出行路径。

接下来，将介绍如何实现这个方法。首先，需要读取路网信息和轨迹信息。以下是相应的代码：

```
import pandas as pd
import geopandas as gpd
# 读取graphml文件
G = ox.load_graphml('Data/shenzhen.graphml')
# 读取轨迹点数据
move_points = pd.read_csv(r'./Data/move_points.csv')
move_points['geometry'] = gpd.points_from_xy(move_points['lon'], move_points['l
at'])                                              # 构建geometry
move_points = gpd.GeoDataFrame(move_points)        # 转换为GeoDataFrame
move_points['time'] = pd.to_datetime(move_points['time'])# 转换时间格式
```

这里，我们读取进来的轨迹数据的GPS点较为密集，为了更好地测试效果，我们利用 transbigdata包中的 tbd.traj_sparsify()方法将其采样间隔调整为每隔10分钟采样一个点，代码如下：

```
import transbigdata as tbd
# 轨迹稀疏化
move_points_sparsified = tbd.traj_sparsify(move_points, col=['moveid', 'time','x',
'y'],timegap = 600)# 10分钟采样一次
```

接着，选取一个tripid，将其稀疏化前后的轨迹进行可视化，代码如下：

```
# 选择一个tripid
tripid = 3
# 选择该tripid的轨迹（稀疏化前）
traj = move_points[move_points['moveid']==tripid].copy()
# 选择该tripid的轨迹（稀疏化后）
traj_sparsified = move_points_sparsified[move_points_sparsified['moveid']==
tripid].copy()
# matplotlib绘制两个子图,title分别为稀疏前和稀疏后
import matplotlib.pyplot as plt
plt.rcParams['font.sans-serif'] = ['SimHei']        # 指定默认字体为SimHei
plt.rcParams['axes.unicode_minus'] = False
# 解决保存图像时负号'-'显示为方块的问题
fig, ax = plt.subplots(2,1, figsize=(8, 6),dpi=300) # 画出两个子图
# 画出稀疏前的轨迹
traj.plot(ax=ax[0])
ax[0].set_title('轨迹稀疏前')
# 画出稀疏后的轨迹
traj_sparsified.plot(ax=ax[1])
ax[1].set_title('轨迹稀疏后')
plt.show()
```

结果如图4.40所示。

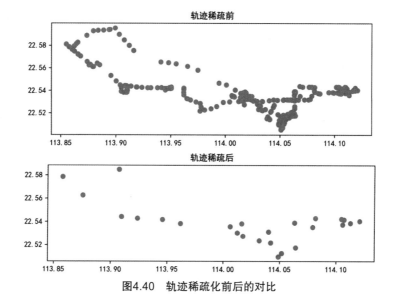

图4.40　轨迹稀疏化前后的对比

为了对稀疏化后的轨迹数据进行路径推断，我们需要将轨迹点之间的连线作为轨迹段，然后为每一段轨迹推断出行路径。轨迹段生成的代码如下：

```
traj_match = traj_sparsified.copy()    # 复制一份轨迹数据，用于后续匹配
# 为轨迹数据添加下一时刻的坐标
traj_match['lon_next'] = traj_match['lon'].shift(-1)
traj_match['lat_next'] = traj_match['lat'].shift(-1)
traj_match = traj_match.iloc[:-1,:]  # 删除最后一行
traj_match
```

结果如图4.41所示。

	id	lon	lat	time	speed	moveid	geometry	lon_next	lat_next
484	0	114.005997	22.535700	2014-10-22 11:37:57	14.0	3.0	POINT (114.00600 22.53570)	114.016098	22.538200
487	0	114.016098	22.538200	2014-10-22 11:40:14	9.0	3.0	POINT (114.01610 22.53820)	114.031898	22.523500
500	0	114.031898	22.523500	2014-10-22 11:50:03	11.0	3.0	POINT (114.03190 22.52350)	114.048798	22.509701
513	0	114.048798	22.509701	2014-10-22 12:00:24	3.0	3.0	POINT (114.04880 22.50970)	114.051498	22.512699
525	0	114.051498	22.512699	2014-10-22 12:10:13	7.0	3.0	POINT (114.05150 22.51270)	114.062798	22.538900
538	0	114.062798	22.538900	2014-10-22 12:20:34	0.0	3.0	POINT (114.06280 22.53890)	114.042000	22.521601
549	0	114.042000	22.521601	2014-10-22 12:31:26	0.0	3.0	POINT (114.04200 22.52160)	114.063698	22.517500
563	0	114.063698	22.517500	2014-10-22 12:41:19	6.0	3.0	POINT (114.06370 22.51750)	114.017303	22.527399
571	0	114.017303	22.527399	2014-10-22 12:50:13	52.0	3.0	POINT (114.01730 22.52740)	113.907402	22.584801
583	0	113.907402	22.584801	2014-10-22 13:00:09	46.0	3.0	POINT (113.90740 22.58480)	113.857803	22.578501
595	0	113.857803	22.578501	2014-10-22 13:10:34	23.0	3.0	POINT (113.85780 22.57850)	113.875397	22.562599
607	0	113.875397	22.562599	2014-10-22 13:21:10	22.0	3.0	POINT (113.87540 22.56260)	113.909599	22.544201
617	0	113.909599	22.544201	2014-10-22 13:30:26	0.0	3.0	POINT (113.90960 22.54420)	113.923599	22.542801
632	0	113.923599	22.542801	2014-10-22 13:40:28	36.0	3.0	POINT (113.92360 22.54280)	113.945801	22.541800
644	0	113.945801	22.541800	2014-10-22 13:52:53	8.0	3.0	POINT (113.94580 22.54180)	113.961800	22.538300
653	0	113.961800	22.538300	2014-10-22 14:00:30	7.0	3.0	POINT (113.96180 22.53830)	114.012199	22.530300
667	0	114.012199	22.530300	2014-10-22 14:10:42	17.0	3.0	POINT (114.01220 22.53030)	114.079102	22.535200
681	0	114.079102	22.535200	2014-10-22 14:20:28	15.0	3.0	POINT (114.07910 22.53520)	114.112801	22.538601
693	0	114.112801	22.538601	2014-10-22 14:31:15	0.0	3.0	POINT (114.11280 22.53860)	114.107002	22.541599
705	0	114.107002	22.541599	2014-10-22 14:40:53	0.0	3.0	POINT (114.10700 22.54160)	114.104698	22.542200
717	0	114.104698	22.542200	2014-10-22 14:50:50	0.0	3.0	POINT (114.10470 22.54220)	114.121399	22.540300
721	0	114.121399	22.540300	2014-10-22 15:02:25	12.0	3.0	POINT (114.12140 22.54030)	114.105797	22.537399
731	0	114.105797	22.537399	2014-10-22 15:10:21	19.0	3.0	POINT (114.10580 22.53740)	114.081703	22.542900
742	0	114.081703	22.542900	2014-10-22 15:20:27	0.0	3.0	POINT (114.08170 22.54290)	114.040199	22.531099

图4.41 稀疏化后轨迹段的信息

其中，每一行数据代表一段轨迹，x和y分别代表该段轨迹的起点坐标，x_next和y_next分别代表该段轨迹的终点坐标。接下来，取出第一条轨迹段与路网进行匹配，代码如下：

```
# 选择第一条轨迹，获取起点和终点坐标，找到最短路径
x = traj_match.iloc[0]['lon']
y = traj_match.iloc[0]['lat']
x_next = traj_match.iloc[0]['lon_next']
y_next = traj_match.iloc[0]['lat_next']
# 由给定的坐标获取最近节点
orig = ox.distance.nearest_nodes(G, X=x, Y=y)
dest = ox.distance.nearest_nodes(G, X=x_next, Y=y_next)
# 找到最短路径
route = ox.shortest_path(G, orig, dest, weight="length")
route

# 输出结果
[5517945250, 498497464, 498497407, 498497460, 5981068398, ...
```

这样，我们就得到了第一条轨迹段的最短路径。接下来，我们将每一条轨迹段都与路网进行匹配，然后将匹配结果连接起来，得到完整的路径。需要注意的是，由于每一条轨迹段匹配时，输出的结果是其经过的节点osmid序列，因此在下一条轨迹段匹配时，路径上的第一个节点是上一条轨迹段路径上的最后一个节点。因此，除了第一条轨迹段外，后续的轨迹段需要将其第一个节点去掉，以避免重复。代码如下：

```
# 创建一个空列表，用于存储路径
routes = []
for i in range(len(traj_match)):
    x = traj_match.iloc[i]['lon']
    y = traj_match.iloc[i]['lat']
    x_next = traj_match.iloc[i]['lon_next']
    y_next = traj_match.iloc[i]['lat_next']
    # 由给定的坐标获取最近节点
    orig = ox.distance.nearest_nodes(G, X=x, Y=y)
    dest = ox.distance.nearest_nodes(G, X=x_next, Y=y_next)
    # 找到最短路径
    route = ox.shortest_path(G, orig, dest, weight="length")
    if i == 0:
        routes = route                # 第一条轨迹段的路径
    else:
        routes += route[1:]           # 连接后续轨迹段的路径
# 画出路径匹配的结果
ox.plot_graph_route(G,routes,node_size = 0)
```

结果如图 4.42所示。

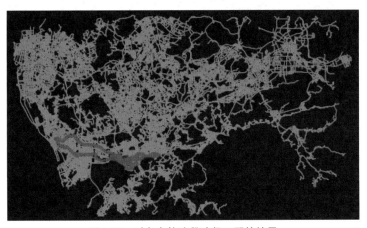

图4.42　对多个轨迹段路径匹配的结果

接下来，将路径匹配的结果与轨迹数据进行对比，以验证路径匹配的正确性。代码如下：

```
# 获取与路径相关的子路网
route_subgraph = G.subgraph(routes)
# 将子路网转换为GeoDataFrame
route_nodes, route_edges = ox.graph_to_gdfs(route_subgraph)
import matplotlib.pyplot as plt
```

```
plt.rcParams['font.sans-serif'] = ['SimHei']      # 指定默认字体为SimHei
plt.rcParams['axes.unicode_minus'] = False
# 解决保存图像时负号'-'显示为方块的问题
fig = plt.figure(1, (8, 5), dpi=300)              # 创建一个画布
ax = plt.subplot(111)                             # 创建一个子图
bounds = route_edges.unary_union.buffer(0.01).bounds  # 设置地图范围
tbd.plot_map(plt, bounds=bounds, style=12)        # 绘制地图底图
# 绘制轨迹匹配的路段
route_edges.plot(ax=ax, color='r', linewidth=2, zorder=2, label="匹配的出行路径")
# 画出稀疏前的轨迹
traj.plot(ax=ax, markersize=8, color='green', zorder=3, label="稀疏前的轨迹")
# 绘制轨迹点
traj_sparsified.plot(ax=ax, markersize=25, color='white', zorder=3, label="稀疏后的轨迹")
ax.legend() # 显示图例，即前面三个GeoDataFrame绘制中的label参数
plt.axis('off')                                   # 关闭坐标轴
plt.xlim(bounds[0], bounds[2])    # 设置x轴范围
plt.ylim(bounds[1], bounds[3])    # 设置y轴范围
plt.show()
```

结果如图4.43所示。

图4.43　轨迹匹配的结果与轨迹数据对比

从图4.43可以看出，路径匹配的结果与轨迹数据基本吻合，说明路径匹配的结果较好。

4.4　基于隐马尔可夫模型的路网匹配

4.4.1　隐马尔可夫模型

轨迹点路径的推断主要通过匹配一系列连续的轨迹点与路网，从而推导出一条完整的路径。在这个领域中，隐马尔可夫模型（Hidden Markov Model，HMM）被广泛应用。然而，为了更好地理解HMM，首先应当理解其基础——马尔可夫链（Markov chain）的基本概念。

马尔可夫链是一种数学模型，它描述了一系列事件的转移过程，基于一个被称为马尔可夫性质的特点。在马尔可夫链中，每个事件的发生只依赖于前一个事件的状态，而

与之前的事件无关。

举个例子，图 4.44展示的是一个人在一天中吃饭、睡觉与学习三种状态之间的转移关系（Transition），用一个具有边和节点的网络表示。节点代表状态，边则表示状态之间的转移，边上的数字表示转移的概率。在任何时刻，这个人可能处于这三种状态中的任何一种，而他在下一个时刻的状态，仅与上一个时刻的状态有关。例如，如果在上一个时刻处于吃饭状态，那么在下一个时刻，有0.1的概率继续吃饭，0.2的概率睡觉，0.7的概率学习。再到下一个时刻，他的状态又只与当前时刻的状态有关。通过这种方式，马尔可夫链可以描述一个人一天的状态转移过程。

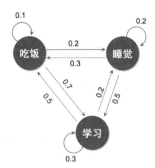

图4.44 马尔可夫链示例

HMM模型是马尔可夫链的一个扩展，包含两个主要的部分：隐藏状态和观测结果。在HMM中，只能观测到系统的输出，而无法直接观测到系统的内部状态。例如，一个人的吃饭、睡觉、学习是三种隐藏状态，无法直接观测到。但是，通过一些可以观测到的情况，如这个人的精神状态是好还是差，可以推测出他的隐藏状态。以图 4.45所示为例，加粗的边表示隐藏状态到观测结果之间的转移，也叫作发射（Emission）。例如，人在吃饭状态下，有0.7的概率会让大家观测到精神状态差，有0.3的概率会观测到精神状态好。如果在当前时刻观测到精神状态差，下个时刻观测到精神状态好，再下个时刻又观测到精神状态一般，那么就可以推测出，这个人很可能经历了吃饭—睡觉—学习的过程。这正是HMM模型所要解决的问题。

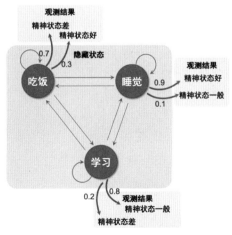

图4.45 隐马尔可夫模型示例

要使用HMM解决路网匹配问题，可以将路网中的路段视为隐藏状态，将GPS轨迹点视为观测结果。GPS轨迹数据包含一系列时序的观测点，这些观测点可能存在误差，如噪声、信号丢失等，这也导致不同路段（隐藏状态）上产生不同GPS点（观测结果）的概率不同。模型求解的目标是找到一条最有可能的路线（隐藏状态的序列），使得该路线上的路段与观测点序列相匹配的概率最大，如图4.46所示。

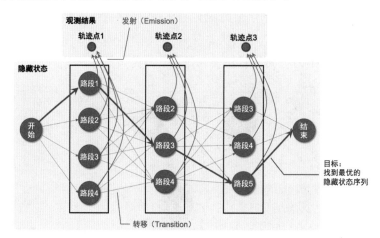

图4.46　路网匹配的隐马尔可夫模型

在HMM中，需要考虑两种过程：转移（Transition）和发射（Emission）。转移指的是从一个隐藏状态转移到另一个隐藏状态的概率，即从一个路段到另一个路段的概率；发射指的是在给定隐藏状态的情况下，观测到某个特定输出的概率，即在某个路段上观测到某个GPS点的概率。

4.4.2　简化的路网匹配隐马尔可夫模型实现

接下来，用一个简化版本的HMM模型来解释路网匹配的过程。

```
import osmnx as ox
import pandas as pd
import geopandas as gpd
import transbigdata as tbd
from shapely.geometry import Point, LineString
traj = pd.read_csv('Data/traj2.csv')
traj
```

结果如图4.47所示。该轨迹由14个轨迹点构成。

接下来，获取轨迹附近的路网，提取其中的路段，并将其可视化，代码如下：

```
# 将轨迹转为GeoDataFrame
traj_gdf = gpd.GeoDataFrame(geometry=[traj])
# 抓取轨迹范围附近的路网
west, south, east, north = traj.buffer(0.01).bounds
G = ox.graph_from_bbox(north, south, east, west)
```

```
# 提取路网的最大强连通子图
G = ox.utils_graph.get_largest_component(G,
                                          strongly=True  # 是否强连通
                                          )

# 将路网转换为路段的 GeoDataFrame
nodes, edges = ox.graph_to_gdfs(G)
edges.reset_index(inplace=True)
# 可视化轨迹和路网
import matplotlib.pyplot as plt
fig = plt.figure(1,(5,5),dpi=300)
ax = plt.subplot(111)
edges.plot(ax = ax,color='grey',linewidth=0.1)        # 绘制路段
traj_gdf.plot(ax = ax,color='red',linewidth=1)        # 绘制轨迹
plt.show()
```

结果如图 4.48 所示。

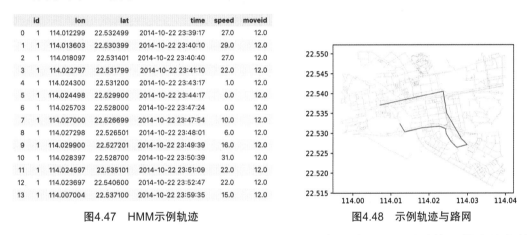

	id	lon	lat	time	speed	moveid
0	1	114.012299	22.532499	2014-10-22 23:39:17	27.0	12.0
1	1	114.013603	22.530399	2014-10-22 23:40:10	29.0	12.0
2	1	114.018097	22.531401	2014-10-22 23:40:40	27.0	12.0
3	1	114.022797	22.531799	2014-10-22 23:41:10	22.0	12.0
4	1	114.024300	22.531200	2014-10-22 23:43:17	1.0	12.0
5	1	114.024498	22.529900	2014-10-22 23:44:17	0.0	12.0
6	1	114.025703	22.528000	2014-10-22 23:47:24	0.0	12.0
7	1	114.027000	22.526699	2014-10-22 23:47:54	10.0	12.0
8	1	114.027298	22.526501	2014-10-22 23:48:01	6.0	12.0
9	1	114.029900	22.527201	2014-10-22 23:49:39	16.0	12.0
10	1	114.028397	22.528700	2014-10-22 23:50:39	31.0	12.0
11	1	114.024597	22.535101	2014-10-22 23:51:09	22.0	12.0
12	1	114.023697	22.540600	2014-10-22 23:52:47	22.0	12.0
13	1	114.007004	22.537100	2014-10-22 23:59:35	15.0	12.0

图4.47 HMM示例轨迹   图4.48 示例轨迹与路网

接下来，为了方便后续的地图匹配，我们定义一个方法，可以通过输入某个给定的坐标点以及给定的距离范围，从路网中提取出在距离范围内的所有路段，代码如下：

```
def get_near_roads(edges, x, y, t=100):
    '''
    在路网中,获取距离点(x,y)小于t的所有边

    参数
    ----
    edges: GeoDataFrame
        路网的边
    x: float
        点的x坐标
    y: float
        点的y坐标
    t: float
        距离阈值

    返回
    ----
    near_edges: DataFrame
```

```
    距离点(x,y)小于t的所有边
    '''
    p = Point(x, y)
    near_roads = []
    for index, row in edges.iterrows():
        # 获取路段的几何信息
        l = row["geometry"]
        # 获取路段上距离输入点最近处的点
        p2 = l.interpolate(l.project(p))
        # 计算距离
        d = tbd.getdistance(x, y, p2.x, p2.y)
        # 如果距离小于t,记录下来
        if d < t:
            near_roads.append({
                "id": index,   # 路段编号
                "distance": d,# 路段离给定点的距离
                "u": row["u"],# 路段起点节点的osmid
                "v": row["v"],# 路段终点节点的osmid
            })
    near_roads = pd.DataFrame(near_roads)
    return near_roads
```

然后，测试一下这一方法，将路网信息、节点的经纬度与距离输入此方法，筛选出距离该点100m内的所有路段信息：

```
# 为轨迹中的第一个点匹配路网
p_index = 0
(x,y) = traj.coords[p_index]
state = get_near_roads(edges,x,y,t = 100)
state['id'] = str(p_index)+'_'+state['id'].astype(str)
state
```

结果如图 4.49所示。其中，我们将路段的编号进行了修改，变成了轨迹点编号_路段编号的形式。所得到的表就是我们应该为HMM添加的状态表。

	id	distance	u	v
0	0_21	75.709126	498491735	5281990485
1	0_22	7.323641	498491735	498497533
2	0_23	29.152951	498491735	498491736
3	0_24	63.900031	498491736	498491733
4	0_54	5.076664	498497533	498493255
5	0_55	6.214159	498497533	498497596
6	0_609	86.561380	2460129078	498491735
7	0_1228	88.415652	5281990485	5281990488
8	0_1230	88.415652	5281990488	5281990485

图4.49　给定点100m内的路段

根据图 4.46所提到的HMM结构，前面所识别的每个路段都可以视为HMM中的一个节点，而节点与节点之间的权重则可以视为HMM中的转移概率。

在本文的案例中，为了简化模型考虑，方便我们理解模型路网匹配的细节。我们用出行距离替代概率作为权重，将两两节点之间的边权重设置为发射权重与转移权重之和。这样在求解HMM时，即可使用最短路径法进行求解。

接下来，在Python中使用networkx包来构建HMM。需要初始化一个有向图，然后将

每个轨迹点对应的隐藏状态作为节点添加到有向图中，再为两两隐藏状态添加带有权重的边。

首先，初始化有向图：

```python
import networkx as nx
# 初始化状态转移图
markov_chain = nx.DiGraph() # 创建有向图
```

然后，定义三个工具方法，分别用于计算边权重、添加边和添加节点：

```python
def get_weight(node1,node2):
    # 计算马尔可夫链上两个节点之间的权重
    if (node1['id']=='start')|(node2['id']=='end'):
        return 0
    # 计算发射权重(点在该线上的可能性)
    emission_weight = node1.distance
    # 计算转移权重(从前一个状态转移到该状态的可能性)
    if (node1['u'] == node2['u']) & (node1['v'] == node2['v']):
        # 如果两个点在同一条边上,那么转移的距离为0
        distance = 0
    else:
        try:
            # 如果两个点之间有路径,那么转移的距离为两者之间路径的长度
            graph_path = nx.dijkstra_path(G, node1['v'], node2['u'], weight=
"length")
            distance = sum([G[u][v][0]["length"] for u, v in zip(graph_path[:
-1], graph_path[1:])])
        except:
            # 如果两个点之间没有路径,则将转移的距离设为一个很大的值
            distance = 1000000
    transition_weight = distance
    # 返回总权重
    return emission_weight + transition_weight
def add_markov_chain_edges(markov_chain,state_df1,state_df2):
    # 输入两个隐藏状态表,则对两个表中的记录两两之间计算权重,并为马尔可夫链添加边
    for i,node1 in state_df1.iterrows():
        for j,node2 in state_df2.iterrows():
            weight = get_weight(node1,node2)# 计算权重
            markov_chain.add_edge(node1['id'],node2['id'],weight = weight)
    return markov_chain
def add_markov_chain_nodes(markov_chain,state_df):
    # 输入一个隐藏状态表,将每个状态作为马尔可夫链中的节点,并为节点添加属性
    for index, row in state_df.iterrows():
        node_id = row['id']  # 获取节点名称
        attributes = row[['distance', 'u', 'v']].to_dict()
        # 获取节点属性
        # 将节点添加到图中
        markov_chain.add_node(node_id, **attributes)
        # **attributes语法用于将属性作为关键字参数添加
    return markov_chain
```

接着，我们对照图 4.46，为HMM添加起始节点、每一轨迹对应的隐藏状态节点和终止节点如下：

```python
# 添加起点状态
start_state = pd.DataFrame({'id':['start'],'distance':[0],'u':['start'],'v':['start']})
markov_chain = add_markov_chain_nodes(markov_chain,start_state)
# 为轨迹中的每个点生成状态，并添加到状态转移图中
last_state = start_state
for p_index in range(0,len(traj.coords)):
    # 获得该轨迹点的状态
    (x,y) = traj.coords[p_index]
    current_state = get_near_roads(edges,x,y,t = 100)
    current_state['id'] = str(p_index)+'_'+current_state['id'].astype(str)
    # 将状态节点与边添加到状态转移图中
    markov_chain = add_markov_chain_nodes(markov_chain,current_state)
    markov_chain = add_markov_chain_edges(markov_chain,last_state,current_state)
    last_state = current_state
# 添加终点状态
end_state = pd.DataFrame({'id':['end'],'distance':[0],'u':['end'],'v':['end']})
markov_chain = add_markov_chain_nodes(markov_chain,end_state)
markov_chain = add_markov_chain_edges(markov_chain,last_state,end_state)
```

这样，我们就为这一条轨迹构建了一个HMM模型。接下来，可以使用networkx包中的dijkstra_path()方法来计算最短路径，找到最优的隐藏状态序列：

```python
calculated_path = nx.dijkstra_path(markov_chain, 'start', 'end', weight='weight')
calculated_path

#输出结果
['start', '0_54', '1_92', '2_1193', '3_1186', '4_1404', '5_1053', '6_2493',
'7_461', '8_436', '9_2910', '10_89', '11_2520', '12_1798', '13_1253', 'end']
```

将上面的结果提取出路段的编号序列，就是路网匹配结果：

```python
calculated_path_trimmed = [int(i.split('_')[1]) for i in calculated_path[1:-1]]
calculated_path_trimmed

#输出结果
[54, 92, 1193, 1186, 1404, 1053, 2493, 461, 436, 2910, 89, 2520, 1798, 1253]
```

最后，可以基于上面的路段序列，补全出行轨迹，再将匹配结果可视化：

```python
# 出行轨迹路段补全
path_edges = []
for index in calculated_path_trimmed:
    row = edges.loc[index]
    # 如果是第一个点，直接添加
    if len(path_edges) == 0:
        path_edges.append(row)
    else:
```

```
        # 如果不是第一个点，检查是否需要添加中间点
        # 如果上一个点的终点v与当前点的起点u相同，那么不需要添加中间路段
        last_edge = path_edges[-1]
        if last_edge["v"] == row["u"]:
            path_edges.append(row)
        else:
            # 如果上一个点的终点v与当前点的起点u不同，那么需要添加中间路段
            intermediate_path = nx.dijkstra_path(G, last_edge.v, row["u"],
weight="length")
            # 将所有中间路段添加到path_edges中
            for ip_id_from, ip_id_to in zip(intermediate_path[:-1], intermediate_
path[1:]):
                mask_1 = edges["u"] == ip_id_from
                mask_2 = edges["v"] == ip_id_to
                ip_row = edges[mask_1 & mask_2].head(1).squeeze()
                path_edges.append(ip_row)
# 获得匹配结果
matched_path = gpd.GeoDataFrame(path_edges)
# 将匹配结果可视化
import matplotlib.pyplot as plt
plt.rcParams['font.sans-serif'] = ['SimHei']
fig = plt.figure(1,(5,5),dpi=300)
ax = plt.subplot(111)
edges.plot(ax = ax,color='grey',linewidth=0.1)#绘制路网
traj_gdf.plot(ax = ax,color='red',linewidth=1,label='原始轨迹')
matched_path.plot(ax = ax,color='blue',linewidth=1,label='匹配轨迹')
plt.legend()
plt.show()
```

结果如图 4.50所示。

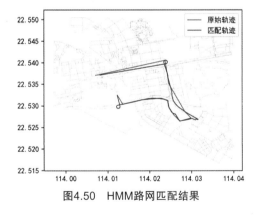

图4.50　HMM路网匹配结果

上述的方法成功地利用简化的HMM模型对一条轨迹进行了路网匹配。然而，前面展示的方法是HMM模型进行路网匹配下最为简单的一种形式，它的缺点也非常明显：

● 计算量巨大。在轨迹数量增多时，一方面需要进行大量的距离匹配运算，另一方面需要构建的马尔可夫链的状态数也会大幅增加，导致计算量呈指数级增长。

● 没有考虑轨迹漂移的问题。每一轨迹点都必须对应一个路段，而这一路段也必须被考虑到最终的匹配结果中，这种情况下如果出现漂移的轨迹，将不可避免地影

响到最终的匹配结果。

● 没有进行冗余处理。如果轨迹点的采样频率过高，匹配结果中将会出现大量的冗余路段。

4.4.3　基于 leuvenmapmatching 的路网匹配

前面的讨论简单实现了路网匹配算法，但仍存在一些缺陷。在Python中，leuvenmapmatching包提供了一个基于HMM算法的路网匹配方法。leuvenmapmatching算法采用的模型在HMM中引入了非发射状态（Non-Emitting States，NESTs）的概念。与前面提到的普通隐藏状态不同的是，非发射状态不会直接产生观测数据。

地图匹配算法需要在不连续的轨迹点之间找到合适的道路序列。然而，当轨迹数据的采样率较低或者出现轨迹漂移的情况时，非发射状态可以发挥一定的作用，它们可以插入到正常状态之间，帮助算法更好地对齐轨迹点与道路序列。在地图匹配问题中，非发射状态代表没有直接与GPS坐标匹配的道路段。非发射状态可以组成一条连接正常发射状态的路径，以便在不直接产生观测数据的情况下，找到与输入轨迹最匹配的道路序列。非发射状态的引入使地图匹配算法能够更准确地处理稀疏采样数据，提高地图匹配的准确性和鲁棒性。

下面将简要介绍如何使用leuvenmapmatching工具，并在实际轨迹数据上进行演示。为了更精确地设置距离参数，需要在投影坐标系下设定距离参数，单位为米。因此，首先需要读取轨迹点数据，然后将其坐标系从WGS84转换为北京54投影坐标系。

```
# 读取轨迹点数据并转换为GeoDataFrame，将坐标系从WGS84转换为北京54投影坐标系
import pandas as pd
import geopandas as gpd
move_points = pd.read_csv(r'./Data/move_points.csv')
move_points['geometry'] = gpd.points_from_xy(move_points['lon'], move_points['lat'])
move_points = gpd.GeoDataFrame(move_points)
move_points.crs = {'init':'epsg:4326'} # 定义初始坐标系为WGS84坐标系
move_points = move_points.to_crs(2416)
# 北京54投影坐标系，适用范围在东经118° 30′ ~ 121° 30′之间
```

接下来，读取路网数据，同样将坐标系转换为北京54投影坐标系，并在leuvenmapmatching包中构建路网：

```
# 读取路网
import osmnx as ox
G = ox.load_graphml('data/shenzhen.graphml')
# 转换路网的坐标系
G_p = ox.project_graph(G, to_crs=2416)
# 获取路网中的节点和边信息
nodes_proj, edges_proj = ox.graph_to_gdfs(G_p, nodes=True, edges=True)
edges_proj = edges_proj.reset_index().drop_duplicates(subset=['u', 'v'],
```

```
keep='first').set_index(['u', 'v','key'])          # 连接两个节点只保留一条边
# 将路网输入路网匹配工具
from leuvenmapmatching.map.inmem import InMemMap
# 在路网匹配工具中构建路网
map_con = InMemMap(name='test', use_latlon=False)
for node_id, row in nodes_proj.iterrows():
    # 将节点添加到路网中
    map_con.add_node(node_id, ( row['y'],row['x']))# 先y后x
for node_id_1, node_id_2, _ in G_p.edges:
    # 将边添加到路网中
    map_con.add_edge(node_id_1, node_id_2)
```

需要注意的是，在创建路网时，路网对象中存储的是每条路段的起点和终点节点的地理信息，在leuvenmapmatching进行路网匹配时，会将轨迹点匹配至每条路段的起终点，而不是路段上离轨迹点最近的节点。

为了进行地图匹配，我们需要创建一个匹配器 DistanceMatcher，并设定HMM模型的参数。

```
# 创建距离匹配器
from leuvenmapmatching.matcher.distance import DistanceMatcher
matcher = DistanceMatcher(
    map_con,                       # 要连接到地图数据库的地图对象
    obs_noise=1000,                # 轨迹噪声距离的标准差
    obs_noise_ne=1000,             # 非发射状态的噪声标准差
    max_dist_init=1000,            # 距起始位置的最大距离 (m)
    max_dist=1000,                 # 与路径的最大距离 (m)
    min_prob_norm=0.0001,          # 观测值的最小归一化概率，较大的值可能导致更严格的匹配结果
    non_emitting_states=True,              # 表示是否使用非发射状态
    non_emitting_length_factor=0.95,       # 减小非发射状态序列的概率
    dist_noise=1000,               # 状态之间距离与观察之间距离的差异的标准差
    max_lattice_width=20,          # 每次观测的可能候选状态 (格子) 的最大数量
)
```

其中，模型参数如表 4-4所示。

表4-4　DistanceMatcher的参数说明

参　　数	输入类型	描　　述
map_con	地图对象	用leuvenmapmatching包创建的地图对象
obs_noise	浮点数	轨迹噪声距离的标准差
obs_noise_ne	浮点数	非发射状态的噪声标准差（如果未给出，则设为obs_noise）
max_dist_init	浮点数	限制轨迹点与初始匹配路段之间的最大距离（如果未给出，则使用max_dist）
max_dist	浮点数	路径的最大距离（这是一个严格的截断，min_prob_norm可能更好）
min_prob_norm	浮点数	观测值的最小归一化概率，较大的值可能导致更严格的匹配结果

参　　数	输入类型	描　　述
non_emitting_states	布尔值	表示是否使用非发射状态，轨迹过于稀疏的时候开启。在使用非发射状态时，需要设置min_prob_norm或max_dist，以避免访问图中的所有可能节点
non_emitting_length_factor	浮点数	用于调整非发射状态序列的概率
max_lattice_width	整数	每次观测的候选状态的最大数量。匹配时将选择可能性最大的状态
dist_noise	浮点数	轨迹间距与正常状态间距的差异的标准差。如果未给出，则设为obs_noise
dist_noise_ne	浮点数	轨迹间距与非发射状态间距的差异距离标准差（如果未给出，设为dist_noise）
restrained_ne	浮点数	如果状态之间和观察之间的距离接近彼此，则避免非发射状态
avoid_goingback	布尔值	如果设定为true，则降低返回到先前路段的概率

leuvenmapmatching库利用lattice（格子）结构来跟踪匹配过程中的不同阶段和路径。具体来说，每个轨迹点对应一个LatticeColumn对象，其中包含了与该轨迹点相关的所有匹配对象。这些匹配对象表示了观察值与地图上的节点或边之间的潜在匹配。通过检查格子结构，可以获取到算法在寻找最佳匹配路径过程中所经历的各种可能的中间状态。这也能帮助我们理解算法是如何在观察数据和地图之间进行匹配的。

接下来，选取其中的一条轨迹，用于演示匹配过程：

```python
# 选择一条轨迹
# 选择一个tripid
tripid = 1
traj = move_points[move_points['moveid']==tripid].copy()
from shapely.geometry import LineString
LineString(traj['geometry'].tolist())
```

结果如图4.51所示。

图4.51　选取的轨迹

将轨迹点的坐标提取出来，作为路径匹配的输入：

```python
import numpy as np
path = np.array([traj.geometry.y,traj.geometry.x]).T.tolist()
# 将轨迹点坐标提取，转换为list,注意输入数据是先y后x
states, _ = matcher.match(
    path,               # 匹配路径
    unique=True)        # 设定后,states中的元素不会出现连续重复的情况
states
```

```
# 输出结果
[(5517945248, 5281990476),
 (5281990476, 5726058075),
 (5726058075, 2460129078),
 (2460129078, 498491735),
 (498491735, 498497533),
 ...
```

这里，states变量保存的是匹配的结果。它是一个列表，包含一系列的元组，每个元组代表一条路段。每个元组中的两个元素分别表示路段的起点和终点osmid。这些路段可以被提取出来，作为匹配的结果。值得注意的是，这里的路段数量与轨迹点数量并不一致，因为在匹配过程中，相邻两个轨迹点可能会经过多条路段，也可能有多个轨迹点都在同一条路段上。下一步，可以利用 leuvenmapmatching包提供的可视化工具，把匹配的结果可视化。

```
# 可视化路径匹配结果
from leuvenmapmatching import visualization as mmviz
mmviz.plot_map(map_con,              # 地图对象
               matcher=matcher,      # 匹配器
               show_labels=False,    # 是否显示轨迹点的编号
               show_matching=True)   # 是否显示匹配的对应关系
```

结果如图 4.52所示。

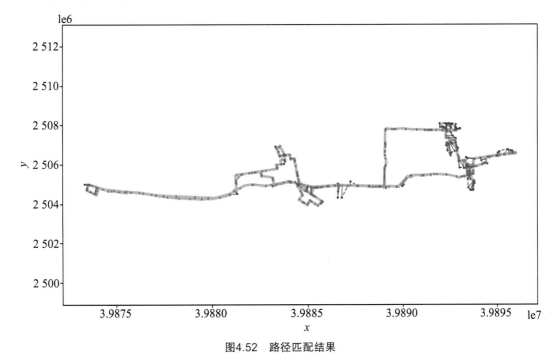

图4.52　路径匹配结果

我们基于匹配的states变量，可以提取出匹配路径的几何信息：

```
# 提取匹配的路径结果
import pandas as pd
```

```
route_edges = pd.DataFrame(states,columns = ['u','v']) # 提取匹配路径
route_edges = gpd.GeoDataFrame(pd.merge(route_edges,edges_proj.reset_index())) #
将匹配的路径结果与路网边信息合并，以获得边的几何信息
route_edges.plot()
```

结果如图 4.53所示。

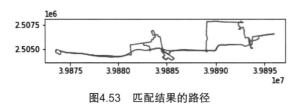

图4.53　匹配结果的路径

在匹配器中，可以通过观察lattice的情况来分析匹配的结果：

```
# 查看匹配结果
matcher.lattice_best

# 输出结果
[5517945248-5281990476-0-0,
 5281990476-5726058075-1-0,
 5726058075-2460129078-2-0,
 2460129078-498491735-3-0,
 498491735-498497533-3-1,
 498497533-498493255-3-2,
 ...
```

其中，每一项是一个lattice对象，存储了匹配结果的信息，由匹配路段的u节点-匹配路段的v节点-轨迹点编号-匹配的优先级组成。可以看到有些轨迹点存在多个匹配，而其中匹配优先级为0的则是最优匹配。可以用以下方法提取出匹配结果：

```
match = matcher.lattice_best[0] # 第一个点的匹配结果
match.key

# 输出结果
(5517945248, 5281990476, 0, 0)
```

由此，可以用以下方法将轨迹点所匹配的路段信息赋值给轨迹点：

```
# 提取匹配后轨迹点所属路段信息
traj['u'] = np.array([match.key[0] for match in matcher.lattice_best if match.
key[3]==0])
traj['v'] = np.array([match.key[1] for match in matcher.lattice_best if match.
key[3]==0])
traj
```

输出结果如图 4.54所示。其中，u与v两列分别表示了轨迹点所匹配的路段的起点与终点。

	id	lon	lat	time	speed	moveid	geometry	u	v
58	0	114.005798	22.535299	2014-10-22 04:54:37	15.0	1.0	POINT (39882564.512 2505529.850)	5517945248	5281990476
59	0	114.006401	22.534500	2014-10-22 04:55:07	0.0	1.0	POINT (39882623.211 2505438.518)	5281990476	5726058075
60	0	114.006401	22.534500	2014-10-22 04:55:37	0.0	1.0	POINT (39882623.211 2505438.518)	5726058075	2460129078
61	0	114.011803	22.533400	2014-10-22 04:56:37	19.0	1.0	POINT (39883176.176 2505293.792)	2460129078	498491735
62	0	114.012100	22.529800	2014-10-22 04:57:07	19.0	1.0	POINT (39883190.762 2504892.346)	498877548	498877549
...	...	...	...	...	...	...	...	...	...
323	0	114.078300	22.533001	2014-10-22 08:04:18	8.0	1.0	POINT (39890041.501 2504974.922)	2657406921	2657830327
324	0	114.079201	22.534800	2014-10-22 08:04:48	22.0	1.0	POINT (39890142.491 2505171.202)	2657830327	513658942
325	0	114.081596	22.537201	2014-10-22 08:05:18	35.0	1.0	POINT (39890400.411 2505428.270)	513658942	513659014
326	0	114.087097	22.537399	2014-10-22 08:05:48	30.0	1.0	POINT (39890969.324 2505427.719)	513659014	528738400
327	0	114.092003	22.538099	2014-10-22 08:06:26	37.0	1.0	POINT (39891479.005 2505485.428)	297134377	8230674925

270 rows × 9 columns

图4.54 匹配后的轨迹点

接下来，将轨迹点和匹配的路径结果转换为WGS84坐标系：

```
# 转换坐标系
traj = traj.to_crs(epsg=4326)  # 将轨迹点坐标系转换为WGS84坐标系
route_edges.crs = 'epsg:2416'  # 定义初始坐标系为北京54投影坐标系
route_edges = route_edges.to_crs(epsg=4326)  # 将匹配的轨迹坐标系转换为WGS84坐标系
```

然后，进行可视化以便于对比观察：

```
# 将轨迹点和匹配的路径结果进行可视化
import matplotlib.pyplot as plt
import transbigdata as tbd
plt.rcParams['font.sans-serif'] = ['SimHei']  # 指定默认字体为SimHei
plt.rcParams['axes.unicode_minus'] = False
# 解决保存图像是负号'-'显示为方块的问题
fig = plt.figure(1, (8, 5), dpi=300)                    # 创建一个画布
ax = plt.subplot(111)                                   # 创建一个子图
bounds = route_edges.unary_union.buffer(0.01).bounds    # 设置地图范围
tbd.plot_map(plt, bounds=bounds, style=12)              # 绘制地图底图
# 绘制轨迹匹配的路段
route_edges.plot(ax=ax, color='r', linewidth=2, zorder=2, label="匹配的出行路径")
# 画出稀疏前的轨迹
traj.plot(ax=ax, markersize=5, color='w', zorder=3, label="轨迹点")
ax.legend()        # 显示图例，即前面三个GeoDataFrame绘制中的label参数
plt.axis('off')  # 关闭坐标轴
plt.xlim(bounds[0], bounds[2])  # 设置x轴范围
plt.ylim(bounds[1], bounds[3])  # 设置y轴范围
plt.show()
```

结果如图 4.55所示。

图4.55 轨迹点和匹配的路径结果

4.5 路网匹配小结

本章针对不同场景的路网匹配需求介绍了三种路径匹配方法的思路。

对于不同类型的车辆轨迹数据和处理目的，我们可以采用不同的路网匹配方法。在这里，我们将介绍三种主要的匹配方法：基于近邻匹配、基于最短路径和基于隐马尔可夫模型的路网匹配。这些方法的主要思路分别如下。

基于近邻匹配的路网匹配：该方法的核心思想是将每个轨迹点匹配到离它最近的路径上。因为它将每个轨迹点单独处理，所以匹配速度相对较快，特别适合处理大量的、采样间隔密集的轨迹数据。

基于最短路径的路径推断：该方法的主要思想是给定起点和终点，然后通过路网上的最短路径算法来推测出每条轨迹的起点和终点。这种方法特别适用于采样间隔非常稀疏的轨迹数据，只包含起点和终点，或者在出行过程中只有少数特定位置的数据记录，需要通过最短路径（如时间最短或距离最短）来推测中间的出行路径。

基于隐马尔可夫模型的路径推断：这种方法的核心思想是将一次出行过程中的连续轨迹点匹配到一系列相连的道路上，形成一条完整的路径。这种匹配方法需要考虑轨迹点之间的顺序关系，采用序列匹配算法，也需要将隐马尔可夫模型与前面近邻匹配和最短路径匹配两种方法的结合。

这三种匹配方式的原理如图 4.56所示，他们适合的数据与应用课题也不尽相同，各自所适合的场景如表 4-5所示。

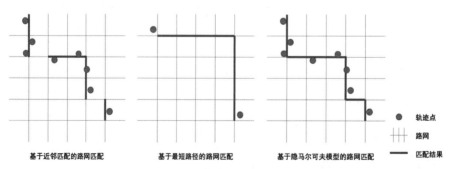

图4.56 三种路径匹配方法的原理图示

表4-5　三种路径匹配方法适合的数据

方法	连续路径	匹配速度	适用数据采样间隔	适用场景	优　　点	缺　　点
近邻匹配	否	快	高	数据质量高，侧重路段的分析，只需要获得路段流量或车速，不需要获得连续的出行路径	1. 匹配速度相对较快，特别适用于处理大量的、采样间隔密集的轨迹数据。2. 算法简单，实现相对容易	1. 由于将每个轨迹点单独处理，可能会忽略轨迹点之间的时序关系，导致匹配结果不连贯。2. 对于稀疏的轨迹数据或缺少上下文信息的情况，匹配准确性可能较低
最短路径	是	中	低	需要由稀疏轨迹或定点检测数据反推出行路径的应用	1. 能够根据路网上的最短路径算法推断出每条轨迹的起点和终点，适用于采样间隔稀疏或只包含起点和终点的轨迹数据。2. 结果较为准确，特别适合用于推测中间的出行路径	1. 对于长距离或复杂路网的情况，计算最短路径可能会较为耗时。2. 由于只关注起点和终点，可能会忽略了轨迹中的中间点的匹配，导致路径推断的完整性较低
HMM模型	是	慢	中	侧重出行路径的应用，要求匹配结果的路径连续	1. 考虑了轨迹点之间的顺序关系，能够捕捉到时序信息，使得路径推断结果更连贯。2. 能够处理观测状态的不确定性，适用于噪声较多或观测数据不完全的情况。3. 提供全局最优解，确保路径推断结果的准确性	1. 计算复杂度较高，特别是对于大规模的数据和复杂的路网。2. 需要进行模型的训练和推断，需要更多的数据和计算资源

然而，在Python环境下，目前仍缺乏能够根据轨迹数据匹配路网后生成精细时空轨迹的解决方案。处理这个任务面临以下挑战：

● 路网匹配算法需要较高的鲁棒性：路径匹配算法应具备强鲁棒性，能够适应不同数据质量的轨迹。不同轨迹的采样间隔可能存在很大差异，需要找到在不同采样间隔下均能表现良好的路网匹配算法。此外，还需要考虑数据可能存在的未完全清洗干净的位置漂移情况。

● 路网匹配算法需要较高的计算效率：面对大规模轨迹数据，算法需要高计算效率，能够在较短时间内完成大量轨迹匹配。如何将轨迹路网匹配的计算任务向量化加速完成也是一个需要考虑的问题。

● 算法输出需要对轨迹进行时间推测：理想情况下，算法的最佳输出结果是一组匹配完成的轨迹点，同时需要包含个体、时间和空间信息。在路径匹配完成并获得车辆的出行路径后，还需要根据原始轨迹点的时间推断车辆到达路径上每个位置的时间，这需要通过时间插值或拟合实现。

轨迹路网匹配任务目前仍具有很大的研究空间，值得进一步探讨。目前，TransBigData提供的路径匹配方法tbd.traj_mapmatch是基于近邻匹配的路网匹配，仅将轨迹点匹配到最近的路段，并将位置替换为最近路段上的最近点，但该方法尚未实现路径推断功能。在路网匹配算法方面，仍在探索可能的解决方案，希望不久的将来能在TransBigData中提供一套完整的路径匹配解决方案。

第5章
车辆轨迹数据的排放计算

交通排放计算对于环境保护、政策制定、能源效率、环保意识和技术创新等方面具有重要意义。车辆轨迹数据的出现，为排放计算提供了新的数据来源，使得排放计算的精度和时空分辨率得到了大幅提升。如何准确衡量各种车辆在真实行驶条件下的排放情况，成为了交通环境领域的重要研究课题。

本章将以常用的COPERT排放模型为例，为读者介绍排放的计算原理与具体方法，然后利用Python从真实的车辆轨迹数据中计算精细的车辆排放，分析各类排放的时空分布特征。

5.1 COPERT 排放模型

5.1.1 COPERT 模型简介

在道路车辆排放计算模型中，较为常用的有美国环境保护局（EPA）开发的MOVES（Motor Vehicle Emission Simulator）模型、欧洲环境署（EEA）开发的COPERT（COmputer Programme to calculate Emissions from Road Transport）模型，以及欧洲委员会联合研究中心（JRC）开发的HBEFA（Handbook Emission Factors for Road Transport）模型等。这些模型都基于车辆尾气排放的物理过程，通过对车辆运行参数（如车速、加速度、载重、发动机转速、发动机负荷等）进行特定计算方法，从而得到排放量。

本书以COPERT模型为例，用于估算道路运输产生的污染物和温室气体排放。COPERT能根据不同的车辆类型、燃料种类、行驶速度、载重、排放控制技术等因素，对道路运输排放进行详细计算。COPERT模型最初为国家专家使用而开发，用于估计整个国家的道路运输排放，以便将其纳入官方年度国家排放清单。在基于轨迹数据计算排放时，也可以借用COPERT方法，将轨迹数据中的车辆运行参数转换为COPERT所需的输入参数，从而实现对排放的计算。

5.1.2 COPERT 污染物计算方法分类

COPERT的排放估算方法将污染物根据计算排放所采用的方法，分为以下四组：

第一组：这组污染物采用详细方法计算，可以基于特定的排放因子（每千米排放量，单位一般为g/km）、涵盖不同的交通情况（城市、乡村、高速公路）和发动机条件计算得到，如表 5-1所示。

第二组：这组污染物的排放量是基于燃料消耗量（FC）估算的。这些污染物包括二氧化碳（CO_2）、二氧化硫（SO_2）以及铅（Pb）、砷（As）、镉（Cd）、铬（Cr）、铜（Cu）、汞（Hg）、镍（Ni）、硒（Se）和锌（Zn）重金属元素。

第三组：由于缺乏详细数据，该组污染物采用简化的方法进行估算。包括多环芳烃（PAHs）、持久性有机污染物（POPs）、多氯联苯二恶英（PCDDs）、多氯联苯二苯并呋喃（PCDFs）、多氯联苯（PCBs）和六氯苯（HCB）等有害有机污染物。

第四组：该组污染物是根据第一组中所计算的NMVOC排放量的一部分计算得出，包括烷烃（C_nH_{2n+2}）、烯烃（C_nH_{2n}）、炔烃（C_nH_{2n-2}）、醛（C_nH_2nO）、酮（C_nH_2nO）、环烷烃（C_nH_{2n}）、芳香族化合物等挥发性有机化合物。

表5-1　第一组污染物

污 染 物	说 明
一氧化碳（CO）	一氧化碳主要来自汽油和柴油发动机，当燃料在发动机中燃烧时，如果氧气供应不足或燃烧不充分，就会生成一氧化碳。对环境和人体健康具有负面影响
氮氧化物（NO_x）	包括氮氧化物中的一氧化氮（NO）和二氧化氮（NO_2）。在排放中，氮氧化物主要来源于高温燃烧过程，尤其是汽油和柴油发动机中的内燃过程
挥发性有机化合物（VOC）	挥发性有机化合物，在排放标准中也被称为HC（Hydrocarbons，碳氢化合物）。其中，VOC又分为NMVOC（除甲烷以外的挥发性有机化合物）和甲烷CH_4，在环境保护和大气污染控制等领域中，通常更关注NMVOC的排放与控制
颗粒物（PM）	悬浮在大气中的固体和液态微粒，通常按其气动直径进行分类，如PM10（直径小于或等于10μm的颗粒物）和PM2.5（直径小于或等于2.5μm的颗粒物）
氧化亚氮（N_2O）	氧化亚氮是由于燃烧过程中氮气和氧气之间的化学反应产生的，氧化亚氮的全球变暖潜能比CO_2高得多
氨（NH3）	氨是由于尾气处理装置（如尿素选择性催化还原（SCR）系统）中氮氧化物（NO_x）还原过程中产生的副产物

5.1.3　排放的构成

在COPERT模型中，道路交通的总排放量是由两部分组成：热排放（发动机处于正常工作温度时产生的排放）和冷启动排放（瞬态升温阶段，也就是冷车发动机启动后的一段时间内产生的尾气排放）。这两部分阶段中，车辆的排放性能有显著差异，在冷启动过程中，某些污染物的浓度可能比热运行时高出很多倍，因此需要使用不同的方法来估算这段时间的额外排放。总排放量可以通过以下方式计算：

$$E_{total} = E_{hot} + E_{cold} \quad (5.1)$$

其中，E_{total}是总排放量，E_{hot}是热排放量，E_{cold}是冷启动排放量，单位均为g。

同时，车辆排放量在很大程度上取决于发动机的运行状态。不同的驾驶情况会导致发动机运行状态的不同，因此排放性能也有所不同。在这方面，COPERT模型认为需要区分城市、乡村和高速公路驾驶，不同驾驶情况会有不同的排放因子，根据驾驶情况，气候条件变化，在考虑热排放时，有以下几点需要考虑：

1. 车型

COPERT模型中的车型来自于欧洲汽车废气排放标准，是欧盟国家为限制汽车废气排放污染物对环境造成的危害而共同采用的汽车废气排放标准。当前对几乎所有类型的车辆排放的氮氧化物（NO$_x$）、碳氢化合物（HC）、一氧化碳（CO）和悬浮颗粒（PM）都有限制，对每一种车辆类型，汽车废气排放标准有所不同。

欧洲汽车废气排放的标准一般每四年更新一次，由Euro 1～Euro 6。相对于美国和日本的汽车废气排放标准来说，欧洲标准的测试要求比较宽泛，因此，欧洲标准也是发展中国家大都沿用的汽车废气排放体系。我国于2001年实施的《轻型汽车污染物排放限值及测量方法（I）》（简称国I）等效于Euro 1标准；2004年实施的国II等效于Euro 2标准；2007年实施的国III标准相当于Euro 3标准，2010年实施的国IV标准相当于Euro 4标准，以此类推。不同的标准下，热排放计算公式中的参数也各不相同，需要按需选择。

最新的欧洲排放标准Euro 6自2014年9月开始实施，分为Euro 6 a/b/c/d-temp/d等标准。其中，Euro 6 a于2014年9月实施，Euro 6 b于2015年9月实施，Euro 6 c于2018年9月实施，Euro 6 d-temp自2019年9月起实施，Euro 6 d从2021年1月1日起实施。这些子标准随着实施时间的推移，对排放物限制要求逐步提高。

2. 发动机技术

COPERT模型中的发动机技术分为GDI（Gasoline Direct Injection，汽油直喷技术）和PFI（Port Fuel Injection，进气口喷射技术）两种，它们是两种不同类型的燃油喷射系统，用于汽车内燃机中，主要区别在于燃油喷射的方式和位置。GDI将汽油直接喷射到汽车发动机的燃烧室中，而PFI将汽油喷射到发动机的进气歧管中，然后与进气混合，再进入燃烧室进行燃烧。GDI系统在许多现代汽车中应用越来越普及，因为它可以提高燃油的性能。PFI系统在过去几十年中非常常见，但现在已经被GDI系统取代。在COPERT模型中，GDI和PFI的排放因子不同，需要按需选择。

5.1.4　热排放

热排放量受多种因素影响，包括每辆车行驶的距离、速度（或道路类型）、车龄、发动机大小和车重。然而，许多国家对这些参数没有可靠的数据。使用排放因子计算排放量：

$$E_{\text{hot};i,k,r} = N_k \times M_{k,r} \times \text{e}_{\text{hot};i,k,r} \tag{5.2}$$

其中，$E_{hot;i,k,r}$为采用第k种类型技术的车辆，在第r种道路类型下产生第i中污染物的排放量，单位为g；$e_{hot;i,k,r}$是相应的排放因子（Emission Factor），单位为g/km；N_k是第k种类型技术的车辆数量，单位为辆；$M_{k,r}$是k型车辆在r型道路上的行驶里程，单位为km/辆。在计算中，需要为每个车辆类别、发动机技术类型以及车辆行驶环境的不同类型而使用不同的排放因子。

热排放因子与车速有关，以g/km表示。它们因燃料、车辆类型和发动机技术而异。对于乘用车的热排放，COPERT用一个公式来计算，包括CO、VOC、NO$_x$、PM和FC（Fuel Consumption，能源消耗）的排放因子，如下：

$$EF = \frac{\alpha V^2 + \beta V + \gamma + \dfrac{\delta}{V}}{\epsilon V^2 + \zeta V + \eta} \times (1-RF) \tag{5.3}$$

其中，V为车辆行驶的平均速度，单位为km/h，EF为排放因子，单位为g/km，RF为减排因子（Reduction Factor），用于调节额外的排放限制标准。α、β、γ、δ、ϵ、ζ和η为参数，需要根据污染物、燃料、车辆类型和发动机技术查表得到。

确定了车辆的车型符合的排放标准、使用的燃料类型、所采用的发动机技术后，COPERT模型提供了排放因子计算公式中参数的取值表作为参考。例如，表5-2展示了Euro 6d标准的中等大小的乘用车使用汽油燃料在GDI技术下的排放因子参数，需要将这些参数代入排放因子计算公式中，计算出排放因子，再将排放因子代入排放计算公式中，即可计算出排放量。

表5-2　Euro6d标准的中型汽油乘用车在GDI技术下的排放因子参数

污　染　物	α	β	γ	δ	ϵ	ζ	η
CO	0.00085	−0.17993	11.29749	16.90217	0.00264	−0.71898	50.79369
NOx	−0.00031	0.10306	0.23906	−0.33928	0.03454	1.98601	1.26376
VOC（或HC）	0	−0.00071	0.04525	0.17307	0.00007	−0.04754	6.21205
EC（或FC，燃料消耗）	0.00013	0.00549	2.61920	0	−0.00009	0.02358	0.34430
CH4（城市高峰期）	0	0	2.87	0	0	0	1000
CH4（城市平峰期）	0	0	2.87	0	0	0	1000
CH4（农村）	0	0	2.69	0	0	0	1000
CH4（高速公路）	0	0	5.08	0	0	0	1000

5.1.5　冷启动排放

当汽车发动机刚启动时，需要一段时间来加热并达到适当的工作温度。在这段时间里，发动机通常会消耗更多的燃料，排放更多的尾气。这个阶段也被称为冷启动阶段。冷启动排放是指冷启动阶段导致的额外尾气排放。对一些污染物来说，大部分排放都发生在冷启动阶段，大致来说，冷启动阶段的CO排放占比大约在30%～50%，HC排放占比大约在50%～80%，NO$_x$排放占比大约在5%～20%。在最新的Euro 6标准下，由于热排放得到了很好的控制，冷启动排放在总排放中所占的比例可能相对更高。因此，冷启动排放的计算对于准确估计尾气排放量至关重要。

在各种驾驶条件下都可能发生冷启动。然而，冷启动在城市和乡村驾驶中更常见，在高速公路条件下启动次数相对较少（通常是在高速公路旁的停车场启动）。虽然冷启动对所有车辆类别都有影响，但排放因子主要适用于汽油、柴油和液化石油气汽车，还有表现类似于乘用车的轻型商用车，以及最新的柴油重型车辆和公交车技术。另外，冷启动排放与车辆年龄无关。

冷启动排放的过程中，发动机逐渐升温，排放比例也随着时间的推移而减少，直到发动机达到正常工作温度。因此，冷启动排放的计算需要考虑发动机的工作时间。COPERT模型中，冷启动排放的计算一般是在计算完车辆热排放之后再进行额外计算，计算方法是在热排放计算后的基础上用两个系数——β（冷启动行驶里程比例）和e^{cold}/e^{hot}（冷启动排放与热排放之间的比例）计算。这两个系数受驾驶行为（如行程长度的差异）、气候条件和催化剂预热所需的时间影响。冷启动排放的计算公式如下：

$$E_{cold;i,k} = \beta_{i,k} \times N_k \times M_k \times e_{hot;i,k} \times (e^{cold}/e^{hot}|_{i,k}-1) \qquad (5.4)$$

其中，$E_{cold;i,k}$是k种车型产生的冷启动排放中，i类排放物的总量，$\beta_{i,k}$车辆技术k在冷发动机状态下的行驶里程比例。N_k是k种车型车辆数，M_k是k种车型的行驶里程。$e_{hot;i,k}$是k技术车辆对污染物i的热排放因子。$e^{cold}/e^{hot}|_{i,k}$则是k技术车辆对污染物i的冷启动排放与热排放之间的比例，计算方法如下：

$$e^{cold}/e^{hot} = A \times V + B \times t_a + C \qquad (5.5)$$

其中，A、B和C为系数，由车辆技术k与污染物i决定；V为车速（单位为km/h），t_a为温度（单位为℃）。例如，表5-3展示了Euro 6排放标准下，各污染物的系数。需要注意的是，如果计算出的e^{cold}/e^{hot}值小于1，则应使用1作为值。

表5-3　Euro 6标准下冷启动排放系数

污 染 物	速度/km·h⁻¹	温度/℃	A	B	C
CO	5～45	<0	−0.235	−1.306	19.882
CO	5～45	>0	−0.110	0.000	17.461
NO$_x$	5～45	<0	0.097	−0.181	5.651
NO$_x$	5～45	>0	0.089	0.000	7.257
VOC	5～45	<0	0.317	−3.612	38.115
VOC	5～45	>0	0.166	0.000	43.859

COPERT模型也给出了各污染物下，冷发动机状态下的行驶里程比例β的取值，这一取值受到出行距离l_{trip}（单位为km）和污染物类型的影响。例如，表5-4展示了Euro 6排放标准下各类污染物的β取值。不同污染物的β取值不同，这是因为冷启动阶段这些污染物排放随着发动机达到正常温度而逐渐减少的速率不同，但总体上，随着行驶里程的增加，冷启动排放的比例会逐渐减少。

表5-4　Euro 6标准下冷发动机行驶比例

污　染　物	冷发动机状态下的行驶里程比例β
CO	$0.1902-0.006 \times l_{trip}$
NO_x	$0.1573-0.005 \times l_{trip}$
VOC	$0.2072-0.0066 \times l_{trip}$

5.1.6　CO_2 的排放计算

COPERT模型认为，CO_2的排放来源于三个方面。

1. 燃料的燃烧

行驶过程中绝大部分的CO_2排放是由此过程产生。燃料燃烧所产生的CO_2的排放量与燃料的碳含量成正比，对于通用化学式为 $C_xH_yO_z$ 的含氧燃料，通过计算氢碳比（$r_{H:C}$）和氧碳比（$r_{O:C}$），可以计算出采用 k 类技术的车辆燃烧 m 类燃料产生的CO_2质量，如下所示：

$$E_{CO_2,k,m}=44.011 \times \frac{FC_{k,m}}{12.011+1.008r_{H:C,m}+16.000r_{O:C,m}} \tag{5.6}$$

其中，$E_{CO_2,k,m}$是k型车辆在燃料m下的CO_2排放量，$FC_{k,m}$是燃料消耗，$r_{H:C,m}$和$r_{O:C,m}$分别是燃料的氢碳比和氧碳比。COPERT模型中提供了各类燃料的CO_2排放量，如表 5-5 所示。

表5-5　各类燃料的CO_2排放量

燃料类型	分子化学式	氢碳比（$r_{H:C}$）	氧碳比（$r_{O:C}$）	每千克燃料CO_2排放量/kg
汽油	$[CH1.86]_x$	1.86	0.0	3.169
柴油	$[CH1.86]_x$	1.86	0.0	3.169
乙醇	C_2H_5OH	3.00	0.5	1.911
甲醇	CH_3OH	4.00	1.00	1.373
生物柴油	$[CH]_x$-COOH	1.95～2.03	0.11～0.13	2.797～2.727

2. 润滑油的燃烧

新车和保养良好的车辆通常消耗的润滑油更少，发动机长时间运转造成的磨损通常会增加润滑油的消耗，因此随着车辆使用年限的增加，润滑油消耗量可能会逐渐增加。润滑油的燃烧会导致CO_2的产生，但产生的CO_2远少于燃料燃烧，通常会在计算国家的排放总量时进行考虑。根据COPERT模型，乘用车在使用汽油作为燃料时，润滑油的燃烧产生的CO_2排放量平均为0.85×10^{-4}kg/km。

3. 排气系统中加入的含碳添加剂

为了降低NO_x的排放，排气系统会加入含碳添加剂，如尿素等，这些添加剂会在排气系统中被氧化成CO_2。每kg尿素溶液产生的CO_2重量为0.238kg，而尿素溶液消耗量在Euro

5级别约为燃料消耗量的5%～7%，在Euro 6级别约为燃料消耗量的3%～4%。如果要计算这一项所产生的CO_2，需要首先计算每个排气系统技术类别中的燃料消耗量，然后计算使用的尿素总量，再计算CO_2排放量。

5.1.7 COPERT 模型小结

本节介绍了COPERT模型的基本原理和各类排放污染物的方法，为了方便理解，将本节的内容整理为思维导图，如图5.1所示。

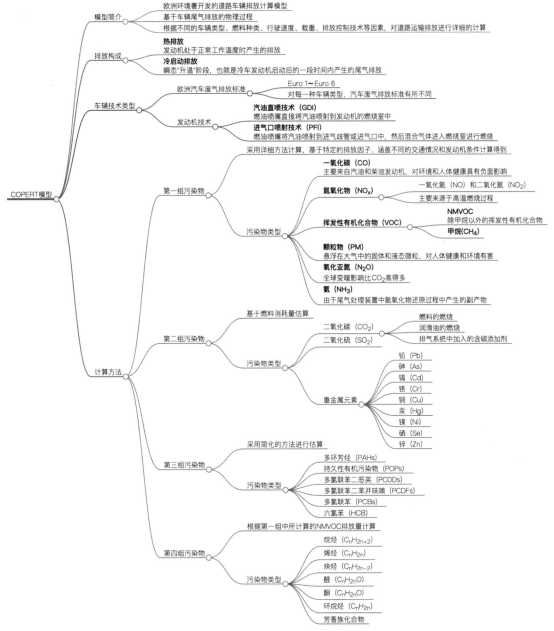

图5.1 COPERT排放计算模型

5.2 车辆轨迹数据的排放计算

基于车辆轨迹数据，能够掌握车辆具体行驶信息，可以实现对车辆排放的精细计算。本节将介绍排放计算的基本原理和方法，并介绍如何使用Python实现排放计算。

5.2.1 车辆出行信息的准备

在本节中，将针对车辆轨迹数据应用COPERT排放计算方法，以估算车辆主要排放污染物，包括CO、CO_2、NO_x和挥发性有机化合物（VOC）。

COPERT排放模型原本是针对整个国家的交通排放情况进行计算，其方法较为宏观，对车辆轨迹数据计算时需要做一些调整。在计算排放时，有两种思路：

（1）按照出行对车辆轨迹数据进行划分，将每次出行的轨迹数据作为输入，计算每次出行的排放量。然后，将各次出行的排放量相加，得到总排放量。

（2）将同一车辆的相邻两个轨迹点视为一个轨迹段，并对每个轨迹段单独计算排放量。

在这两种思路中，更为推荐第一种，原因如下：

第一种思路更符合COPERT模型的计算方法。COPERT模型是基于行驶路线、行驶速度、车辆类型等参数来计算排放的，将整个出行轨迹视为整体而作为输入能够更好地反映这些参数的影响。

第二种思路可能导致计算结果的不准确。因为仅将相邻轨迹点视为一个轨迹段，由于轨迹点之间采样间隔可能过短，而定位也存在一定误差，车辆容易出现瞬时速度过快、距离过长等极端情况，导致某一瞬间的污染物计算结果过大，从而影响整个轨迹段的计算结果。

下面将以深圳市的车辆轨迹为例，介绍如何使用Python实现车辆轨迹数据的排放计算。首先，需要准备车辆的出行信息。读取车辆轨迹数据，并借用TransBigData()方法进行数据清洗，代码如下：

```
import pandas as pd
data = pd.read_csv('Data/GPSData.csv')
# 转换时间格式并排序
data['time'] = pd.to_datetime(data['time'])
data = data.sort_values(by = ['id','time'])
data
```

对数据进行漂移清洗与冗余剔除，再进行停车与出行识别，代码如下：

```
import geopandas as gpd
import transbigdata as tbd
# 数据漂移剔除
sz = gpd.read_file('Data/sz.json')
data = tbd.clean_outofshape(data, sz, col=['lon', 'lat'], accuracy=500)
```

```
data = tbd.traj_clean_drift(data, col=['id', 'time', 'lon', 'lat'],
speedlimit=80, dislimit=4000, anglelimit=30)
# 数据冗余剔除
data = tbd.traj_clean_redundant(data, col = ['id','time','lon','lat','speed'])
# 停车与出行识别
bounds = [113.75, 22.4, 114.62, 22.86]
params = tbd.area_to_params(bounds,accuracy = 100)
stay, move = tbd.traj_stay_move(data, params, col=['id', 'time', 'lon', 'lat'],
activitytime=1800)
```

接着，计算每一次出行的距离、平均车速等信息，代码如下：

```
# 轨迹切片
move_points = tbd.traj_slice(
    data,                                   # 轨迹点数据
    move,                                   # 出行数据
    traj_col=['id', 'time'],                # 轨迹数据的列名
    slice_col=['id', 'stime', 'etime', 'moveid'],# 出行数据的列名
    )
# 提取出行轨迹并计算长度
move_trajs = tbd.traj_to_linestring(move_points,col = ['lon','lat','moveid'])
move_trajs.crs = 'epsg:4326'
move_trajs['length'] = move_trajs.to_crs(epsg = 2416).length
# 为出行数据添加轨迹长度信息
move = pd.merge(move,move_trajs,on = 'moveid')
move = gpd.GeoDataFrame(move,geometry = 'geometry')
# 平均车速，单位为km/h
move['V'] = move['length'] / move['duration'] * 3.6
```

结果如图5.2所示。

	id	SLONCOL	SLATCOL	stime	slon	slat	etime	elon	elat	ELONCOL	ELATCOL	duration	moveid	geometry	length	V
0	0	289	139	2014-10-22 02:54:30	114.031799	22.524799	2014-10-22 03:49:15	114.007797	22.534800	265.0	150.0	3285.0	0	LINESTRING (114.03180 22.52480, 114.03870 22.5...	23126.533702	25.344147
1	0	265	150	2014-10-22 04:54:37	114.007797	22.534800	2014-10-22 08:06:26	114.092003	22.538099	351.0	154.0	11509.0	1	LINESTRING (114.00580 22.53530, 114.00640 22.5...	80157.482876	25.073155
2	0	351	154	2014-10-22 09:25:59	114.092003	22.538099	2014-10-22 10:15:39	114.007797	22.534901	265.0	150.0	2980.0	2	LINESTRING (114.04100 22.60430, 114.04470 22.6...	25568.822932	30.888511
3	0	265	150	2014-10-22 11:37:57	114.007797	22.534901	2014-10-22 15:37:57	114.008003	22.534901	265.0	150.0	14400.0	3	LINESTRING (114.00600 22.53570, 114.01400 22.5...	98551.459651	24.637865
4	0	265	150	2014-10-22 16:40:52	114.008003	22.534901	2014-10-22 22:29:11	114.007797	22.534800	265.0	150.0	20899.0	4	LINESTRING (114.00760 22.53420, 114.01290 22.5...	133412.183993	22.981189
...	...	...	...	...	...	...	...	...	...	...	...	...	...	...	...	...
3953	662	265	150	2014-10-22 18:04:07	114.007797	22.534901	2014-10-22 23:53:01	114.101601	22.582300	361.0	203.0	20934.0	3953	LINESTRING (114.00180 22.53520, 114.00430 22.5...	123132.640789	21.175003
3954	663	373	160	2014-10-22 00:00:20	114.113701	22.544001	2014-10-22 04:25:18	113.931297	22.546700	186.0	163.0	15898.0	3954	LINESTRING (114.11370 22.54400, 114.11370 22.5...	141658.625743	32.077686
3955	663	186	163	2014-10-22 05:31:29	113.931297	22.546700	2014-10-22 11:35:41	114.007401	22.534700	264.0	150.0	21852.0	3955	LINESTRING (113.93090 22.54610, 113.93060 22.5...	149047.018749	24.554698
3956	663	264	150	2014-10-22 12:38:55	114.007401	22.534700	2014-10-22 20:20:57	113.962898	22.528700	219.0	143.0	27722.0	3956	LINESTRING (114.00590 22.53590, 114.00590 22.5...	153690.822995	19.958381
3957	663	219	143	2014-10-22 21:13:35	113.962898	22.528700	2014-10-22 23:52:56	113.942001	22.588800	197.0	210.0	9561.0	3957	LINESTRING (113.96230 22.52880, 113.96220 22.5...	90538.943360	34.090597

3958 rows × 16 columns

图5.2 车辆出行信息的提取结果

5.2.2 基于车辆轨迹数据的排放计算

在计算具体排放前，需要确定车辆的车型信息（适用的排放标准）、发动机技术及其所使用的燃料类型。为简化计算，统一设定为符合Euro 6d标准的中型（Medium）乘用车（Passenger Car），采用GDI发动机技术。

COPERT排放模型将排放分为热排放和冷启动排放。受限于篇幅，本节仅介绍热排放的计算方法，冷启动排放的计算方法与热排放类似，只是需要考虑冷启动时的排放因子参数存在的差异。

前述内容提到，COPERT排放模型将污染物分为四组。其中，第一组污染物采用排放因子进行详细计算，包括CO、NO_x和VOC；第二组污染物基于燃料消耗量进行估算，包含相对更受关注的CO_2排放。

第一组污染物的计算方式是采用排放因子进行详细计算。COPERT模型为各类污染物提供了排放因子参数。值得注意的是，虽然燃料消耗（Fuel Consumption，FC）并非污染物，COPERT模型也提供了相应的因子参数，可以用同样的方法计算出燃料消耗量。例如，在Euro 6d标准的中型汽油乘用车采用GDI技术的排放因子参数情况下，排放因子参数如图5.3所示。首先创建排放参数的数据表，代码如下：

```python
import pandas as pd
copert_params = pd.DataFrame({
    "污染物": ["CO", "NOx", "VOC", "FC"],
    "alpha": [0.00085, -0.00031, 0, 0.00013],
    "beta": [-0.17993, 0.10306, -0.00071, 0.00549],
    "gamma": [11.29749, 0.23906, 0.04525, 2.61920],
    "delta": [16.90217, -0.33928, 0.17307, 0],
    "epsilon": [0.00264, 0.03454, 0.00007, -0.00009],
    "zeta": [-0.71898, 1.98601, -0.04754, 0.02358],
    "eta": [50.79369, 1.26376, 6.21205, 0.34430]
}).set_index("污染物")
copert_params
```

结果如图 5.3所示。

污染物	alpha	beta	gamma	delta	epsilon	zeta	eta
CO	0.00085	-0.17993	11.29749	16.90217	0.00264	-0.71898	50.79369
NOx	-0.00031	0.10306	0.23906	-0.33928	0.03454	1.98601	1.26376
VOC	0.00000	-0.00071	0.04525	0.17307	0.00007	-0.04754	6.21205
FC	0.00013	0.00549	2.61920	0.00000	-0.00009	0.02358	0.34430

图5.3　能耗与各类污染物的排放因子计算参数

对于能耗和每一类污染物，通过将表格中CO、NO_x、VOC、FC的参数以及每一次出行的平均速度代入排放因子计算公式（5.3）中，计算出相应的排放因子，再将排放因子乘以出行距离，即可计算出每一次出行的排放量。代码如下：

```python
# 计算能耗和各污染物的热排放量
for pollution_type in ['CO','NOx', 'VOC', 'FC']:
    # 获取对应的参数
    params = copert_params.loc[pollution_type]
    # 计算排放因子,单位为g/km
    EF = (params['alpha'] * move['V'] ** 2 + params['beta'] * move['V'] +
params['gamma'] + params['delta'] / move['V'] )/ (params['epsilon'] * move['V']
** 2 + params['zeta'] * move['V'] + params['eta'])
    # 计算排放量和燃料消耗,单位为g
    move['E_'+pollution_type] = EF * move['length'] / 1000
```

对第二组污染物中的CO_2排放，则需要根据燃料的燃烧计算。COPERT模型中，将CO_2排放量分为三部分：燃料燃烧的CO_2排放量；润滑油燃烧的CO_2排放量和排气系统中加入的含碳添加剂的CO_2排放量。分别计算这三部分的排放，代码如下：

```
# 计算CO₂排放量，单位为g
# 1.燃料燃烧的CO₂排放量
move['E_CO2'] = move['E_FC'] * 3.169
# 2.润滑油燃烧的CO₂排放量，润滑油的燃烧产生的CO₂排放量平均为0.85×10-4kg/km
move['E_CO2'] += move['length']/1000 * (0.85/10000) * 1000
# 3.排气系统中加入的含碳添加剂的CO₂排放量，尿素溶液消耗量在Euro 6级别约为燃料消耗量的3% ~ 4%，
每千克尿素溶液产生的CO₂重量为0.238kg
move['E_CO2'] += move['E_FC'] * 3.5/100 * 0.238
```

查看各类污染物的计算结果：

```
move.head().T
```

结果如图5.4所示。

	0	1	2	3	4
id	0	0	0	0	0
SLONCOL	289	265	351	265	265
SLATCOL	139	150	154	150	150
stime	2014-10-22 02:54:30	2014-10-22 04:54:37	2014-10-22 09:25:59	2014-10-22 11:37:57	2014-10-22 16:40:52
slon	114.031799	114.007797	114.092003	114.007797	114.008003
slat	22.524799	22.5348	22.538099	22.534901	22.534901
etime	2014-10-22 03:49:15	2014-10-22 08:06:26	2014-10-22 10:15:39	2014-10-22 15:37:57	2014-10-22 22:29:11
elon	114.007797	114.092003	114.007797	114.008003	114.007797
elat	22.5348	22.538099	22.534901	22.534901	22.5348
ELONCOL	265.0	351.0	265.0	265.0	265.0
ELATCOL	150.0	154.0	150.0	150.0	150.0
duration	3285.0	11509.0	2980.0	14400.0	20899.0
moveid	0	1	2	3	4
geometry	LINESTRING (114.031799 22.524799, 114.038696 2...	LINESTRING (114.005798 22.535299, 114.006401 2...	LINESTRING (114.041 22.6043, 114.044701 22.603...	LINESTRING (114.005997 22.5357, 114.014 22.537...	LINESTRING (114.007797 22.534201, 114.012901 2...
length	23126.533702	80157.482876	25568.822932	98551.459651	133412.183993
v	25.344147	25.073155	30.888511	24.637865	22.981189
E_CO	5.365452	18.614376	5.834727	22.921185	31.223237
E_NOx	0.827013	2.879989	0.833627	3.567904	4.974339
E_VOC	0.156024	0.543724	0.153731	0.674328	0.943428
E_FC	74.33721	258.870774	75.474767	320.725999	447.646497
E_CO2	238.159604	829.331262	241.98159	1027.429214	1433.660679

图5.4　各类污染物的热排放量和CO_2排放量

其中，E_CO、E_NO$_x$、E_VOC和E_CO$_2$列分别存储了每一次出行的CO、NO$_x$、VOC和CO_2的排放量，E_FC则存储了燃料消耗量，单位均为g。

5.2.3　排放时空分布的整理

在先前的计算结果中，已获得每次出行的总排放情况。然而，在进行更精细的排放时空分析时，需要考虑出行轨迹中每个位置的时空信息与排放情况。

为此，可以将出行轨迹分为若干段，每l米设立一个产生点（本例中将l设为100m，需小于或等于后续栅格分析中栅格的边长），将总排放量平均分配到各点上，计算每个点的排放情况以及相应的经纬度坐标和时间信息。这样处理后，原先的出行路径（线）

的排放信息将转换为带有时空和排放信息的轨迹（点）。对于这些点数据，可以更容易地采用前面章节所介绍的方法进行时空分析。

为实现将轨迹线型按lm间隔切分为轨迹点的操作，首先需要将轨迹线型转换为投影坐标系，如北京54坐标系（EPSG:2416）。在投影坐标系下，可以直接以米为单位计算距离，方便后续的计算。代码如下：

```
# 将经纬度的轨迹数据转换为投影坐标系
move.crs = 'EPSG:4326'
move_proj = move.to_crs(epsg=2416)
```

接着，利用GeoPandas的interpolate方法将轨迹线型按l米间隔切分为轨迹点。为了简化计算，假定车辆在这条轨迹上匀速前进，也假定车辆在这一轨迹上的排放均匀分布。将每次出行的排放量在时空维度上平均分配到各个点上，计算每个点的排放情况。下面一条轨迹为例，从出行信息表中取出其中的轨迹进行切分，代码如下：

```
# 选取第i条轨迹
i = 12
import numpy as np
# 设置每100m一个点
l = 100
# 取出第i条轨迹的信息
r = move_proj.iloc[i]
# 获取轨迹线型
traj = r['geometry']
# 获取轨迹的排放与燃料消耗
emission = r[['E_FC','E_CO','E_NOx','E_VOC','E_CO2']]
# 将轨迹切分为每米一个点
n_points = int(traj.length/l)+1 # 计算点的个数
points = [traj.interpolate(i*l) for i in range(n_points)]
# 利用interpolate方法生成点
points = gpd.GeoDataFrame(points, columns=['geometry'], crs='EPSG:2416')
# 计算每个点的排放与燃料消耗
for emission_type in emission.index:
    points[emission_type] = emission[emission_type]/n_points
# 添加时间和出行编号信息
points['moveid'] = r['moveid']
# 假设每个点的时间间隔相等,计算每个点的时间
if n_points == 1:
    points['time'] = r['stime']
else:
    points['time'] = r['stime'] + np.arange(len(points)) * (r['etime']-r['stime']) /
(len(points)-1)
points
```

结果如图5.5所示。

上述步骤中轨迹线型已经被转换为每l米一个轨迹点，也推断出了每个轨迹点的排放量、燃料消耗量以及车辆到达的时间。输出的结果为GeoDataFrame格式，可以直接进行可视化。代码如下：

	geometry	E_FC	E_CO	E_NOx	E_VOC	E_CO2	moveid	time
0	POINT (39883223.374 2505191.569)	0.378761	0.023852	0.00414	0.000792	1.211861	12	2014-10-22 23:39:17.000000000
1	POINT (39883269.823 2505103.011)	0.378761	0.023852	0.00414	0.000792	1.211861	12	2014-10-22 23:39:38.368421052
2	POINT (39883316.271 2505014.453)	0.378761	0.023852	0.00414	0.000792	1.211861	12	2014-10-22 23:39:59.736842105
3	POINT (39883378.353 2504958.576)	0.378761	0.023852	0.00414	0.000792	1.211861	12	2014-10-22 23:40:21.105263157
4	POINT (39883476.450 2504977.992)	0.378761	0.023852	0.00414	0.000792	1.211861	12	2014-10-22 23:40:42.473684210
5	POINT (39883574.546 2504997.409)	0.378761	0.023852	0.00414	0.000792	1.211861	12	2014-10-22 23:41:03.842105263
6	POINT (39883672.643 2505016.825)	0.378761	0.023852	0.00414	0.000792	1.211861	12	2014-10-22 23:41:25.210526315
7	POINT (39883770.740 2505036.242)	0.378761	0.023852	0.00414	0.000792	1.211861	12	2014-10-22 23:41:46.578947368
8	POINT (39883869.770 2505048.117)	0.378761	0.023852	0.00414	0.000792	1.211861	12	2014-10-22 23:42:07.947368421
9	POINT (39883969.641 2505053.194)	0.378761	0.023852	0.00414	0.000792	1.211861	12	2014-10-22 23:42:29.315789473
10	POINT (39884069.512 2505058.270)	0.378761	0.023852	0.00414	0.000792	1.211861	12	2014-10-22 23:42:50.684210526
11	POINT (39884169.383 2505063.347)	0.378761	0.023852	0.00414	0.000792	1.211861	12	2014-10-22 23:43:12.052631578
12	POINT (39884269.254 2505068.423)	0.378761	0.023852	0.00414	0.000792	1.211861	12	2014-10-22 23:43:33.421052631
13	POINT (39884362.889 2505042.299)	0.378761	0.023852	0.00414	0.000792	1.211861	12	2014-10-22 23:43:54.789473684
14	POINT (39884453.135 2504999.221)	0.378761	0.023852	0.00414	0.000792	1.211861	12	2014-10-22 23:44:16.157894736
15	POINT (39884466.569 2504902.120)	0.378761	0.023852	0.00414	0.000792	1.211861	12	2014-10-22 23:44:37.526315789
16	POINT (39884495.100 2504808.274)	0.378761	0.023852	0.00414	0.000792	1.211861	12	2014-10-22 23:44:58.894736842
17	POINT (39884542.369 2504720.152)	0.378761	0.023852	0.00414	0.000792	1.211861	12	2014-10-22 23:45:20.263157894
18	POINT (39884590.404 2504632.552)	0.378761	0.023852	0.00414	0.000792	1.211861	12	2014-10-22 23:45:41.631578947
19	POINT (39884655.360 2504556.521)	0.378761	0.023852	0.00414	0.000792	1.211861	12	2014-10-22 23:46:03.000000000

图5.5 将出行的排放信息转换为轨迹点的排放信息

```
points.plot(markersize = 3)
```

结果如图 5.6所示。

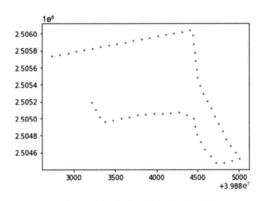

图5.6 轨迹线型切分后的轨迹点

将上述过程封装成函数，可以将所有出行的轨迹转换为轨迹点的排放信息，同时也将*l*设定为函数的输入参数，以便修改。代码如下：

```
# 封装成函数
def traj2points(r,l = 100):
    '''
    将轨迹切分为每米一个点,并计算每个点的排放量,推算轨迹点的时间

    参数
    ----
    r: Series
        出行轨迹数据,move中的某一行
    l: int
```

```
        轨迹点的间隔距离，单位为m

    返回
    ----
    points: GeoDataFrame
        轨迹点数据，带有排放和时空信息
    '''
    # 获取轨迹线型
    traj = r['geometry']
    # 获取轨迹的排放与燃料消耗
    emission = r[['E_FC','E_CO','E_NOx','E_VOC','E_CO2']]
    # 将轨迹切分为每米一个点
    n_points = int(traj.length/l)+1 # 计算点的个数
    points = [traj.interpolate(i*l) for i in range(n_points)]
    # 利用interpolate方法生成点
    points = gpd.GeoDataFrame(points, columns=['geometry'], crs='EPSG:2416')
    # 计算每个点的排放与燃料消耗
    for emission_type in emission.index:
        points[emission_type] = emission[emission_type]/n_points
    # 添加时间和出行编号信息
    points['moveid'] = r['moveid']
    # 假设每个点的时间间隔相等，计算每个点的时间
    if n_points == 1:
        points['time'] = r['stime']
    else:
        points['time'] = r['stime'] + np.arange(len(points)) * (r['etime']-
r['stime']) / (len(points)-1)
    return points
```

将所有出行的轨迹转换为轨迹点的排放信息，代码如下：

```
# 需将GeoDataFrame转换为DataFrame再计算，否则会因为shapely版本过新而报错
move_proj = pd.DataFrame(move_proj)
# 将所有轨迹转换为点
points = move_proj.apply(traj2points, axis=1)
points = pd.concat(points.values.tolist())
```

上述代码采用了pandas库的apply方法对每一行的轨迹进行转换。在数据规模较大时，可以用pandarallel库对apply方法进行并行加速计算，代码如下：

```
# 引入pandarallel库
from pandarallel import pandarallel
pandarallel.initialize(progress_bar=True)
# 执行并行计算，将apply换成parallel_apply
move_proj = pd.DataFrame(move_proj)
points = move_proj.parallel_apply(traj2points, axis=1)
points = pd.concat(points.values.tolist())
```

接下来，将轨迹点的排放信息转换为经纬度坐标系，以便后续的可视化。代码如下：

```
# 将点转换为经纬度坐标系，并添加经纬度信息
```

```
points = points.to_crs(epsg=4326)
points['lon'] = points.geometry.x
points['lat'] = points.geometry.y
```

再为轨迹点添加小时信息，以便后续的排放时变分析，代码如下：

```
# 添加小时信息，以便后续的排放时变分析
points['hour'] = points['time'].dt.hour
points
```

最后输出的结果如图 5.7所示。

	geometry	E_FC	E_CO	E_NOx	E_VOC	E_CO2	moveid	time	lon	lat	hour
0	POINT (114.03180 22.52480)	0.320419	0.023127	0.003565	0.000673	1.026550	0	2014-10-22 02:54:30.000000000	114.031799	22.524799	2
1	POINT (114.03247 22.52545)	0.320419	0.023127	0.003565	0.000673	1.026550	0	2014-10-22 02:54:44.220779220	114.032468	22.525449	2
2	POINT (114.03314 22.52610)	0.320419	0.023127	0.003565	0.000673	1.026550	0	2014-10-22 02:54:58.441558441	114.033136	22.526098	2
3	POINT (114.03380 22.52675)	0.320419	0.023127	0.003565	0.000673	1.026550	0	2014-10-22 02:55:12.662337662	114.033805	22.526748	2
4	POINT (114.03447 22.52740)	0.320419	0.023127	0.003565	0.000673	1.026550	0	2014-10-22 02:55:26.883116883	114.034473	22.527398	2
...	...	...	...	...	...	...	...	...	...	...	...
901	POINT (113.94294 22.58495)	0.283208	0.022632	0.003098	0.000559	0.908339	3957	2014-10-22 23:52:13.741436464	113.942942	22.584953	23
902	POINT (113.94273 22.58583)	0.283208	0.022632	0.003098	0.000559	0.908339	3957	2014-10-22 23:52:24.306077348	113.942728	22.585830	23
903	POINT (113.94251 22.58671)	0.283208	0.022632	0.003098	0.000559	0.908339	3957	2014-10-22 23:52:34.870718232	113.942513	22.586706	23
904	POINT (113.94230 22.58758)	0.283208	0.022632	0.003098	0.000559	0.908339	3957	2014-10-22 23:52:45.435359116	113.942299	22.587582	23
905	POINT (113.94208 22.58846)	0.283208	0.022632	0.003098	0.000559	0.908339	3957	2014-10-22 23:52:56.000000000	113.942085	22.588459	23

2687313 rows × 11 columns

图5.7　轨迹点的排放信息

5.3　车辆排放的可视化

5.3.1　排放空间分布的可视化

利用上述计算结果，可以直接对轨迹点排放信息进行时空分析。首先，可将排放的空间信息进行可视化处理。在这个过程中，采用TransBigData所提供的栅格化方法，将轨迹点的排放信息转换为栅格的排放信息，从而更便于进行可视化。接下来，通过定义排放空间分布绘图函数并输入已计算好的排放量轨迹点数据，就可以生成排放空间分布图。具体代码如下：

```
# 定义排放分布绘图函数
def plot_emission_spatial(points,
                          column,
                          title,
                          grid_size=2000):
    '''
    排放分布绘图函数

    参数
    ----
    points: GeoDataFrame
        轨迹点数据(已计算好排放量)
```

```
column: str
    绘制的排放类型 ( 列名 )
title: str
    图片标题
grid_size: int
    栅格大小
'''

# 划分栅格
# 将GPS栅格化，从经纬度信息计算栅格编号

bounds = [113.7, 22.42, 114.3, 22.8]
params = tbd.area_to_params(bounds, accuracy=grid_size)
points['LONCOL'], points['LATCOL'] = tbd.GPS_to_grid(
    points['lon'], points['lat'], params)
# 统计每个栅格的排放量
grid_agg = (points.groupby(['LONCOL', 'LATCOL'])[
                ['E_FC', 'E_CO', 'E_NOx', 'E_VOC', 'E_CO2']].sum()).reset_
index()
# 换算为每平方千米的排放量的系数，单位为 (g/km²)
grid_agg['density'] = grid_agg[column] / (grid_size/1000) ** 2

# 利用pygmt构造密度曲面
grid_agg['lon'],grid_agg['lat'] = tbd.grid_to_centre([grid_agg['LONCOL'],
grid_agg['LATCOL']], params)
import pygmt
region = [bounds[0],bounds[2],bounds[1],bounds[3]]
spacing = [params['deltalon'],params['deltalat']]
data_surface = pygmt.surface(data=grid_agg[['lon','lat','density']],
region=region, spacing=spacing,tension = 0.5)
# 超采样插值
subparams = tbd.area_to_params(bounds,accuracy = 100)
subspacing = [subparams['deltalon'],subparams['deltalat']]
data_surface_subsample = pygmt.grdsample(grid=data_surface, region=region, spacing=
subspacing )

# 导入绘图包
import matplotlib.pyplot as plt
plt.rcParams['font.sans-serif'] = ['SimHei']
fig = plt.figure(1, (8, 8), dpi=300)
ax = plt.subplot(111)
plt.sca(ax)
# 添加地图底图
tbd.plot_map(plt, bounds, zoom=12, style=11)
# 转为栅格数据
z = data_surface_subsample.values
x = data_surface_subsample.coords['x'].values
y = data_surface_subsample.coords['y'].values

# 绘制数据量的热力图
plt.imshow(z,
```

```
                vmin=0,          # 设置色条的最小值为 0
                cmap='hot_r',    # 设置颜色映射
                extent=(x.min(), x.max(), y.min(), y.max()), # 显示范围
                origin='lower',  # 确定哪个角被视为原点,lower表示原点在左下角
                alpha=0.5)       # 透明度
# 添加比例尺和指北针
tbd.plotscale(ax, bounds=bounds, textsize=10, compasssize=1,
            accuracy=2000, rect=[0.06, 0.03])
plt.axis('off')
plt.xlim(bounds[0], bounds[2])
plt.ylim(bounds[1], bounds[3])
plt.title(title)
# 绘制colorbar
cax = plt.axes([0.93, 0.32,0.02, 0.3])  # colorbar的位置,[左, 下, 宽, 高]
cbar = plt.colorbar(cax=cax)
plt.title('$g/km^2$')
plt.show()
```

接下来,基于上述函数,可以实现各类排放的空间分布可视化。相应代码如下:

```
plot_emission_spatial(points,column = 'E_CO2',title = '$CO_2$排放量',vmin = 0,
vmax = 10000)
plot_emission_spatial(points,column = 'E_CO',title = '$CO$排放量',vmin = 0,
vmax = 1000)
plot_emission_spatial(points,column = 'E_NOx',title = '$NO_x$排放量',vmin = 0,
vmax = 100)
plot_emission_spatial(points,column = 'E_VOC',title = '$VOC$排放量',vmin = 0,
vmax = 10)
```

输出结果如图 5.8所示。

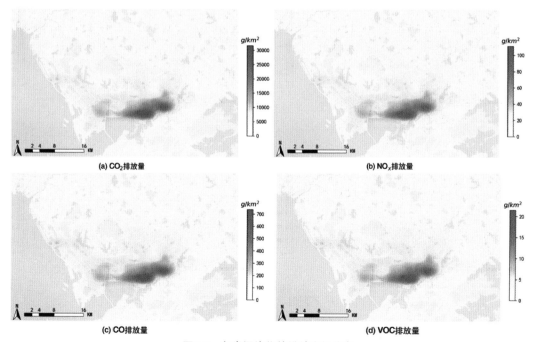

图5.8　各类污染物的排放空间分布

  由于所用的数据仅包含180辆车，排放的分布情况仅能代表大致的情况。值得注意的是，为了更好地展示各类污染物的排放情况，色条的最大值已根据污染物的具体情况进行调整设置。在排放的空间分布结果中，各类污染物的排放量空间差异并不大，主要集中在城市的主要干道上。

  此外，也可以通过条件筛选分析不同条件下的排放情况。在多种条件下对比栅格图时，需要将色条的最大值固定，以便在相同标准下比较不同时段的数值分布情况。例如，可以利用hour字段筛选不同时间段的排放情况，并对空间分布进行可视化，相应代码如下：

```
t = 0
plot_emission_spatial(points[points['hour']==t].copy(),column = 'E_CO2',title =
str(t)+'时$CO_2$排放量',vmin = 0,vmax = 300)
t = 6
plot_emission_spatial(points[points['hour']==t].copy(),column = 'E_CO2',title =
str(t)+'时$CO_2$排放量',vmin = 0,vmax = 300)
t = 12
plot_emission_spatial(points[points['hour']==t].copy(),column = 'E_CO2',title =
str(t)+'时$CO_2$排放量',vmin = 0,vmax = 300)
t = 18
plot_emission_spatial(points[points['hour']==t].copy(),column = 'E_CO2',title =
str(t)+'时$CO_2$排放量',vmin = 0,vmax = 300)
```

  输出结果如图5.9所示。

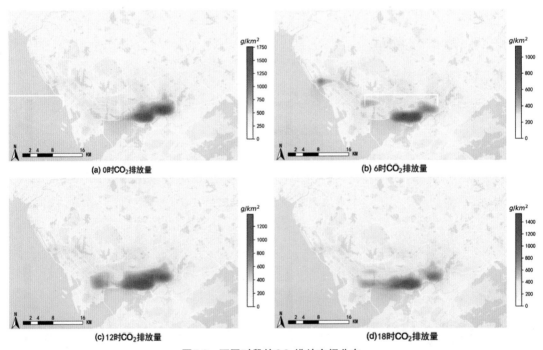

(a) 0时CO_2排放量   (b) 6时CO_2排放量

(c) 12时CO_2排放量   (d) 18时CO_2排放量

图5.9 不同时段的CO_2排放空间分布

5.3.2　排放时间分布的可视化

除了排放的空间分布，还可以分析排放的时间分布。为了比较各污染物的排放情况，可以绘制折线图。为了提高代码复用性，可以将绘制排放时变图的代码封装成函数，并将排放类型、图表标题等作为函数的输入参数，以便在绘制不同污染物时进行修改。相应代码如下：

```python
def plot_emission_temporal(points,
                           column,
                           title):
    '''
    绘制排放时变图

    参数
    ----
    points: GeoDataFrame
        轨迹点数据（已计算好排放量）
    column: str
        绘制的排放类型（列名）
    title: str
        图片标题

    '''
    # 统计每小时的排放量
    emission_hour = points.groupby(['hour'])[column].sum().reset_index()
    # 绘制时变图
    import matplotlib.pyplot as plt
    plt.rcParams['font.sans-serif'] = ['SimHei']
    plt.rcParams['axes.unicode_minus'] = False
    fig = plt.figure(1,(5,3),dpi=300)
    ax = plt.subplot(111)
    # 分组绘制折线图
    plt.plot(emission_hour['hour'],emission_hour[column],'-o',color = 'k')
    plt.xlabel('时间（小时）')
    plt.ylim(0)
    plt.ylabel('排放量（g）')
    plt.title(title)
    plt.show()
```

接下来，对各类污染物的排放时变分布进行可视化。代码如下：

```python
plot_emission_temporal(points,column = 'E_CO2',title='$CO_2$排放量时变')
plot_emission_temporal(points,column = 'E_CO',title='$CO$排放量时变')
plot_emission_temporal(points,column = 'E_NOx',title='$NO_x$排放量时变')
plot_emission_temporal(points,column = 'E_CO',title='$CO$排放量时变')
```

结果如图 5.10 所示。

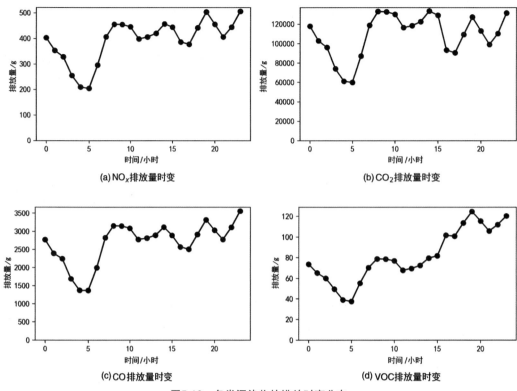

(a) NO_x排放量时变

(b) CO_2排放量时变

(c) CO排放量时变

(d) VOC排放量时变

图5.10　各类污染物的排放时变分布

第6章
车辆轨迹数据的多智能体仿真

多智能体仿真技术（Multi-agent simulation），也被称为基于代理的建模（Agent-Based Modeling，ABM），是一种用于研究复杂系统的计算模型技术。目前，这种仿真模型已在交通规划、城市规划、经济学、生态学等多个领域发挥着重要作用。在ABM中，系统内的各个实体被模拟成独立的代理（Agent），每个代理拥有自身的状态、行为规则以及与其他代理的互动方式。通过模拟这些代理间的互动和行为规则，ABM能够帮助我们探究整个系统的宏观行为特征。

在交通领域，ABM主要应用于微观和宏观两个层面。在微观层面，它可以模拟个别车辆的行为、司机行为的建模以及路网分析，帮助我们理解交通流动、拥堵情况及路网规划等问题。在宏观层面，ABM被用于评估交通政策、城市规划、货运系统的优化及环境影响，从而支持交通政策的制定、城市的可持续发展及资源的有效分配。这种仿真技术为我们深入理解和优化复杂的交通系统提供了强大的工具。

从宏观角度来看，在城市中，交通设施作为公共设施，承载着城市中众多个体的行为。由于这些设施的有限性，用户行为之间会展现出非线性和相互反馈的特性。交通设施的使用情况会影响用户行为，而用户行为反过来又会影响设施的使用。在此基础上，管理者根据宏观呈现的特征作出管理决策，这些决策又会影响微观个体行为，进而从下至上改变整个宏观系统的特征。在这种复杂系统的非线性互馈特性下，ABM能够帮助理解和预测整个系统的行为，为政策制定和规划提供决策支持。

为使构建的多智能体仿真模型更加灵活和可扩展，本章将不采用成熟的商业仿真软件。相反，我们将基于Python并结合之前章节介绍的技术，从基础开始构建仿真模型。本章旨在向读者介绍多智能体仿真的底层原理及实现方法。通过这些介绍，读者可以在本章所提供的程序框架基础上，定制智能体的类型、行为和仿真过程，以满足各种不同的仿真需求。

6.1 仿真模型的基本框架

6.1.1 仿真模型的整体设计

在本章中，我们将运用Python的面向对象的编程概念来构建仿真模型。在面向对象编程中，每个智能体被视作一个对象。每个对象都具有其独特的属性和方法。具体到我们的场景，我们将车辆视为智能体。每辆车的属性可能包括车辆ID、车辆类型、当前状态和位置等，而方法则包括车辆的运行逻辑、状态转换等。在仿真过程中，每个车辆对象都将根据自身的属性和方法进行操作，并与其他车辆对象互动，以此来模拟现实世界中的交通流动。这种面向对象的方法不仅使代码更加清晰和模块化，而且增强了仿真模型的灵活性和扩展性。

为了更好地理解，让我们以Python代码中定义一个车辆类为例，其最核心的部分如下所示：

```python
class CarAgent:
    # 车辆智能体
    def __init__( # init方法用于初始化对象的各类属性，在创建对象时自动调用
        self,
        car_id,                           # 车辆ID
    ):
        # 初始化车辆智能体的各类属性
        self.car_id = car_id              # 车辆ID
        # ...其他属性

    # ...智能体的各类方法
    def run(self,environment):            # 车辆运行时，接收环境智能体的信息
        # 执行智能体的运行逻辑。
        print('车辆ID:', self.car_id, '正在运行,环境中有', len(environment.car_
agent_dict), '辆车')

        # ...其他运行逻辑
```

在这段代码中，车辆智能体类包含两个主要部分。首先是__init__方法，负责初始化智能体对象。当创建车辆对象时，此方法被调用，并利用传入的参数为车辆配置基础属性。其次，run方法构成了车辆智能体的核心运行逻辑。在仿真过程中，我们会反复执行此方法来模拟车辆的运行情况。通过这个方法，可以利用self关键字访问车辆对象的属性，同时还可以通过environment关键字来获取仿真环境的相关属性。

同时，仿真模型还需一个核心的环境智能体类（Environment Agent），将整个仿真过程串联起来。在这个类中，我们将统一管理整个系统的属性，定义仿真的时间步管理，各类智能体的运行等。其核心代码如下：

```python
class EnvironmentAgent:
    # 仿真环境智能体
    def __init__(
        self,
        car_agent_dict                              # 环境中的车辆对象
    ):
        # 初始化环境智能体的各类属性
        self.car_agent_dict = car_agent_dict        # 车辆对象
        # ...其他属性
```

```
# ...智能体的各类方法

def run(self):
    # 执行智能体的运行逻辑
    print('环境正在运行')

    # 环境每一次运行,对环境中的各车辆智能体调用 run 方法
    for car_agent in self.car_agent_dict.values():
        car_agent.run(self)  # 将环境智能体传入,以便车辆获取环境信息

    # ...其他运行逻辑
```

在环境智能体类的代码结构中，亦分为两个主要部分。首先是__init__方法，其用途在于初始化环境智能体对象。在创建环境对象时，会将定义的所有智能体对象传递进来，例如，以car_agent_dict字典的形式将车辆对象集成到环境中。接下来，在环境的run方法中，我们将遍历car_agent_dict中的每个车辆智能体，并调用它们的run方法，以此来模拟整个环境的运行过程。

以下示例演示了如何利用上述定义的类来创建五辆车，并将它们加入仿真环境中以运行仿真模型：

```
# 初始化车辆信息
car_agent_dict = {}
for i in range(5):
    car_agent_dict[i] = CarAgent(car_id = i)
# 初始化环境
environment = EnvironmentAgent(car_agent_dict)
# 环境运行
environment.run()

# 输出结果
环境正在运行
车辆ID: 0 正在运行,环境中有 5 辆车
车辆ID: 1 正在运行,环境中有 5 辆车
车辆ID: 2 正在运行,环境中有 5 辆车
车辆ID: 3 正在运行,环境中有 5 辆车
车辆ID: 4 正在运行,环境中有 5 辆车
```

在此过程中，我们执行了environment.run()方法，触发环境开始运行一个仿真步骤。在这一步骤中，环境内的所有车辆将依次执行它们的运行逻辑。随着仿真的持续进行，我们会持续重复调用environment.run()方法，以此来精确模拟整个仿真环境的运行过程。

6.1.2 仿真时间与仿真步的管理

在仿真模型中，为了便于仿真时间的管理，我们将时间（Time），时间戳（Timestamp）和时间步（Time Step）区分开，如下在仿真模型的设计中，为了便于仿真

时间的管理，有必要将仿真的几种时间变量进行明确区分：

① 时间戳： 仿真模型中的时间戳用于标识自仿真开始以来的累计时间，比如仿真开始后的10分钟、20分钟等，本章的模型中，时间单位为分钟。

② 时间：通常指的是现实世界中的时间，比如2024-01-01 08:00:00，这个参数通用于表示仿真的实际时间点，一般在仿真结束后通过时间戳进行转换，以便进行一些与现实世界时间相关的分析。

③ 时间步：是指在仿真过程中的一个单独步骤，它代表仿真中的一个时间间隔，在模型中，environment每次执行run()方法，可以视为一个时间步。每个时间步可以被视为仿真时间的一个快照，在这个时间点上，仿真中各智能体的大部分变量都会更新一次。

④ 步长：通常指一个时间步所代表的实际时间长度，如1秒、1分钟等。定义合适的仿真步长会影响仿真的性能，设定过细的步长时，一方面会导致仿真过程变慢，另一方面由于仿真模型通常需要在每一帧记录状态信息，其内存占用可能会过大；设定过大的步长时，由于智能体在每一仿真步中通常只会进行一次行为决策，可能会导致仿真结果不准确。时间步的长度可以是固定的，也可以根据仿真需求变化。

一个高效的仿真模型需要能够有效地管理上述四种参数。在我们的模型中，仿真时间的管理方法仅在环境智能体中定义，以确保仿真进程的统一性和连贯性。具体而言，我们会在环境智能体中定义仿真的起始时间、步长和步数等参数，并在每个仿真步骤中更新时间戳。具体实现代码如下所示：

```python
class EnvironmentAgent:
    def __init__(
        self,
        step_length
    ):
        self.step = -1          # 时间步定义为-1，以便在第一步时间步变为0
        self.timestamp = 0  # 时间戳
        self.step_length = step_length # 步长（每一仿真步代表的时间长度）

    def run(self):
        # 一般会在run函数最开始时进行时间步管理
        self.step += 1
        self.timestamp = self.step * self.step_length # 时间戳的更新
        print('当前时间步:', self.step, '当前时间:', self.timestamp, '分钟')
```

下面是仿真过程时间步更新的示例代码：

```python
# 初始化环境
environment = EnvironmentAgent(step_length = 5) # 仿真步长为5分钟
for i in range(5):                              # 仿真5个时间步
    environment.run()

# 输出结果
当前时间步: 0 当前时间: 0 分钟
当前时间步: 1 当前时间: 5 分钟
```

```
当前时间步：2　当前时间：10 分钟
当前时间步：3　当前时间：15 分钟
当前时间步：4　当前时间：20 分钟
```

6.1.3　仿真信息的存储

在仿真过程中，为了便于事后审查仿真中的详细情况，我们需要记录每一时间步中各智能体的信息。推荐的做法是在每个智能体内部，采用列表嵌套字典的方式（例如[{'step':1,...},{'step':2,...},...]）来存储这些信息。重要的是，应避免使用pandas的DataFrame来进行数据存储。尽管DataFrame在某些场景下很有用，但在仿真模型中，由于每个智能体在每个时间步都会生成一个新的DataFrame，这样做将大量消耗时间和内存资源，导致仿真过程显著变慢。相比之下，使用Python原生的字典类型来存储数据，可以显著提高仿真的效率。字典提供了一种灵活且高效的方式来记录和访问仿真过程中的关键信息，同时也更容易处理和维护。

在每个智能体初始化的过程中，我们定义了一个属性self.infos，专门用于存储该智能体在每一个仿真步骤中的信息。当每个仿真步骤结束时，通过调用self.save_infos()方法，把当时的信息添加到self.infos列表中。以下是一个环境智能体信息存储的示例实现：

```python
class EnvironmentAgent:
    # 环境智能体类
    def __init__(self):
        # ...各类属性
        self.infos = []   # 存储每一仿真步骤的信息，每个元素为一个字典

    def save_infos(self):
        # 存储当前时间步的信息
        self.infos.append({
            'timestamp': self.timestamp,
            'step': self.step,
            # 在这里添加需存储的其他相关信息
        })

    def run(self):

        # ...运行逻辑

        self.save_infos()   # 运行结束时保存当前时间步的信息
```

对于车辆智能体，我们同样实施了类似的信息存储机制。然而，需要特别注意的是，时间管理是由环境智能体负责的，车辆智能体本身不直接进行时间管理。在存储车辆信息时，必须同步记录当前的时间步信息。因此，车辆智能体的self.save_infos()方法需要从环境智能体中获取时间步信息。这样做可以确保每次存储的车辆信息都能准确地与相应的时间步对应。下面展示了车辆智能体信息存储的一个示例实现：

```
class CarAgent:
    # 各种智能体类
    def __init__(self,car_id):
        self.car_id = car_id
        self.infos = []   # 存储每一时间步的信息，每个元素为一个字典
        # ...

    def save_infos(self,environment): # 将环境信息传入
        # 存储当前时间步的信息
        self.infos.append({
            'timestamp': environment.timestamp,
            'step': environment.step,
            'car_id':self.car_id,
            # 在这里添加需存储的其他相关信息
        })

    def run(self,environment):
        self.save_infos(environment)
```

仿真完成后，可以将各智能体存储的信息进一步提取并转换为DataFrame格式，以便于进行详尽的数据分析和处理。以下是一个将环境智能体信息转换为DataFrame的示例代码：

```
# 将环境智能体的信息存储为 DataFrame
import pandas as pd
environment_infos = pd.DataFrame(environment.infos)
```

对于车辆智能体的数据整理，由于每个车辆智能体的信息存储在其infos属性中，并且所有的车辆智能体被组织在car_agent_dict字典中，因此需要进行一次嵌套式的信息提取。为了实现这一点，我们可以结合使用Python的列表推导式和Pandas的DataFrame功能来生成所需的结果。

以下是提取和转换车辆信息的示例代码：

```
# 使用列表推导式从每个车辆智能体中提取信息，并存储到列表中
car_info_list = [car_agent.infos for car_agent in car_agent_dict.values()]

# 使用列表推导式将嵌套的列表扁平化，并转换为 DataFrame
car_infos_df = pd.DataFrame([item for sublist in car_info_list for item in
sublist])
```

在上述代码中：

第一行使用列表推导式，遍历car_agent_dict字典中的每个值（即每个车辆智能体），并提取出其infos属性，该属性是一个列表，包含了有关该车辆智能体的信息。

第二行代码是一个嵌套的列表推导式，用于将多个infos列表（即每个车辆智能体的信息列表）扁平化成一个单一的列表。这个步骤确保了所有车辆智能体的信息被合并到一个统一的数据结构中。

经过这些步骤，我们便能有效地整合所有车辆智能体的信息，为后续的数据分析和

处理奠定基础。

6.1.4 仿真模型框架小结

将上述模块结合起来,我们构建了一个基本的仿真基础框架。这个框架包含了智能体的初始化、仿真步骤的执行、信息的记录和提取等关键部分。以下是该仿真基础框架的完整代码:

```
class CarAgent:
    def __init__(self,car_id):
        self.car_id = car_id
        self.infos = [] # 存储每一仿真步骤的信息

    def save_infos(self,environment):
        # 存储当前时间步的信息
        self.infos.append({
            'timestamp': environment.timestamp,
            'step': environment.step,
            'car_id':self.car_id,
            # 在这里添加需存储的其他相关信息
        })

    def run(self,environment):
        self.save_infos(environment)

class EnvironmentAgent:
    def __init__(self,car_agent_dict,step_length ):
        self.car_agent_dict = car_agent_dict
        self.step = -1        # 时间步
        self.timestamp = 0  # 时间戳
        self.step_length = step_length
        self.infos = []        # 存储每一仿真步骤的信息

    def save_infos(self):
        # 存储当前时间步的信息
        self.infos.append({
            'timestamp': self.timestamp,
            'step': self.step,
            # 在这里添加需存储的其他相关信息
        })

    def run(self):
        # 进行时间步管理
        self.step += 1
        self.timestamp = self.step * self.step_length

        # 环境中所有车辆运行
        for car_agent in self.car_agent_dict.values():
            car_agent.run(self)
```

```
              # 环境运行结束后，存储信息
              self.save_infos()

# 初始化车辆
car_agent_dict = {}
for i in ['Car1','Car2']:
    car_agent_dict[i] = CarAgent(car_id = i)
# 初始化环境
environment = EnvironmentAgent(car_agent_dict = car_agent_dict,
                               step_length = 5)

# 仿真运行5个仿真步
for i in range(5):
    environment.run()

# 结果存储
import pandas as pd
environment_infos = pd.DataFrame(environment.infos)
car_infos = pd.DataFrame([item for sublist in [car_agent.infos for car_agent in
car_agent_dict.values()] for item in sublist])

# 将时间戳转为实际时间
starttime = '2024-01-01 00:00:00' # 定义仿真开始时间
environment_infos['time'] = pd.to_datetime(starttime) + pd.to_timedelta
(environment_infos['timestamp'], unit='m')
car_infos['time'] = pd.to_datetime(starttime) + pd.to_timedelta(car_infos
['timestamp'], unit='m')
```

在最后，利用pandas的to_datetime()方法与to_timedelta()将时间戳转换为实际时间，这两个方法是列运算，速度快，能够加快对结果的整理效率。其中car_infos与environment_infos所存储的结果分别如图6.1和图6.2所示，car_infos将所有车辆的信息存储在一个表中。

	timestamp	step	car_id	time
0	0	0	Car1	2024-01-01 00:00:00
1	5	1	Car1	2024-01-01 00:05:00
2	10	2	Car1	2024-01-01 00:10:00
3	15	3	Car1	2024-01-01 00:15:00
4	20	4	Car1	2024-01-01 00:20:00
5	0	0	Car2	2024-01-01 00:00:00
6	5	1	Car2	2024-01-01 00:05:00
7	10	2	Car2	2024-01-01 00:10:00
8	15	3	Car2	2024-01-01 00:15:00
9	20	4	Car2	2024-01-01 00:20:00

图6.1　车辆信息

	timestamp	step	time
0	0	0	2024-01-01 00:00:00
1	5	1	2024-01-01 00:05:00
2	10	2	2024-01-01 00:10:00
3	15	3	2024-01-01 00:15:00
4	20	4	2024-01-01 00:20:00

图6.2　环境信息

上述代码展示了如何通过不同的模块相互作用，创建一个有效且灵活的仿真环境。通过智能体的初始化和运行，仿真步骤的管理，以及信息的有效存储和提取，这个框架为进行更复杂的仿真分析提供了可靠的基础。后面小节中，我们将进一步介绍如何在这个基础框架上，加入路网与车辆智能体行为的模拟。

6.2　智能体的属性与功能设计

在本节中，我们进一步探讨如何在仿真模型中加入智能体的行为模拟。在模型中，为各智能体增加行为方法，是模拟现实世界中智能体行为的关键步骤。其中，推荐使用Python原生的字典形式来输出智能体的行为方法调用的结果，以便于后续的调用和管理。

6.2.1　环境智能体

在环境智能体中，可以加入智能体信息的整体管理、系统整体状态管理、路网等基础设施管理等功能。本节重点介绍如何为环境智能体添加路网管理功能。具体来说，我们将实现以下两个功能：

① **提供路径信息**。当车辆智能体需要出行时，它们可以从环境智能体管理的路网中获取必要的出行路径信息。

② **提供路径上的地理位置**。在行驶过程中，车辆智能体可以根据自身在路径上的行进情况和已行驶的时间，计算出自己在路网中的具体地理位置。

通过这样的设计，环境智能体不仅作为信息的存储者，还充当了智能体之间信息交换的中介角色，为车辆智能体提供了更丰富的交互信息，从而使整个仿真模型更加精确和实用。

1.路网管理与路径信息提供

在实现环境智能体的路网管理功能之前，首先参考前述有关路网处理的章节，获取并整理路网的基础信息，以确保其可用性，并便于将这些路网信息集成到环境智能体中。

以下是一个示例代码，展示了如何获取和处理上海市的路网数据：

```python
import osmnx as ox
# 定义上海市的边界框
bounds = (120.85, 30.67, 122.24, 31.87)
north, south, east, west = bounds[3], bounds[1], bounds[2], bounds[0]

# 从边界框内获取道路网络数据
G = ox.graph_from_bbox(north, south, east, west, network_type='drive')

# 将路网转换为节点和边的GeoDataFrame
gdf_nodes, gdf_edges = ox.graph_to_gdfs(G)

# 重置索引并删除重复的边, 确保每对节点间只保留一条边
gdf_edges = gdf_edges.reset_index().drop_duplicates(subset=['u', 'v'],
keep='first')
gdf_edges['key'] = 0
```

```
gdf_edges = gdf_edges.set_index(['u', 'v', 'key'])

# 重新构建路网图
G = ox.graph_from_gdfs(gdf_nodes, gdf_edges, graph_attrs=G.graph)

# 提取路网的最大强连通子图
G = ox.utils_graph.get_largest_component(G, strongly=True)

# 为路网中的每条边添加出行速度和行程时间
G = ox.add_edge_speeds(G)
G = ox.add_edge_travel_times(G)

# 将处理后的路网数据保存为GraphML文件
ox.save_graphml(G, filepath='data/shanghai_road.graphml')
```

这段代码通过OSMnx库获取和处理路网数据，确保环境智能体能够访问和使用这些关键的路网信息。通过这种方法，可以高效地将实际的路网信息整合到仿真环境中，为车辆智能体提供真实且准确的路径和位置信息。

随后，我们将路网作为环境智能体的初始化参数传入，为环境智能体添加了获取出行路径的功能。以下是实现此功能的代码示例：

```
class EnvironmentAgent:
    def __init__(self,
                 road_network,
                 ...
                 ):
        # 初始化时将路网设置为环境智能体的属性
        self.road_network = road_network
        # 将路网的节点和边转换为属性
        self.road_network_node, self.road_network_edge = ox.graph_to_gdfs
(self.road_network)

    # ...其他方法

    def find_travel_path(self, lon1, lat1, lon2, lat2, weight='travel_time'):
        # 找到两点间的最短出行路径
        # 由给定的坐标获取路网中最近节点
        orig = ox.distance.nearest_nodes(self.road_network, X=lon1, Y=lat1)
        dest = ox.distance.nearest_nodes(self.road_network, X=lon2, Y=lat2)
        # 找到最短路径
        travel_route = ox.shortest_path(
            self.road_network, orig, dest, weight=weight)
            # travel_route得到的是所经过节点的索引
        # 获取所经过路径的行驶时间与长度
        travel_time = ox.utils_graph.get_route_edge_attributes(
            self.road_network, travel_route, attribute='travel_time')
        length = ox.utils_graph.get_route_edge_attributes(
            self.road_network, travel_route, attribute='length')
        # 将路径和行驶时间组合成字典返回结果
        route = {'travel_route': travel_route,
```

```
                'travel_time': travel_time,
                'length': length,
                'has_path': len(travel_route) > 1,   # 是否存在路径
                'slon': lon1,
                'slat': lat1,
                'elon': lon2,
                'elat': lat2}
        return route

    # ...其他方法
```

这段代码展示了如何在环境智能体内部添加路网，并添加了find_travel_path()方法获取两点之间的最短出行路径。通过调用OSMnx库的相关功能，能够快速地确定给定坐标之间的最佳路径，包括路径的节点、行驶时间和路径长度，结果以字典的形式返回。

下面的代码展示了如何调用这个方法，以获取两个坐标之间的最短出行路径：

```
import warnings
warnings.filterwarnings('ignore')
# 读取路网
import osmnx as ox
G = ox.load_graphml('data/shanghai_road.graphml')
# 初始化环境
environment = EnvironmentAgent(road_network = G)
route = environment.find_travel_path(121.5, 31.2, 121.5, 31.205)
# 测试出行路径是否能够正常获取
route

# 输出结果
{'travel_route': [618848713,4438824284,4438824287,4438824391,619349622,
4681521514],   # 路径上的节点索引
 'travel_time': [17.3, 12.9, 9.9, 1.1, 6.7], # 路径上各路段的行驶时间
 'length': [197.11299999999997, 219.69, 167.555, 12.828, 71.957],
 # 路径上各路段的长度
 'has_path': True, # 是否存在路径
 'slon': 121.5,
 'slat': 31.2,
 'elon': 121.5,
 'elat': 31.205}
```

其中，travel_route是所经过节点的索引，travel_time是所经过边的出行时间（注意，OSMnx提供的出行时间单位为s），length是所经过边的长度，has_path表示是否能够找到路径（部分出行起终点如果距离过近，在路网上可能找不到路径，在此添加标记以便仿真过程进行处理），slon、slat、elon、elat分别表示起点和终点的经纬度。

2. 路网车辆位置的换算

为了帮助车辆智能体有效地管理其在路径上的具体位置，我们为环境智能体增加了一个find_path_position()方法。该方法可以根据车辆智能体所处的路径及其行驶时间，计算出车辆在路网中的精确位置。以下是实现此功能的代码示例：

```python
class EnvironmentAgent:
    def __init__(self, road_network):
        # 设置路网
        self.road_network = road_network
        # 获取路网的节点和边
        self.road_network_node, self.road_network_edge = ox.graph_to_gdfs
(self.road_network)

    # ...

    def find_path_position(self, route, traveled_time):
        # 根据路径和已行驶时间计算当前位置
        if traveled_time > sum(route['travel_time']):
            # 如果已行驶时间超过了整条路径的时间，则认为已到达终点
            position={'lon':route['elon'],
                      'lat':route['elat'],
                      'arrive': True}
            return position
        else:
            cumulative_sum = 0
            index = 0
            for i, time in enumerate(route['travel_time']):
                cumulative_sum += time
                if cumulative_sum >= traveled_time:
                    index = i
                    traveled_time -= cumulative_sum - time
                    break
            # 计算当前所在边的行驶百分比
            traveled_percentage=traveled_time/route['travel_time'][index]
            # 获取当前边的几何形状，并根据行驶百分比计算具体坐标点
            edge_geometry = self.road_network_edge.loc[
                (route['travel_route'][index],
                 route['travel_route'][index+1],
                 0), 'geometry']
            point=edge_geometry.interpolate(traveled_percentage,
                                            normalized=True)
            position={'lon': point.x, 'lat': point.y, 'arrive': False}
            return position
```

这段代码能够通过精确的计算方法，根据车辆智能体在特定路径上的行进状态，准确地确定其在路网中的位置。例如，我们可以利用以下代码来计算车辆在特定路径上行驶10s和100s后的位置：

```python
# 计算车辆在路径上行驶10s后的位置
position = environment.find_path_position(route, 10)
print(position)
# 输出结果: {'lon': 121.5004057858053, 'lat': 31.200430556222333, 'arrive':
False}

# 计算车辆在路径上行驶100s后的位置
```

```
position = environment.find_path_position(route, 100)
print(position)
# 输出结果: {'lon': 121.5, 'lat': 31.205, 'arrive': True}
```

其中，arrive字段表示车辆是否已经到达终点，而lon和lat字段分别指出车辆当前的经度和纬度位置。

在这个基础上，环境智能体可以进一步增加更多功能，如记录所有车辆智能体的位置、更新路网中的车速等。这些功能的加入将大大增强仿真模型的精度和实用性。虽然由于篇幅限制，我们在这里只展示了基础的仿真功能框架，但读者可以根据自己的需求，进一步完善和扩展这个框架，以满足更复杂的仿真场景。

6.2.2　车辆智能体

车辆智能体主要负责管理车辆的状态与行为。我们可以引入一个status属性来表示车辆的当前状态。例如在本节中，当status为0时，表示车辆处于停车状态；而status为1时，则表示车辆正处于行驶状态。在更复杂的仿真模型中，可以根据需求引入更多的状态，如等待状态、充电状态等，可以更全面地模拟车辆在不同情境下的行为和状态变化。这种状态管理机制使车辆智能体能够灵活应对各种交通环境和场景，从而提高仿真模型的真实性和复杂性。

1. 车辆的出行任务指派

在车辆智能体模块中，我们引入了travel_to_location()方法，这个方法的主要功能是为车辆智能体分配出行任务。当车辆智能体被赋予一个特定的出行目的地时，它将基于当前位置，调用环境智能体的find_travel_path()方法来获取到达目的地的最佳路径。以下是这一功能实现的代码示例：

```
class CarAgent:
    def __init__(self, initlon, initlat...):
        self.status = 0                        # 状态0:停车;1:行驶
        self.current_route = {}                # 当前行驶路径
        self.current_route_traveltime = 0      # 当前路径的已行驶时间
        self.lon = initlon                     # 初始经度
        self.lat = initlat                     # 初始纬度

    # ...其他方法

    def travel_to_location(self, environment, lon, lat):
        # 为车辆分配出行任务
        # 获取从当前位置到目的地的路径
        route = environment.find_travel_path(self.lon, self.lat, lon, lat)
        # 更新车辆状态为行驶，并设置行驶路径信息
        self.status = 1
        self.current_route = route
        self.current_route_traveltime = 0
```

在此代码中，车辆智能体除了被赋予基本属性如初始位置和状态外，还被赋予了能够执行具体出行任务的能力。在其中，我们为车辆引入了几个额外的属性：status用于存储车辆状态，current_route存储了车辆当前的行驶路径，current_route_traveltime表示车辆在此路径上已经行驶的时间，lon和lat表示车辆当前的经纬度位置。

2. 行驶状态下车辆位置的移动更新

一旦车辆智能体获得出行路径且处于行驶状态中，车辆将在每个仿真步骤中沿着这条路径行进，直至到达目的地。为了实现这一过程，我们在车辆智能体中加入了一个名为travel_per_step()的方法。这个方法的主要作用是根据车辆当前的状态，在每个仿真步骤中计算车辆的位置，并据此更新车辆的状态和位置信息。以下是这一功能的具体实现代码：

```python
class CarAgent:
    def __init__(self, ...):
        # ...

    def travel_per_step(self,environment):
        # 每一时间步的行驶逻辑
        if not self.current_route['has_path']:
            # 如果没有路径，直接到达目的地
            self.status = 0
            self.lon = self.current_route['elon']
            self.lat = self.current_route['elat']
        else:
            # 如果有路径，则按照路径行驶
            self.current_route_traveltime += environment.step_length*60
            # 更新行驶时间
            position = environment.find_path_position(self.current_route,
            # 路径
                                                        self.current_route_
                traveltime)    # 已经行驶的时间
            self.lon = position['lon']
            self.lat = position['lat']
            if position['arrive']:
                # 如果到达目的地，转换为停车状态并清空路径信息
                self.status = 0
                self.current_route = {}
                self.current_route_traveltime = 0

    def run(self,environment):

        # ...

        # 车辆运行决策
        if self.status == 0: # 停车状态
            pass
```

```
    elif self.status == 1: # 行驶状态
        self.travel_per_step(environment)

    # ...
```

在车辆智能体的主要运行逻辑run函数中，我们加入了状态判断：如果车辆处于停车状态，则无需执行任何动作；而当车辆处于行驶状态时，则必须在每个仿真步骤中调用travel_per_step()方法来更新车辆的位置信息。

3. 车辆的出行链信息输入

在完成了车辆的基本出行任务分配和路径行驶功能之后，为了使车辆在仿真过程中能够主动进行出行，我们需要为车辆智能体添加一个出行链属性。这个属性将使车辆智能体能够根据预定的出行计划执行任务。出行链的数据结构可以设计成以下格式：

```
trip_chain = [
    {'timestamp': 0, 'lon': 121.5, 'lat': 31.2},
    {'timestamp': 60, 'lon': 121.6, 'lat': 31.3},
    {'timestamp': 120, 'lon': 121.7, 'lat': 31.4},
    ...
]
```

在这个示例中，trip_chain是一个列表，其中的每个元素都是一个字典，代表一项出行任务。每个出行任务包括出行的开始时间timestamp和目的地的经纬度坐标lon与lat。通过这种方式，我们可以在仿真过程中为车辆智能体分配出行任务，使其按照出行链中的安排执行相应的任务。

为了进一步增强车辆智能体的自主性，我们将为其添加一个get_travel_task()方法。该方法的作用是根据当前的时间点，从出行链中获取相应的出行任务。以下是实现这一功能的代码示例：

```
class CarAgent:
    def __init__(self, ..., trip_chain):
        # ...

        self.trip_chain = trip_chain
        # 出行链，存储未来的出行时间和目的地

    def get_travel_task(self, environment):
        # 从出行链中提取出行任务
        if self.trip_chain:
            if self.trip_chain[0]['timestamp'] <= environment.timestamp:
                # 如果当前时间已到达或超过下一个出行开始时间
                next_trip = self.trip_chain.pop(0)  # 获取下一次出行任务
                self.travel_to_location(environment, next_trip['lon'], next_trip['lat'])  # 分配出行任务

    def run(self, environment):
        # 车辆在每次运行时先获取出行任务
```

```
        self.get_travel_task(environment)

        # ...
```

在上述代码中，get_travel_task()方法负责从出行链中获取车辆的下一个出行任务，并在合适的时间启动这个任务。这样的设计使车辆智能体能够根据预先设定的计划自主出行，从而使仿真模型更加接近现实世界中车辆的行为模式。

4. 车辆的出行链信息生成

为了模拟车辆在不同时间段的出行行为，我们可以利用马尔可夫链来生成车辆的出行链。在马尔科夫链中，定义了以下两个关键概念。

● 状态空间（States）：马尔可夫链中的每个状态代表一个可能的活动或地点，例如家、工作和其他活动。
● 状态转移概率矩阵（Transition Matrix）：这个矩阵定义了从一个状态转移到另一个状态的概率。例如，矩阵中的一个元素可能表示从家到工作的转移概率。车辆将根据状态转移概率矩阵进行状态转移，在每一次状态转移时，会根据当前状态的概率分布选择下一个状态。例如，即使在家的状态下，下一状态可能是工作，其他活动或保持在家。

定义了上述概念之后，我们可以根据马尔可夫链的原理，生成车辆的出行链。从初始状态开始，车辆在每小时根据当前状态进行一次状态转移判断。如果状态发生变化，则生成一条出行记录，记录出行时间、起始位置、目的地位置及其经纬度坐标。以下是一个基于马尔可夫链生成出行链的示例代码：

```python
import numpy as np
def generate_trip_chain(home_location, work_location, activity_location, hours = 24):
    '''
    以马尔可夫链生成车辆的出行链信息

    输入:
    - home_location: 家的位置，格式为 (lon, lat) 经纬度坐标
    - work_location: 工作地点的位置，格式为 (lon, lat) 经纬度坐标
    - activity_location: 活动地点的位置，格式为 (lon, lat) 经纬度坐标
    - hours: 仿真的小时数，默认为24小时

    输出:
    - travel_chain: 包含一天内出行记录的列表，每条记录包括出行时间、起始位置、目的地位置及其经纬度坐标
    '''
    # 定义状态空间
    states = ['home', 'work', 'activity']

    # 定义各状态所在的位置
    locations = {'home': home_location,
                 'work': work_location,
```

```
                        'activity': activity_location,
                    }

    # 定义状态转移概率矩阵
    transition_matrix = np.array([
        [0.9, 0.075, 0.025],    # 从home到各个状态的概率
        [0.15, 0.8, 0.05],      # 从work到各个状态的概率
        [0.5, 0.05, 0.45]       # 从activity到各个状态的概率
    ])

    # 定义初始状态
    initial_state = 'home'

    # 生成出行链
    current_state = initial_state
    travel_chain = []

    # 生成一天的出行链，每小时生成一个状态，如状态变化则生成一条出行记录
    for hour in range(hours):
        # 当前状态的索引
        state_index = states.index(current_state)
        # 根据状态转移概率矩阵，生成下一个状态
        next_state_index = np.random.choice(
            len(states), p=transition_matrix[state_index])
        next_state = states[next_state_index]
        if next_state != current_state:
            # 如果状态发生变化，则生成一条出行记录
            travel_chain.append({
                'hour': hour,
                'timestamp': hour*60+np.random.randint(0, 60),
                # 在该小时内生成一个随机时间
                'from_location': current_state,
                'to_location': next_state,
                'lon': locations[next_state][0],
                'lat': locations[next_state][1]})
        # 更新当前状态
        current_state = next_state
    # 输出出行链
    return travel_chain
```

这段代码借助马尔可夫链的概念，模拟了车辆在一天内不同时间段从家、工作地点及其他活动地点之间的转移概率。通过这种方法，我们能够生成一系列具有代表性的出行任务，这些任务反映了车辆在现实生活中的典型出行模式。

在实际应用中，此方法可以进一步扩展和细化。我们可以设置更多样化的状态和相应的状态转移概率矩阵，比如引入多个工作地点、居住地和其他活动场所。同时，可以利用真实的出行数据来精确拟合状态转移概率矩阵，提高仿真的真实性和准确性。此外，根据不同时间段和出行模式的特点，状态转移概率矩阵可以设计为随时间变化，以此来模拟不同类型车辆的具体出行行为。

上述代码中，需要输入车辆的家、工作地点和其他活动地点的经纬度坐标。为了方便起见，我们可以利用以下代码来随机生成这些坐标：

```python
import geopandas as gpd
# 读取上海市行政区划数据
shanghai_admin = gpd.read_file('data/shanghai.json')

def get_random_pos():
    # 在上海市范围内随机生成一个坐标点
    # 指定边界框
    bounds = (120.85, 30.67, 122.24, 31.87)
    # 定义正态分布的均值和标准差，可以根据需要进行调整
    mean_x = 121.471916
    mean_y = 31.23173
    std_x = 0.1
    std_y = 0.1
    # 生成正态分布的中心点坐标
    x = np.random.normal(mean_x, std_x)
    y = np.random.normal(mean_y, std_y)
    # 确保生成的坐标在边界框内
    x = np.clip(x, bounds[0], bounds[2])
    y = np.clip(y, bounds[1], bounds[3])
    return x, y

def get_random_pos_within_shanghai():
    # 确保生成的坐标在上海市范围内
    x,y = get_random_pos()
    from shapely.geometry import Point
    while not Point(x,y).within(shanghai_admin.unary_union):
        # 如果不在上海市范围内，则重新生成坐标
        x,y = get_random_pos()
    return x,y
```

基于上述的代码，我们可以随机生成一个在上海市内的出行链。以下是一个示例代码：

```python
# 测试生成出行链的情况
home_location = get_random_pos_within_shanghai()
work_location = get_random_pos_within_shanghai()
activity_location = get_random_pos_within_shanghai()
travel_chain = generate_trip_chain(home_location, work_location, activity_
location)
travel_chain

# 输出结果
[{'hour': 6,
  'timestamp': 388,
  'from_location': 'home',
  'to_location': 'work',
  'lon': 121.37186478145533,
  'lat': 31.16428832173183},
```

```
{'hour': 9,
 'timestamp': 582,
 'from_location': 'work',
 'to_location': 'home',
 'lon': 121.3864563023892,
 'lat': 31.219488911608952},
{'hour': 20,
 'timestamp': 1219,
 'from_location': 'home',
 'to_location': 'activity',
 'lon': 121.52202117037662,
 'lat': 31.110578310994153},
{'hour': 21,
 'timestamp': 1267,
 'from_location': 'activity',
 'to_location': 'home',
 'lon': 121.3864563023892,
 'lat': 31.219488911608952}]
```

结果中，hour字段表示出行所在的小时，timestamp字段表示出行的时间戳（分钟），from_location和to_location字段分别表示出行的起始地点和目的地，lon和lat字段分别表示目的地的经纬度坐标。生成的出行链在一天中包含了4次出行，分别是早上6点从家到工作地点，早上9点从工作地点回家，晚上8点从家到其他活动地点，晚上9点从活动地点回家。

将上述的出行链输入到车辆智能体中，即可模拟车辆在一天内的出行行为。

6.3 多智能体仿真的运行

6.3.1 代码小结与小规模测试

将上述环境智能体与车辆智能体模块结合起来，我们构建了一个能够仿真车辆出行的模型。其中，环境智能体对象的完整代码如下：

```
class EnvironmentAgent:
    def __init__(self,
                 road_network,
                 car_agent_dict,
                 step_length
                 ):
        self.road_network = road_network      # 设定路网
        self.road_network_node, self.road_network_edge = ox.graph_to_gdfs(
            self.road_network)                # 获取路网节点和边
        self.car_agent_dict = car_agent_dict
        self.step = -1                        # 时间步
        self.timestamp = 0                    # 时间戳
```

```python
        self.step_length = step_length
        self.infos = []    # 存储每一仿真步骤的信息

    def find_travel_path(self, lon1, lat1, lon2, lat2, weight='travel_time'):
        # 找到两点间的最短出行路径
        # 由给定的坐标获取路网中最近节点
        orig = ox.distance.nearest_nodes(self.road_network, X=lon1, Y=lat1)
        dest = ox.distance.nearest_nodes(self.road_network, X=lon2, Y=lat2)
        # 找到最短路径
        travel_route = ox.shortest_path(
            self.road_network, orig, dest, weight=weight)
        # 获取所经过路径的行驶时间与长度
        travel_time = ox.utils_graph.get_route_edge_attributes(
            self.road_network, travel_route, attribute='travel_time')
        length = ox.utils_graph.get_route_edge_attributes(
            self.road_network, travel_route, attribute='length')
        # 将路径和行驶时间组合成字典返回结果
        route = {'travel_route': travel_route,
                 'travel_time': travel_time,
                 'length': length,
                 'has_path': len(travel_route) > 1,   # 是否有路径
                 'slon': lon1,
                 'slat': lat1,
                 'elon': lon2,
                 'elat': lat2}
        return route

    def find_path_position(self, route, traveled_time):
        # 输入路径和已经行驶的时间，返回当前位置
        if traveled_time > sum(route['travel_time']):
            # 如果已经行驶的时间大于路径的总行驶时间，则返回终点坐标
            position = {
                'lon': route['elon'],
                'lat': route['elat'],
                'arrive': True
            }
            return position
        else:
            travel_time = route['travel_time']
            cumulative_sum = 0
            index = 0
            for i, time in enumerate(travel_time):
                cumulative_sum += time
                if cumulative_sum >= traveled_time:
                    index = i
                    traveled_time -= cumulative_sum - time
                    break
            # 计算当前位置，占这条边长度的百分比
            traveled_percentage = traveled_time / route['travel_time'][index]
            # 整理结果
            position = {'u': route['travel_route'][index],
```

```
                    'v': route['travel_route'][index+1],
                    'index': index,
                    'percentage': traveled_percentage}
        # 取出当前位置所在的边
        edges_geometry = self.road_network_edge[
            self.road_network_edge.index == (
                route['travel_route'][index],
                route['travel_route'][index+1],
                0)
        ]['geometry'].values[0]
        # 对边进行插值，计算当前位置的坐标点
        point = edges_geometry.interpolate(
            position['percentage'], normalized=True)
        position = {
            'lon': point.x,
            'lat': point.y,
            'arrive': False
        }
        return position


    def save_infos(self):
        # 存储当前时间步的信息
        self.infos.append({
            'timestamp': self.timestamp,
            'step': self.step,
            # 在这里添加需存储的其他相关信息
        })


    def output_df(self,starttime):
        # 整理环境与车辆信息并以DataFrame形式输出
        import pandas as pd
        environment_infos = pd.DataFrame(self.infos)
        car_infos = pd.DataFrame([item for sublist in [car_agent.infos for car_agent
in self.car_agent_dict.values()] for item in sublist])
        # 将时间戳转为实际时间
        environment_infos['time'] = pd.to_datetime(starttime)+ pd.to_
timedelta(environment_infos['timestamp'], unit='m')
        car_infos['time'] = pd.to_datetime(starttime)+ pd.to_timedelta(car_infos
['timestamp'], unit='m')
        return environment_infos,car_infos


    def run(self):
        # 进行时间步管理
        self.step += 1
        self.timestamp = self.step * self.step_length
        # 环境中所有车辆运行
        for car_agent in self.car_agent_dict.values():
            car_agent.run(self)
        # 环境运行结束后，存储信息
        self.save_infos()
```

其中，我们将结果的输出也作为环境智能体的功能之一，添加了output_df()方法，将环境智能体和车辆智能体的信息整理成DataFrame格式，并将时间戳转换为实际时间，以便后续的数据分析和可视化。

车辆智能体对象的完整代码如下：

```python
class CarAgent:
    def __init__(self,car_id,initlon,initlat,trip_chain):
        self.status = 0                          # 0:停车,1:行驶
        self.current_route = {}                  # 当前行驶路径
        self.current_route_traveltime = 0        # 当前路径已经行驶的时间
        self.lon = initlon                       # 初始位置经度
        self.lat = initlat                       # 初始位置纬度
        self.car_id = car_id
        self.trip_chain = trip_chain             # 出行链,存储未来的出行目的地
        self.infos = []                          # 存储每一仿真步骤的信息

    def save_infos(self,environment):
        # 存储当前时间步的信息
        self.infos.append({
            'timestamp': environment.timestamp,
            'step': environment.step,
            'car_id':self.car_id,
            'lon':self.lon,
            'lat':self.lat,
            'status':self.status
        })

    def get_travel_task(self,environment):
        # 从出行链中获取出行任务
        if self.trip_chain != []:
            if self.trip_chain[0]['timestamp'] <= environment.timestamp:
            # 当前时间步已经到达出行开始时间
                # 获取下一个出行任务
                next_trip = self.trip_chain.pop(0)
                # 分配出行任务
                self.travel_to_location(environment,next_trip['lon'],next_trip
['lat'])

    def travel_per_step(self,environment):
        if not self.current_route['has_path']:
            # 如果没有路径,直接到达目的地
            self.status = 0
            self.lon = self.current_route['elon']
            self.lat = self.current_route['elat']
        else:
            self.current_route_traveltime += environment.step_length*60
            # 更新行驶时间
            position = environment.find_path_position(
                self.current_route,                 # 路径
                self.current_route_traveltime)      # 已经行驶的时间
            self.lon = position['lon']
```

```
                self.lat = position['lat']
                if position['arrive']:
                    # 如果到达目的地，更新状态
                    self.status = 0
                    self.current_route = {}
                    self.current_route_traveltime = 0

    def travel_to_location(self,environment,lon,lat):
        # 获取路径
        route = environment.find_travel_path(self.lon,self.lat,lon,lat)

        # 设置为行驶状态与路径信息
        self.status = 1
        self.current_route = route
        self.current_route_traveltime = 0

    def run(self,environment):
        # 在每次运行时先判断是否有出行任务，如果有则分配出行任务
        self.get_travel_task(environment)

        # 车辆运行决策
        if self.status == 0:    # 停车状态
            pass

        elif self.status == 1: # 行驶状态
            self.travel_per_step(environment)

        self.save_infos(environment)
```

接下来，我们设定一个简单的场景进行仿真测试，生成两辆车，在出行链中添加不同时间点与不同出行目的地的出行计划。代码如下：

```
# 初始化车辆
car_agent_dict = {}
car_agent_dict['Car1'] = CarAgent(
    car_id='Car1',
    trip_chain=[{'lon': 121.3,
                 'lat': 31.7,
                 'timestamp': 25}],
    initlon=121.5,
    initlat=31.2)
car_agent_dict['Car2'] = CarAgent(
    car_id='Car2',
    trip_chain=[{'lon': 121.6,
                 'lat': 31.3,
                 'timestamp': 50}],
    initlon=121.3,
    initlat=31.1)

# 初始化环境
import osmnx as ox
```

```
# 读取路网
G = ox.load_graphml('data/shanghai_road.graphml')
environment = EnvironmentAgent(road_network=G,
                               car_agent_dict=car_agent_dict,
                               step_length=5)

# 仿真运行25个时间步
for i in range(25):
    environment.run()

# 整理仿真结果
environment_infos,car_infos = environment.output_df(starttime = '2024-01-01
00:00:00')
```

其中car_infos所存储的结果如图6.3所示。

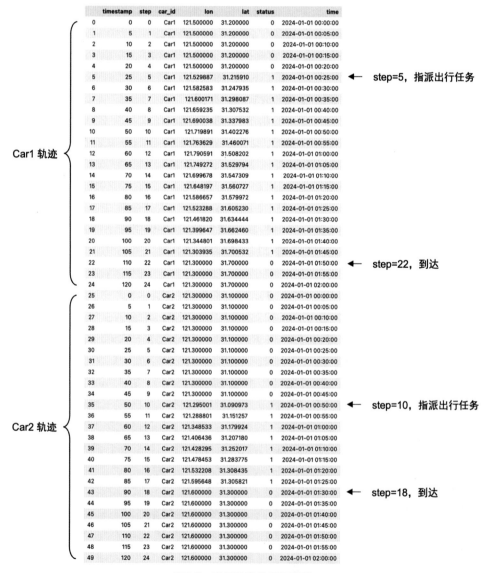

图6.3 出行仿真的车辆信息

其中，可以看到两辆车每5min更新一次信息，分别在不同的时间点到达了不同的目的地。这个简单的仿真场景展示了我们的仿真模型的基本功能，即能够根据车辆的出行计划，模拟车辆在路网中的出行行为。

6.3.2 轨迹的精细仿真

接下来，我们将利用上述的仿真模型，对车辆出行进行更大规模的仿真以测试效果。以1min为步长，仿真100辆车在一天内的出行行为，为每一辆车生成出行链信息并仿真轨迹。代码如下：

```python
import osmnx as ox
step_length = 1  # 仿真步长为1分钟

# 初始化车辆
car_agent_dict = {}
for carid in range(100):
    # 随机生成车辆的出行链
    home_location = get_random_pos_within_shanghai()
    work_location = get_random_pos_within_shanghai()
    activity_location = get_random_pos_within_shanghai()
    trip_chain = generate_trip_chain(home_location, work_location, activity_
location)
    car_agent_dict[carid] = CarAgent(
        car_id=carid,
        trip_chain=trip_chain,
        initlon=home_location[0],
        initlat=home_location[1]
    )

# 初始化环境
G = ox.load_graphml('data/shanghai_road.graphml')
environment = EnvironmentAgent(road_network=G,
                               car_agent_dict=car_agent_dict,
                               step_length=step_length)

# 仿真运行一天24小时，引入tqdm库显示仿真进度
from tqdm import tqdm
for t in tqdm(range(int(24*60/step_length)), desc='正在仿真:'):
    environment.run()

# 存储仿真结果
environment_infos,car_infos = environment.output_df(starttime = '2024-01-01
00:00:00')
car_infos.to_csv('data/car_infos.csv',index=False)
```

在笔者的Macbook M1 Max笔记本上，以1min为步长仿真100辆车在一天内的出行轨迹，大约需要5min的时间。其整体占用较多计算时间的模块是路网路径的检索过程。

利用前面章节所介绍的mobmap可视化工具导入car_infos.csv所存储的结果进行轨迹

的可视化展示，其结果如图6.4所示。

图6.4 仿真输出的轨迹信息

6.3.3 仿真模型的优化建议

本章介绍了一个简单的车辆出行轨迹仿真模型，在模型的优化方面，以下是一些建议：

① **并行计算**：引入并行计算方法可以显著提高仿真的效率。通过并行化车辆的运行过程，多个车辆可以同时运行，从而加速仿真过程。这对于大规模仿真特别有用。

② **模块化设计**：设计智能体时，应将其功能尽量拆分为多个独立的方法或模块，以使智能体的功能更清晰。这有助于模型的可维护性和扩展性。

③ **数据结构选择**：在智能体中，建议使用Python原生的列表、字典等数据结构进行数据传递，以避免在仿真过程中出现数据类型转换问题。尽量避免多次调用复杂的数据操作功能，如Pandas的DataFrame等。

④ **关键信息的预处理**：如果需要频繁地查询给定的数据表，可以事先将数据表转换为字典或其他高效的数据结构，以提高查询效率。

⑤ **路网数据优化**：如果需要进行大规模的仿真，可以考虑为路网数据引入最短路径缓存，以提高路径的检索速度。另外，也可以考虑使用更简化的路网数据，以减少复杂性和计算成本。

在实际应用中，根据需要可以增加更多智能体，例如充电站、停车场等，以模拟更复杂的出行场景。这样的扩展可以使仿真更接近实际情况，并允许更全面的分析和决策。

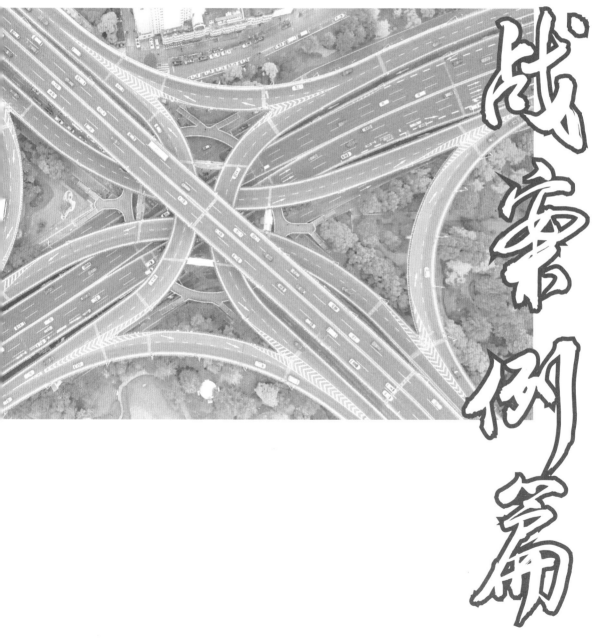

实战审例篇

第7章
电动汽车GPS数据：充电需求识别

目前，我国新能源汽车行业正在高速发展，已经成为全球最大的新能源汽车市场。随着电动汽车逐渐成为市场主流，其充电需求也将对城市规划产生重要影响。因此，对电动汽车的充电需求进行研究具有重要意义。

电动汽车（Electric Vehicle，EV）的充电需求与其出行行为有着密切的关联。通过分析车辆轨迹数据，可以挖掘车辆行驶和停放的需求信息，从而识别车辆的充电需求时空分布。作为电动汽车充电需求的基础，这些分析内容将为电动汽车充电需求的预测、充电设施的规划等研究提供重要的参考依据。

目前，部分大城市已经开始将电动出租车作为城市公共交通的重要组成部分。电动出租车的充电需求与私家车有着较大的差异。由于出租车在一天内的行驶时间相对私家车更长，电量消耗更大，出租车的充电需求更加紧迫。电动出租车的续航里程约为300km，寒冷天气可能降至200km。大部分电动出租车需采取每天充电一次的方式，由于停车时间短，运营时间长，大部分车辆在停车时需要使用快充，也意味着产生较大的充电功率。

电动出租车的运营时间和停车充电时间在一天内有着与私家车不同的特征，并且呈现出一定的集中分布规律。大量电动出租车在特定时间段内进行快充，可能给城市电网带来巨大压力。相较于私家车，电动出租车对电价更敏感，需求更集中，对电网的影响也更大。因此，识别电动出租车的充电需求，将为城市电网规划和充电设施规划提供重要的参考依据。本章将以电动出租车的行驶轨迹数据为例，对电动汽车的充电需求进行识别研究。

7.1 充电需求识别思路

大部分城市的电动出租车的轨迹数据中并不包括车辆实时的电量信息与充放电情况，因此无法直接识别车辆的充电需求。因此，本章最主要的工作是对车辆的剩余电量进行估计，从而识别车辆的充电需求。电动出租车充电需求分析的基本思路如图7.1所示。

在整个思路中，可以分为三块内容。

① 预处理与识别：对电动出租车轨迹数据进行数据预处理，包括数据冗余剔除、剔除研究区域外的数据、清洗漂移数据等，然后从车辆轨迹数据中识别出出行与停留信息，用于后续的能耗与充电电量的估计。

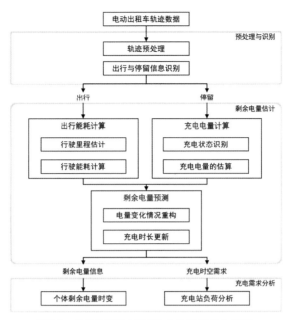

图7.1 电动出租车充电需求分析的基本思路

② 剩余电量估计：一方面基于出行的信息计算出车辆的能耗信息；另一方面基于停留与充电站的空间位置识别出车辆的充电状态，估算充电电量。最后将两者结合，重新构建出车辆的剩余电量变化情况，更新每次充电的时长与负荷。

③ 充电需求分析：基于剩余电量信息与充电的时空需求信息，分析车辆剩余电量的时变情况，也分析各充电站的负荷情况。

在其中，最关键的是剩余电量的估计部分，其过程需要基于一定的假设构建算法模型，也涉及地理空间数据信息的连接与匹配。

 ## 7.2 数据预处理与出行停留信息识别

本章所使用的深圳市一天内抽样的电动出租车的行驶轨迹数据，数据字段包括车辆ID、经纬度、时间、载客状态与速度等，该数据集与前面章节所用的数据集相同，因此不再赘述。

首先，导入所需的包：

```
import pandas as pd
import numpy as np
import geopandas as gpd
import transbigdata as tbd
import warnings
warnings.filterwarnings('ignore')
```

读取电动出租车的数据并进行预处理，将数据的时间格式转换为pandas内置的时间格式，同时对数据进行排序：

```
# 读取数据
data = pd.read_csv('Data/TaxiData',header = None)
data.columns = ['id','time','lon','lat','OpenStatus','speed']
# 转换时间格式
data['time'] = '2019-01-01 ' + data['time'].astype(str)
data['time'] = pd.to_datetime(data['time'])
# 排序
data.sort_values(by = ['id','time'],inplace = True)
data
```

结果如图 7.2 所示。

	id	time	lon	lat	OpenStatus	speed
157	22223	2019-01-01 00:00:00	114.145714	22.555317	1	80
1518	22223	2019-01-01 00:00:06	114.146950	22.555468	1	80
1145	22223	2019-01-01 00:00:14	114.148537	22.555866	1	80
1396	22223	2019-01-01 00:00:16	114.148949	22.555933	1	79
2165	22223	2019-01-01 00:00:22	114.150200	22.556116	1	84
...	...	...	...	...	...	...
46926897	36950	2019-01-01 23:50:52	114.053596	22.567600	0	0
46926663	36950	2019-01-01 23:51:22	114.053596	22.567600	0	0
46927493	36950	2019-01-01 23:52:06	114.054001	22.568899	0	7
46926418	36950	2019-01-01 23:52:36	114.054100	22.570601	0	0
46926751	36950	2019-01-01 23:53:06	114.054100	22.571899	0	18

46927855 rows × 6 columns

图7.2　电动出租车数据

基于前面章节所介绍的预处理方法，识别出行与停车并提取出出行期间的轨迹点信息：

```
# 数据冗余剔除，减小数据规模将加快后续的计算效率
data = tbd.traj_clean_redundant(data, col = ['id','time','lon','lat','speed'])
# 研究区域外的数据剔除
sz = gpd.read_file('Data/sz.json')
data = tbd.clean_outofshape(data, sz, col=['lon', 'lat'], accuracy=500)
# 研究区域内的漂移清洗，以速度、距离、角度三个方法进行清洗
data = tbd.traj_clean_drift(data, col=['id', 'time', 'lon', 'lat'],
speedlimit=80, dislimit=4000, anglelimit=30)
# 停车与出行识别
# 定义栅格化参数
bounds = [113.75, 22.4, 114.62, 22.86]
params = tbd.area_to_params(bounds,accuracy = 100)
# 识别停车与出行
stay, move = tbd.traj_stay_move(data, params, col=['id', 'time', 'lon', 'lat'],
activitytime=1800)
```

利用上述操作，就已经获取电动汽车的出行与停留信息。这部分处理过程在本书前面章节已有详细介绍，在此不再赘述。

7.3　电动汽车的剩余电量估计

前面所识别的车辆出行信息涵盖了出行的起止时间、起止位置、出行的轨迹长度等，而停留信息则包含了停留的起止时间和位置等。在进行剩余电量估计和充电需求提

取识别时，将依赖这些出行与停留信息。在这一块内容中，我们将处理过程分为三部分：充电电量计算、出行能耗计算与剩余电量估计。

7.3.1 充电电量计算

在城市环境中，电动出租车通常有固定的充电站，运营时间宝贵，因此在充电站附近进行长时间停放的情况，大部分是在充电。通过与充电站的空间匹配，可以识别出充电行为。因此，这里的基本假设是，当电动出租车车辆在充电站附近停留时，往往正在进行充电。

需注意的是，私家车的情况与此不同。由于私家车的停车时间较长，大部分车主还拥有私人充电桩，一些私家车也不需要每天充电，其充电时间的随机性较大。因此，私家车在充电站附近停留并不一定就在充电，简单的空间匹配方法并不能确定充电信息。

1.充电状态识别

接下来从停留数据中识别出充电行为。首要的步骤是整理充电站的数据。在本例中，事先爬取了深圳市的全部充电站POI信息，需从其中提取出出租车可用的充电站信息。由于深圳的电动出租车主要由比亚迪提供，也配备了配套的充电站。因此，可以从充电站数据中提取出比亚迪的充电站信息作为出租车的充电场站：

```
# 读取充电站数据
charge_station = pd.read_csv('Data/充电站.csv')
# 判断充电站是否在tag中
charge_station = charge_station[charge_station['tag'].apply(lambda x: '充电站'
in x)]
# 选取其中的比亚迪充电站
byd_charge_station = charge_station[charge_station['name'].apply(lambda x: '比亚
迪' in x)]
byd_charge_station = byd_charge_station[['name','lon','lat']]
byd_charge_station.columns = ['charge_station','station_lon','station_lat']
byd_charge_station
```

结果如图 7.3所示。

	charge_station	station_lon	station_lat
17	比亚迪充电站(比亚迪站中心路交汇处)	113.940585	22.489852
23	比亚迪汽车充电站(山海美域)	113.881494	22.497121
33	比亚迪汽车充电站(科技大厦2期)	113.913162	22.497938
38	比亚迪汽车充电站(花园城5期)	113.915304	22.503132
131	比亚迪汽车充电站(芒果网大厦)	113.930752	22.527073
161	比亚迪电投慢充站(充电有道南方国际站)	114.050935	22.529400
216	比亚迪充电站(比亚迪的士码头)	114.002473	22.536932
221	比亚迪充电站福田枢纽站(福田交通枢纽地下站)	114.007481	22.534833
224	充电易科技充电站(比亚迪竹子林)	114.002473	22.536932
305	比亚迪充电站(比亚迪站沙河东路交汇处)	113.960079	22.541692
314	比亚迪电投充电站(充电有道博田公园快充站)	113.999403	22.536825
322	比亚迪充电站(宜停车站)	113.999403	22.536825

图7.3 充电站信息的整理

下一步进行充电站信息和停留信息的近邻匹配，有两种主要的策略。

● 第一种策略是为站点的地理信息创建缓冲区（buffer），然后将停留点和缓冲区进行空间匹配。这个策略包括两个步骤：创建缓冲区和进行空间匹配。在创建缓冲区时，通常需要以米为单位调整缓冲区的大小，但数据通常以经纬度表示，所以需要进行投影转换，这可能比较麻烦。另外，面和点之间的空间匹配也需要大量的计算，如果停留点的数量很大，这可能会消耗很长的时间。

● 第二种策略是直接将停留点和站点做近邻匹配，为每个停留点匹配最近的站点，然后计算停留点和站点之间的距离。如果距离小于一定的阈值，那么就可以认为停留点在充电站附近，从而判断停留点是否在充电。在这个策略中，可以使用KDTree算法对站点进行索引，这可以加快近邻匹配的速度。

这里选择了第二种策略。在TransBigData中，提供了tbd.ckdnearest()方法，可以基于KDTree算法对两个数据集进行近邻匹配，以快速高效地实现点与点之间的近邻匹配。在方法中，需要指定两个数据集中的经纬度字段名称。

```
# 点与点的近邻匹配
stay = tbd.ckdnearest(stay,byd_charge_station,Aname=['lon','lat'],Bname =
['station_lon','station_lat'])
stay
```

结果如图7.4所示。其中，dist字段表示停留点与最近充电站之间的距离。

	id	stime	LONCOL	LATCOL	etime	lon	lat	duration	stayid	index	charge_station	station_lon	station_lat	dist
0	22223	2019-01-01 02:20:02	392	200	2019-01-01 06:21:58	114.132103	22.579582	14516.0	0	14	比亚迪电投充电站（体育公园快充站）	114.143770	22.557600	2722.048781
1	22223	2019-01-01 13:44:14	404	172	2019-01-01 20:28:19	114.144020	22.554733	24245.0	2	14	比亚迪电投充电站（体育公园快充站）	114.143770	22.557600	319.844116
2	22235	2019-01-01 06:26:31	375	160	2019-01-01 06:57:01	114.115700	22.543734	1830.0	48	14	比亚迪电投充电站（体育公园快充站）	114.143770	22.557600	3269.029309
3	22238	2019-01-01 02:39:10	392	194	2019-01-01 03:47:34	114.132332	22.574383	4104.0	63	14	比亚迪电投充电站（体育公园快充站）	114.143770	22.557600	2204.981128
4	22241	2019-01-01 03:49:42	384	173	2019-01-01 05:35:12	114.124062	22.555170	6330.0	67	14	比亚迪电投充电站（体育公园快充站）	114.143770	22.557600	2041.737615
...	...	...	...	...	...	...	...	...	...	...	...	...	...	...
43010	31396	2019-01-01 13:33:54	144	111	2019-01-01 14:08:10	113.890282	22.499434	2056.0	27824	1	比亚迪汽车充电站（山海美域）	113.881494	22.497121	938.771648
43011	32768	2019-01-01 20:18:43	107	173	2019-01-01 21:06:13	113.854332	22.555834	2850.0	31720	1	比亚迪汽车充电站（山海美域）	113.881494	22.497121	7099.711898
43012	33600	2019-01-01 04:29:56	144	113	2019-01-01 05:04:56	113.890030	22.501448	2100.0	34516	1	比亚迪汽车充电站（山海美域）	113.881494	22.497121	1000.283821
43013	35873	2019-01-01 08:06:00	140	109	2019-01-01 08:36:35	113.886597	22.497900	1835.0	40095	1	比亚迪汽车充电站（山海美域）	113.881494	22.497121	531.391808
43014	35997	2019-01-01 04:38:52	138	92	2019-01-01 05:21:16	113.884201	22.483049	2544.0	40416	1	比亚迪汽车充电站（山海美域）	113.881494	22.497121	1589.230239

43015 rows × 14 columns

图7.4 停留点与充电站的近邻匹配

从近邻匹配的结果中可以看到，停留点与对应的最近充电站之间还是存在一些距离较大的情况。如果这个距离小于一定的阈值，那么就可以认为停留点在充电站附近，从而判断停留点是否在充电。由于获取的充电站POI信息可能将一个完整的停车场作为一个点，因此，需要设定一个相对较大的距离容差。在这里，阈值被设定为500m，并对停留点进行充电标记：

```
# 标记哪些在停留充电
stay['ischarge'] = (stay['dist']<500).astype(int)
# 如果不是充电，将充电站信息置空
stay.loc[stay['ischarge']==0,['charge_station','station_lon','station_
lat','dist']]=np.nan
```

2. 最大充电电量的估算

紧接着，需要对停留点进行充电估算。首先，需要给定每次充电的充电速度。在这里，我们统一假设停留点的充电速度功率为30 kW，假设停留点的充电转化率为0.9，即每小时实际能充电27 kW·h。如果有每个充电站更详细的数据，也可以根据充电站的功率信息进行充电速度的设定。

下一步，可以根据停留点的停留时长与充电速率估算停留点每次充电的理论上的最大充电量：

```
# 每次充电的理论上的最大充电量
# 电动汽车充电转化率为0.9
# 慢充充电功率约为7kW，每小时充电7*0.9=6.3kW·h
# 快充充电功率约为30kW，每小时充电30*0.9=27kW·h
# 设定默认都为快充
stay['charge_speed'] = 27
# 估算每次充电最多能充的电量
stay['charge_energy'] = stay['ischarge']*stay['duration']/3600*stay['charge_
speed']
stay.head().T
```

结果如图 7.5所示。其中，如果在充电，则ischarge字段为1，否则为0；charge_speed字段表示充电速度，单位为 kW·h；charge_energy字段表示每次充电的理论上最大的充电量，单位为 kW·h。

	0	1	2	3	4
id	22223	22223	22235	22238	22241
stime	2019-01-01 02:20:02	2019-01-01 13:44:14	2019-01-01 06:26:31	2019-01-01 02:39:10	2019-01-01 03:49:42
LONCOL	392	404	375	392	384
LATCOL	200	172	160	194	173
etime	2019-01-01 06:21:58	2019-01-01 20:28:19	2019-01-01 06:57:01	2019-01-01 03:47:34	2019-01-01 05:35:12
lon	114.132103	114.14402	114.1157	114.132332	114.124062
lat	22.579582	22.554733	22.543734	22.574383	22.55517
duration	14516.0	24245.0	1830.0	4104.0	6330.0
stayid	0	2	48	63	67
index	14	14	14	14	14
charge_station	NaN	比亚迪电投充电站(体育公园快充站)	NaN	NaN	NaN
station_lon	NaN	114.14377	NaN	NaN	NaN
station_lat	NaN	22.5576	NaN	NaN	NaN
dist	NaN	319.844116	NaN	NaN	NaN
ischarge	0	1	0	0	0
charge_speed	27	27	27	27	27
charge_energy	0.0	181.8375	0.0	0.0	0.0

图7.5 充电识别结果

7.3.2　出行能耗计算

在电动汽车出行能耗的计算部分，其基本思路是计算电动汽车每一次出行的行驶总里程，然后通过里程估算能耗。首先进行行驶里程的计算，这部分的处理方法在本书的前面章节也已经有详细的介绍，这里不再赘述。

首先，计算每一次出行的行驶总里程，通过出行的起止时间与轨迹数据进行匹配，提取出行的轨迹点：

```
# 提取出行期间的轨迹点
move_points = tbd.traj_slice(data, move, traj_col=['id', 'time'], slice_col=
[ 'id', 'stime', 'etime', 'moveid'])
```

接下来，利用球面三角公式计算每一段出行的轨迹长度，并添加至出行数据上：

```
# 基于球面三角公式的轨迹长度计算出行轨迹长度
move_trajs = move_points.copy()
# 将下一行的坐标平移至同一行，方便进行列运算
move_trajs['lon_next'] = move_trajs['lon'].shift(-1)
move_trajs['lat_next'] = move_trajs['lat'].shift(-1)
# 还需确保计算的是同一条轨迹的坐标点
move_trajs['moveid_next'] = move_trajs['moveid'].shift(-1)
move_trajs = move_trajs[move_trajs['moveid']==move_trajs['moveid_next']]
# 计算每两点之间的长度，并统计整条轨迹的长度
move_trajs['length'] = tbd.getdistance(move_trajs['lon'],move_trajs['lat'],move_
trajs['lon_next'],move_trajs['lat_next'])
move_trajs = move_trajs.groupby('moveid')['length'].sum().reset_index()
# 为出行数据添加轨迹长度信息
move = pd.merge(move,move_trajs,on = 'moveid')
```

然后估算车辆行驶的能耗，目前电动出租车行驶100 km的电耗约为10～20 kW·h，纯电动车辆的电池容量为50～70 kW·h，一次充满电后，车辆的续航里程约为300 km。可以通过车辆的行驶里程大致估算车辆的能耗。假定车辆的能耗为每100km消耗 20 kW·h，也就是说每行驶1 km会消耗0.2 kW·h。考虑到行驶对电量的影响主要是消耗，能耗可以取反，设定为负值，这将方便进行后续的剩余电量预测。

```
# 估算车辆行驶的能耗
move['charge_energy'] = - move['length'] / 1000 * 0.20
move.head().T
```

最后，计算得到的结果如图7.6所示。其中，length字段表示出行的行驶总里程，单位为米；charge_energy字段表示出行的能耗，单位为 kW·h。

7.3.3　剩余电量预测

在剩余电量的预测部分，其思路是对停留（识别出充电信息）与出行（计算出能耗信息）的数据进行合并，然后按照时间顺序进行排序，并用算法对能耗的正负进行累

加，从而得到每一时刻的剩余电量。首先，将停留与出行的数据进行合并：

	0	1	2	3	4
id	22223	22223	22223	22223	22224
SLONCOL	406	392	140	404	297
SLATCOL	173	200	164	172	184
etime	2019-01-01 00:00:00	2019-01-01 06:21:59	2019-01-01 10:06:50	2019-01-01 20:28:19	2019-01-01 00:00:12
slon	114.145714	114.132103	113.886833	114.14402	114.039169
slat	22.555317	22.579582	22.547518	22.554733	22.565283
etime	2019-01-01 02:20:02	2019-01-01 07:37:49	2019-01-01 13:44:14	2019-01-01 23:59:58	2019-01-01 02:20:10
elon	114.132103	113.886833	114.14402	114.120583	114.099884
elat	22.579582	22.547518	22.554733	22.558901	22.61355
ELONCOL	392.0	140.0	404.0	380.0	359.0
ELATCOL	200.0	164.0	172.0	177.0	237.0
duration	8402.0	4551.0	13044.0	12699.0	8398.0
moveid	0	1	2	3	4
length	70449.234195	42032.407341	81080.237759	91681.384967	66835.004576
charge_energy	-14.089847	-8.406481	-16.216048	-18.336277	-13.367001

图7.6 出行能耗计算结果

```
# 合并停留与出行数据
energy_status = pd.concat([
    stay[['id','lon','lat','stime',
        'etime','charge_energy','charge_speed','charge_station']],
    move[['id','stime','etime','charge_energy']]])
energy_status.sort_values(by = ['id','stime'],inplace = True)
energy_status
```

结果如图 7.7所示。

	id	lon	lat	stime	etime	charge_energy	charge_speed	charge_station
0	22223	NaN	NaN	2019-01-01 00:00:00	2019-01-01 02:20:02	-14.089847	NaN	NaN
0	22223	114.132103	22.579582	2019-01-01 02:20:02	2019-01-01 06:21:58	0.000000	27.0	NaN
1	22223	NaN	NaN	2019-01-01 06:21:58	2019-01-01 07:37:49	-8.406481	NaN	NaN
3389	22223	113.886833	22.547518	2019-01-01 07:37:49	2019-01-01 10:06:50	0.000000	27.0	NaN
2	22223	NaN	NaN	2019-01-01 10:06:50	2019-01-01 13:44:14	-16.216048	NaN	NaN
...	...	...	...	...	...	...	...	...
54818	36950	NaN	NaN	2019-01-01 11:20:56	2019-01-01 16:07:47	-19.407644	NaN	NaN
14635	36950	113.858299	22.580099	2019-01-01 16:07:47	2019-01-01 16:43:30	0.000000	27.0	NaN
54819	36950	NaN	NaN	2019-01-01 16:43:30	2019-01-01 20:04:24	-15.260302	NaN	NaN
11388	36950	114.030899	22.667500	2019-01-01 20:04:24	2019-01-01 21:07:33	0.000000	27.0	NaN
54820	36950	NaN	NaN	2019-01-01 21:07:33	2019-01-01 23:53:06	-14.027756	NaN	NaN

97836 rows × 8 columns

图7.7 全部车辆的行驶与充电情况

然后，可以对每一辆车进行剩余电量的预测，这里以第一辆车为例，首先提取出第一辆车的数据：

```
# 取某一辆车的数据,查看其充电与行驶情况
energy_status_one = energy_status[energy_status['id'] == energy_status['id'].iloc[0]]
energy_status_one
```

结果如图 7.8所示。

可以观察到，这辆车在一天的使用过程中，有多次停留与出行的过程，而其中在下午13时44分开始到晚上20时28分这段时间内在充电站进行了一次充电过程。然而，以目

前的计算方法，车辆在这次充电过程中最多可以充181.83kW·h的电量，但实际上，在停车充电的这段时间内并不是一直在充电，当车辆电池电量充满后，充电也随即停止，因此，在估算剩余电量时应该考虑车辆电池容量的最大值，达到电池最大容量时不再进行充电。

	id	lon	lat	stime	etime	charge_energy	charge_speed	charge_station
0	22223	NaN	NaN	2019-01-01 00:00:00	2019-01-01 02:20:02	-14.089847	NaN	NaN
0	22223	114.132103	22.579582	2019-01-01 02:20:02	2019-01-01 06:21:58	0.000000	27.0	NaN
1	22223	NaN	NaN	2019-01-01 06:21:58	2019-01-01 07:37:49	-8.406481	NaN	NaN
3389	22223	113.886833	22.547518	2019-01-01 07:37:49	2019-01-01 10:06:50	0.000000	27.0	NaN
2	22223	NaN	NaN	2019-01-01 10:06:50	2019-01-01 13:44:14	-16.216048	NaN	NaN
1	22223	114.144020	22.554733	2019-01-01 13:44:14	2019-01-01 20:28:19	181.837500	27.0	比亚迪电投充电站(体育公园快充站)
3	22223	NaN	NaN	2019-01-01 20:28:19	2019-01-01 23:59:58	-18.336277	NaN	NaN

图7.8 某一辆车的行驶与充电情况

另外，对这一辆车剩余电量估计还会遇到一个难点，即车辆在开始时刻的电量信息无法得知，需要做一定的假设。

这里，我们设计一个剩余电量的估计算法，即在开始时刻随机生成一个初试电量，然后根据车辆的行驶与充电情况，对电量进行累加估计以得到剩余电量，在估计的过程中需要确保电池的电量不会超过电池的最大容量，也不会低于0，具体的方法如下：

```python
# 估计剩余电量的变化情况
def soc_reconstruction(energychange):
    # 最大电量(kW·h)
    maxpower = 70
    # 初始电量(kW·h)
    initpower = np.random.randint(10,maxpower)
    # 估计剩余电量
    newcum = []
    nowpower = initpower
    for i in range(len(energychange)):
        # 累加电量
        nowpower += energychange[i]
        if nowpower>maxpower:
            nowpower=maxpower
        if nowpower<0:
            nowpower=0
        newcum.append(nowpower)
    return newcum
# 一天时间内电量的变化情况
energychange = list(energy_status_one['charge_energy'])
energychange

# 输出结果
[-14.089846838906665, 0.0, -8.40648146818561, 0.0, -16.21604755187059, 181.8375,
-18.33627699330736]
```

```
# 估计剩余电量的变化情况
result = soc_reconstruction(list(energy_status_one['charge_energy']))
result

# 输出结果
[39.91015316109333, 39.91015316109333, 31.503671692907723, 31.503671692907723,
15.287624141037131, 70, 51.663723006692635]
# 估计剩余电量的变化情况
energy_status_one['soc'] = result
# 估算实际的充电需求
energy_status_one['charge_energy'] = energy_status_one['soc'].diff().
fillna(energy_status_one['charge_energy'].iloc[0])
energy_status_one
```

结果如图 7.9 所示。

	id	lon	lat	stime	etime	charge_energy	charge_speed	charge_station	soc
0	22223	NaN	NaN	2019-01-01 00:00:00	2019-01-01 02:20:02	-14.089847	NaN	NaN	39.910153
0	22223	114.132103	22.579582	2019-01-01 02:20:02	2019-01-01 06:21:58	0.000000	27.0	NaN	39.910153
1	22223	NaN	NaN	2019-01-01 06:21:58	2019-01-01 07:37:49	-8.406481	NaN	NaN	31.503672
3389	22223	113.886833	22.547518	2019-01-01 07:37:49	2019-01-01 10:06:50	0.000000	27.0	NaN	31.503672
2	22223	NaN	NaN	2019-01-01 10:06:50	2019-01-01 13:44:14	-16.216048	NaN	NaN	15.287624
1	22223	114.144020	22.554733	2019-01-01 13:44:14	2019-01-01 20:28:19	54.712376	27.0	比亚迪电投充电站 (体育公园快充站)	70.000000
3	22223	NaN	NaN	2019-01-01 20:28:19	2019-01-01 23:59:58	-18.336277	NaN	NaN	51.663723

图7.9 某一辆车的剩余电量变化情况估算结果

在上面的计算结果中，我们可以看到，在下午13时44分开始到晚上20时28分这段时间内，理论上能够充181.83kW·h的电量，但实际上在电量充满后，充电过程随即停止，仅充了54.71kW·h的电量，其剩余电量就已经达到了70kW·h充满。因此，我们需要对充电结束时间进行修正，即在充电过程中，一旦电量充满则停止充电，充电结束时间为电量充满的时间。修正的方法如下：

```
# 估算实际的充电需求
energy_status_one['charge_energy'] = energy_status_one['soc'].diff().
fillna(energy_status_one['charge_energy'].iloc[0])
# 充电的记录索引
condition = energy_status_one['charge_energy']>0
# 实际充电所需时间
charge_duration = (
    energy_status_one.loc[condition,'charge_energy']/
    energy_status_one.loc[condition,'charge_speed']*3600
    ).astype(int)*pd.Timedelta('1s')
```

```
energy_status_one.loc[condition,'etime'] = energy_status_one.loc[condition,'stime'] +
charge_duration
energy_status_one
```

结果如图 7.10所示。可以看到，充电的持续时间已经被修正为下午13时44分开始到下午15时45分结束，充电时间为2小时1分钟。

	id	lon	lat	stime	etime	charge_energy	charge_speed	charge_station	soc
0	22223	NaN	NaN	2019-01-01 00:00:00	2019-01-01 02:20:02	-14.089847	NaN	NaN	39.910153
0	22223	114.132103	22.579582	2019-01-01 02:20:02	2019-01-01 06:21:58	0.000000	27.0	NaN	39.910153
1	22223	NaN	NaN	2019-01-01 06:21:58	2019-01-01 07:37:49	-8.406481	NaN	NaN	31.503672
3389	22223	113.886833	22.547518	2019-01-01 07:37:49	2019-01-01 10:06:50	0.000000	27.0	NaN	31.503672
2	22223	NaN	NaN	2019-01-01 10:06:50	2019-01-01 13:44:14	-16.216048	NaN	NaN	15.287624
1	22223	114.144020	22.554733	2019-01-01 13:44:14	2019-01-01 15:45:48	54.712376	27.0	比亚迪电投充电站(体育公园快充站)	70.000000
3	22223	NaN	NaN	2019-01-01 20:28:19	2019-01-01 23:59:58	-18.336277	NaN	NaN	51.663723

图7.10 充电结束时间修正后结果

上面的过程中，对单一车辆的剩余电量进行了估算，同时也对充电时间进行修正。为了对全体车辆应用该方法，可以将上述过程封装为剩余电量的预测函数predict_soc，函数的输入为车辆的出行与停留记录，输出则是对充电状态预测与修正的结果。然后，对于每一辆车遍历进行剩余电量预测，最终得到所有车辆的剩余电量预测与修正结果：

```
# 将上述剩余电量预测算法封装为函数
def predict_soc(energy_status_one):
    energy_status_one['soc'] = soc_reconstruction(list(energy_status_one['charge_
energy']))
    energy_status_one['charge_energy'] = energy_status_one['soc'].diff().fillna
(energy_status_one['charge_energy'].iloc[0])
    # 充电的记录
    condition = energy_status_one['charge_energy']>0
    # 实际充电所需时间
    charge_duration =  (
        energy_status_one.loc[condition,'charge_energy']/
        energy_status_one.loc[condition,'charge_speed']*3600
        ).astype(int)*pd.Timedelta('1s')
    # 修正充电结束时间
    energy_status_one.loc[condition,'etime'] = energy_status_one.loc
[condition,'stime'] + charge_duration
    return energy_status_one

# 对每一辆车进行剩余电量估计
energy_status = energy_status.groupby('id').apply(lambda x: predict_soc(x)).
reset_index(drop=True)
energy_status
```

结果如图 7.11所示。由此，便得到了所有车辆的剩余电量变化情况，同时也得到了充电需求的时空信息。由于算法中，车辆的起始电量采用的是随机数，每次运行的结果可能会有少许差异。

	id	lon	lat	stime	etime	charge_energy	charge_speed	charge_station	soc
0	22223	NaN	NaN	2019-01-01 00:00:00	2019-01-01 02:20:02	-14.089847	NaN	NaN	31.910153
1	22223	114.132103	22.579582	2019-01-01 02:20:02	2019-01-01 06:21:58	0.000000	27.0	NaN	31.910153
2	22223	NaN	NaN	2019-01-01 06:21:58	2019-01-01 07:37:49	-8.406481	NaN	NaN	23.503672
3	22223	113.886833	22.547518	2019-01-01 07:07:40	2019-01-01 10:06:50	0.000000	27.0	NaN	23.503672
4	22223	NaN	NaN	2019-01-01 10:06:50	2019-01-01 13:44:14	-2.503672	NaN	NaN	21.000000
...	...	...	...	...	...	...	...	...	...
97831	36950	NaN	NaN	2019-01-01 11:20:56	2019-01-01 16:07:47	-19.407644	NaN	NaN	27.464170
97832	36950	113.858299	22.580099	2019-01-01 16:07:47	2019-01-01 16:43:30	0.000000	27.0	NaN	27.464170
97833	36950	NaN	NaN	2019-01-01 16:43:30	2019-01-01 20:04:24	-15.260302	NaN	NaN	12.203869
97834	36950	114.030899	22.667500	2019-01-01 20:04:24	2019-01-01 21:07:33	0.000000	27.0	NaN	12.203869
97835	36950	NaN	NaN	2019-01-01 21:07:33	2019-01-01 23:53:06	-7.203869	NaN	NaN	5.000000

97836 rows × 9 columns

图7.11　全部车辆的剩余电量变化情况

7.4　电动汽车的充电需求分析

7.4.1　电动汽车个体剩余电量时变分析

为了验证上述剩余电量预测算法的有效性，我们可以对某一辆车的剩余电量进行可视化分析，以验证其剩余电量的变化情况。首先，我们取出某一辆车的数据，然后重构出其剩余电量的变化情况，绘制出其剩余电量的时变曲线，代码如下：

```
# 取某一辆车的数据，分析其剩余电量的变化情况
energy_status_one = energy_status[energy_status['id'] == energy_status['id'].
drop_duplicates().iloc[0]]
# 每个时间点开始的剩余电量
energy_status_one['s_soc'] = energy_status_one['soc'] - energy_status_one
['charge_energy']
s_soc = energy_status_one[['stime','s_soc']]
s_soc.columns = ['time','soc']
# 每个时间点结束的剩余电量
e_soc = energy_status_one[['etime','soc']]
e_soc.columns = ['time','soc']
# 重构得到剩余电量的时变情况
soc = pd.concat([s_soc,e_soc]).sort_values(by = 'time')
soc
```

结果如图 7.12所示。

```
import seaborn as sns
import matplotlib.pyplot as plt
import matplotlib
matplotlib.rcParams['font.sans-serif'] = 'Arial'#'Times'
```

```
matplotlib.rcParams['font.family'] = 'sans-serif'
fig = plt.figure(1,(6,3),dpi=300)
ax = plt.subplot(111)
plt.plot(soc['time'],soc['soc'],color = 'black',linewidth = 1)
plt.xlabel('Time',fontsize = 10)
plt.xticks(fontsize = 8,rotation = 45)
plt.ylabel('SOC(kwh)',fontsize = 10)
plt.ylim(0)
plt.show()
```

结果如图 7.13 所示。曲线反映了在这一天的过程中车辆剩余电量的变化情况。

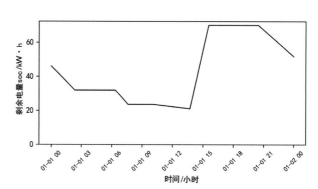

	time	soc
0	2019-01-01 00:00:00	46.000000
1	2019-01-01 02:20:02	31.910153
0	2019-01-01 02:20:02	31.910153
2	2019-01-01 06:21:58	31.910153
1	2019-01-01 06:21:58	31.910153
3	2019-01-01 07:37:49	23.503672
2	2019-01-01 07:37:49	23.503672
4	2019-01-01 10:06:50	23.503672
3	2019-01-01 10:06:50	23.503672
5	2019-01-01 13:44:14	21.000000
4	2019-01-01 13:44:14	21.000000
5	2019-01-01 15:33:07	70.000000
6	2019-01-01 20:28:19	70.000000
6	2019-01-01 23:59:58	51.663723

图7.12　车辆剩余电量信息

图7.13　车辆剩余电量变化情况

7.4.2　充电站的负荷估计与分析

1. 充电需求负荷的时间分布

基于前面所得到的充电需求的时空信息，我们可以对充电需求的时间分布进行分析。

然而，这里又会遇到一个难点，前面所识别的剩余电量变化情况是起始与结束的时间段信息，而充电需求的时间分布通常为一定的时间粒度（如每小时，半小时的时间段）统计充电的负荷情况。因此，需要将前面所得到的充电需求的时空信息转化为充电需求的时间分布信息。

计算的思路是对每个时间段进行充电负荷的统计，然后将统计结果按照时间粒度进行汇总。这里首先实现一个时间段的充电负荷计算，针对一个给定的起始与结束时间，对于前面所识别的充电时空信息，可以计算出其中每次充电与给定时间段重叠的时间长度，然后再进行充电功率的计算，即可得到该时间段的充电负荷。

首先，我们实现一个计算两个时间段重合时间长度的函数，代码如下：

```
# 给定时间段，统计时间段内的充电需求
def time_overlap(stime1, etime1, stime2, etime2):
    # 计算重合时间段的起始时间和结束时间
```

```
    overlap_start = max(stime1, stime2)
    overlap_end = min(etime1, etime2)
    # 检查是否存在重合时间段
    if overlap_start <= overlap_end:
        # 存在重合时间段,输出持续时间长度
        return (overlap_end - overlap_start).total_seconds()
    else:
        # 没有重合时间段
        return 0
stime1 = pd.to_datetime('2019-01-01 08:00:00')
etime1 = pd.to_datetime('2019-01-01 09:00:00')
stime2 = pd.to_datetime('2019-01-01 08:30:00')
etime2 = pd.to_datetime('2019-01-01 09:30:00')
time_overlap(stime1, etime1, stime2, etime2)


# 输出结果
1800.0
```

上述函数，可以判断两个时间段的重合情况，如果存在重合时间段，则输出重合时间段的持续时间长度；如果不存在重合时间段，则输出0。

基于这一函数，给定某一时间段，我们可以计算该时间段内各充电站的充电负荷，代码如下：

```
def cal_charge_energy(energy_status, stime1, etime1):
    # 给定某时间段,计算该时间段内的充电量
    energy_status = energy_status.copy() # 防止修改原数据
    # 计算重合时间段的持续时间
    energy_status['duration'] = energy_status.apply(lambda r: time_overlap
(stime1, etime1, r['stime'], r['etime']), axis=1)
    energy_status = energy_status[energy_status['duration']>0]
    # 计算重合时间段内的充电量
    energy_status['charge_energy'] = energy_status['duration']/3600*energy_
status['charge_speed']
    # 聚合统计每一个充电站的充电量
    charge_amount_station = energy_status.groupby(['charge_station'])
['charge_energy'].sum().reset_index()
    return charge_amount_station
# 给定8-9点的时间段,计算该时间段内的充电量
stime1 = pd.to_datetime('2019-01-01 08:00:00')
etime1 = pd.to_datetime('2019-01-01 09:00:00')
charge_amount_station = cal_charge_energy(energy_status, stime1, etime1)
charge_amount_station
```

结果如图 7.14所示。

由此，实现了对于给定时间段的充电负荷估计，接下来，我们可以对于一天中每个小时的充电负荷进行遍历估计，并合并到同一个表中，代码如下：

```
# 计算一天中每个小时的充电需求总量
result = []
for i in range(24):
```

```
    stime1 = pd.to_datetime('2019-01-01 '+str(i)+':00:00')
    etime1 = pd.to_datetime('2019-01-01 '+str(i)+':59:59')
    charge_amount_station = cal_charge_energy(energy_status, stime1, etime1)
    charge_amount_station['stime'] = stime1
    charge_amount_station['etime'] = etime1
    result.append(charge_amount_station)
charge_info_hours = pd.concat(result)
# 将时间转换为小时
charge_info_hours['hour'] = charge_info_hours['stime'].dt.hour
charge_info_hours
```

	charge_station	charge_energy
0	充电易科技充电站(比亚迪景田市场)	31.6425
1	充电易科技充电站(比亚迪民乐的士接驳)	128.2425
2	比亚迪充电站(比亚迪站宝安机场)	24.0300
3	比亚迪充电站(比亚迪站民乐地铁站)	244.4325
4	比亚迪充电站(比亚迪站沙河东路交汇处)	54.6150
5	比亚迪充电站(比亚迪站龙珠大道侨城)	28.8525
6	比亚迪充电站福田枢纽站(福田交通枢纽地下站)	118.8450
7	比亚迪汽车充电站(城市花园)	79.1625
8	比亚迪汽车充电站(据中二街地下站)	75.9300
9	比亚迪汽车充电站(梅观立交)	1.2825
10	比亚迪汽车充电站(比亚迪清水河地下站)	70.6875
11	比亚迪汽车充电站(科技大厦2期)	3.8625
12	比亚迪汽车充电站(芒果网大厦)	13.1850
13	比亚迪汽车充电站(花景道)	65.6400
14	比亚迪电投充电站(体育公园快充站)	118.0275
15	比亚迪电投充电站(充电有道-石岩丽枫酒店快充站)	61.9650
16	比亚迪电投充电站(充电有道大望村快充站)	30.2475
17	比亚迪电投充电站(充电有道润筑园停车场快充站)	20.9250
18	比亚迪电投充电站(充电有道金沙府站(慢充))	18.3675
19	比亚迪电投充电站(充电有道龙悦居一期慢充站)	52.5900
20	比亚迪电投慢充站(充电有道南方国际站)	488.5125

图7.14 给定时间段内充电站的充电负荷估计

结果如图 7.15所示。

	charge_station	charge_energy	stime	etime	hour
0	充电易科技充电站(比亚迪景田市场)	26.6475	2019-01-01 00:00:00	2019-01-01 00:59:59	0
1	充电易科技充电站(比亚迪民乐的士接驳)	73.6950	2019-01-01 00:00:00	2019-01-01 00:59:59	0
2	充电易科技充电站(比亚迪竹子林)	10.5525	2019-01-01 00:00:00	2019-01-01 00:59:59	0
3	比亚迪充电站(比亚迪站中心路交汇处)	23.4675	2019-01-01 00:00:00	2019-01-01 00:59:59	0
4	比亚迪充电站(比亚迪站宝安机场)	15.9225	2019-01-01 00:00:00	2019-01-01 00:59:59	0
...	...	...	...	...	...
7	比亚迪汽车充电站(比亚迪圆形充电塔测试桩)	17.1075	2019-01-01 23:00:00	2019-01-01 23:59:59	23
8	比亚迪汽车充电站(比亚迪清水河地下站)	166.8075	2019-01-01 23:00:00	2019-01-01 23:59:59	23
9	比亚迪汽车充电站(花景道)	24.1425	2019-01-01 23:00:00	2019-01-01 23:59:59	23
10	比亚迪电投充电站(充电有道-名居广场快充站)	8.1525	2019-01-01 23:00:00	2019-01-01 23:59:59	23
11	比亚迪电投充电站(充电有道侨城北快充站)	21.2775	2019-01-01 23:00:00	2019-01-01 23:59:59	23

551 rows × 5 columns

图7.15 每小时充电站的负荷

基于上面计算的结果，可以绘制充电站充电负荷的时间分布箱型图，代码如下：

```
import seaborn as sns
import matplotlib.pyplot as plt
plt.rcParams['font.sans-serif']=['SimHei','Arial']
plt.rcParams['axes.unicode_minus'] = False
fig = plt.figure(1,(5,3),dpi=300)
ax = plt.subplot(111)
sns.boxplot(data = charge_info_hours,x='hour',y='charge_energy',showfliers =
False)
plt.ylabel('充电负荷(kw)')
plt.xlabel('时间')
plt.title('充电站充电负荷的时间分布')
plt.show()
```

结果如图 7.16所示。其中，各充电站的充电需求存在夜间高峰、午间高峰与晚间高峰。

```
# 统计每小时的充电需求总量
energy_change_hours = charge_info_hours.groupby(['hour'])['charge_energy'].
sum().reset_index()
```

紧接着，也可以绘制全市范围内充电需求的时变曲线，代码如下：

```
# 绘制充电需求时变曲线
import matplotlib.pyplot as plt
plt.rcParams['font.sans-serif']=['SimHei']
plt.rcParams['axes.unicode_minus'] = False
fig = plt.figure(1,(5,3),dpi=300)
plt.plot(energy_change_hours['hour'],energy_change_hours['charge_energy'])
plt.xticks(range(0,24,2))
plt.xlabel('时间(小时)')
plt.ylabel('充电量(kwh/h)')
plt.ylim(0)
plt.title('充电总负荷的时间分布')
plt.show()
```

结果如图 7.17所示。

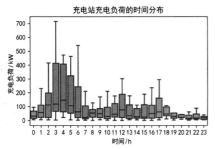

图7.16 充电站充电负荷的时间分布

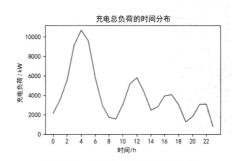

图7.17 充电总负荷的时间分布

可以看到，充电需求的时变曲线呈现出明显的多峰特征，其中，半夜3～5点的充电需求最高，而中午11～13点、下午16～18点、晚上21点均存在高峰。这是因为出租车的运营时间主要集中在白天，而夜间电价也相对较为便宜，因此，出租车司机会选择在夜间进行充电。而在白天，出租车出行的需求集中在早高峰与晚高峰，因此，充电需求也会在这两个时间段过后内达到小峰值。

2. 充电需求的空间分布

接下来，可以对充电需求的空间分布进行可视化分析。由于电动出租车是在特定的充电站点位进行充电，空间分布的可视化则为地图上的散点图。在本节中，将使用kepler.gl对充电需求的空间分布进行可视化分析。首先，需要将充电需求的数据与充电站的地理信息进行连接，并进行导出，代码如下：

```
# 连接充电站的地理信息
charge_info_hours = pd.merge(charge_info_hours,byd_charge_station,on = 'charge_
station')
# 统计每个充电站的充电需求总量，并导出数据
charge_info_hours.groupby(
    ['charge_station','station_lon','station_lat'])\
    ['charge_energy'].sum().reset_index()\
    .to_csv('Data/charge_info_total.csv', index = False)
```

然后在kepler.gl中绘制充电需求的空间分布。在可视化时，将数据拖进kepler.gl中，默认情况下，程序会自动识别数据的经纬度信息，并以点的形式进行呈现。 为了更好地展示效果，可以切换到地图页面，将地图底图设置为白底。调整合适的填充色，并将半径的基准设定为充电电量大小。结果如图 7.18所示，从中即可观察到充电需求的空间分布特征。

图7.18　充电需求的空间分布

第8章
无人机航拍轨迹数据：车流交通波分析（NGSIM数据）

8.1 NGSIM 数据的特征

本章将介绍如何基于NGSIM数据集来提取车流交通波等信息，并进行相关分析。NGSIM（Next Generation Simulation）数据集是由美国联邦公路管理局（FHWA）提供的一组用于交通分析和仿真的数据集，旨在为交通模型和仿真研究提供真实的交通流数据。这些数据集主要基于美国不同城市的高速公路、城市道路和高架桥等交通场景进行采集，通常采用架设在高空的高清摄像头进行采集，如图 8.1所示。数据集涵盖了不同时间段和交通状况下的车辆运动轨迹，并且已经进行了部分预处理工作，可以直接获取车辆经度、纬度、速度、所处路段等信息。

NGSIM数据集本身包含快速路连续流场景与城市道路间断流场景，本章将选择城市道路场景中的Lankershim Boulevard数据集进行分析。图 8.2为数据采集范围的平面

图8.1 数据收集场景示意

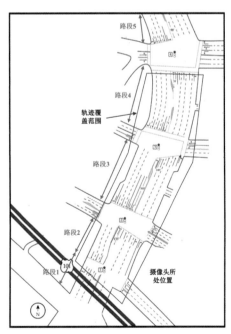

图8.2 NGSIM Lankershim Boulevard数据采集平面图

219

示意图，可以看到这是一条包含四个交叉口的干线路段。NGSIM官方将其划分为5个区域（Section1～Section5），并对每个路口、路段、车道进行了编号处理。该数据集特殊之处在于，所提供初始数据已经附带这些信息，这使得使用者无需进行地图匹配即可知道车辆所处路段、车道、行驶方向（向北、向南）。

该数据集的几项关键信息字段包括：车辆ID（Vehicle_ID）、经度（Global_X）、纬度（Global_Y）、路段ID（Section_ID）、交叉口ID（Int_ID）、车道ID（Lane_ID）、行驶方向（Direction）、起点区域（O_Zone）、终点区域（D_Zone）。对于各个字段的详细解释，可参考数据官网介绍。

 ## 8.2　NGSIM 数据的预处理

8.2.1　数据筛选

首先，我们导入原始数据：

```python
import pandas as pd
import transbigdata as tbd

# 读取数据
df = pd.read_csv('NGSIM__Lankershim_Vehicle_Trajectories.csv')

# 将数据处理为秒制单位
init_time = df['Global_Time'].min()
df['Time_Second'] = (df['Global_Time'] - init_time) / 1000  # 秒

# 对车辆ID重新命名，避免驶离车辆重复使用原来的ID
df = tbd.id_reindex(data=df, col='Vehicle_ID', new=True)
```

随后，筛选出位于不同路段、不同交叉口的轨迹数据。需要注意的是：路段的轨迹数据，其交叉口ID默认为0（Int_ID=0）；而位于交叉口内部的轨迹数据，路段ID默认也为0（Section_ID=0）：

```python
# 五个路段的轨迹数据
df_s1 = df[(df['Section_ID']==1) & (df['Int_ID']==0)]
df_s2 = df[(df['Section_ID']==2) & (df['Int_ID']==0)]
df_s3 = df[(df['Section_ID']==3) & (df['Int_ID']==0)]
df_s4 = df[(df['Section_ID']==4) & (df['Int_ID']==0)]
df_s5 = df[(df['Section_ID']==5) & (df['Int_ID']==0)]

# 四个交叉口的轨迹数据
df_i1 = df[(df['Section_ID']==0) & (df['Int_ID']==1)]
df_i2 = df[(df['Section_ID']==0) & (df['Int_ID']==2)]
df_i3 = df[(df['Section_ID']==0) & (df['Int_ID']==3)]
df_i4 = df[(df['Section_ID']==0) & (df['Int_ID']==4)]
```

　　将上述轨迹进行可视化，其中，交叉口范围内的轨迹点统一为黑色：

```
plt.figure(figsize=(8, 8))
plot_size = 0.5

plt.scatter(df_s1['Global_X'], df_s1['Global_Y'], s=plot_size, c='r')
plt.scatter(df_s2['Global_X'], df_s2['Global_Y'], s=plot_size, c='g')
plt.scatter(df_s3['Global_X'], df_s3['Global_Y'], s=plot_size, c='blue')
plt.scatter(df_s4['Global_X'], df_s4['Global_Y'], s=plot_size, c='grey')
plt.scatter(df_s5['Global_X'], df_s5['Global_Y'], s=plot_size, c='orange')
plt.scatter(df_i1['Global_X'], df_i1['Global_Y'], s=plot_size, c='black')
# df_i2、df_i3、df_i4绘图代码同第9行
plt.axis('off')
```

　　得到不同区域所有车道的车辆轨迹如图 8.3所示。

　　进一步，可以划分车道来显示不同的轨迹数据。此处以路段4、南向北方向第2、3车道为例，代码如下，结果如图 8.4所示。

```
# Section 4 南向北，车道2、3 直行轨迹
df_s4_nb_l2 = df[(df['Section_ID']==4) & (df['Direction']==2) & (df['Lane_
ID']==2)]  # 车道2
df_s4_nb_l3 = df[(df['Section_ID']==4) & (df['Direction']==2) & (df['Lane_
ID']==3)]  # 车道3

plt.figure(figsize=(6, 8))
plt.scatter(df_s4_nb_l2['Global_X'], df_s4_nb_l2['Global_Y'], s=0.3, c='red',
label='Lane 2')
plt.scatter(df_s4_nb_l3['Global_X'], df_s4_nb_l3['Global_Y'], s=0.3, c='blue',
label='Lane 3')
plt.axis('off')
plt.legend()
```

图8.3　NGSIM轨迹数据分段可视化

图8.4　NGSIM轨迹数据分车道可视化

8.2.2 基于 QGIS 的地图处理与车辆轨迹定位

1. 地图处理

在这一案例中，该轨迹数据集的特殊之处在于包含预处理好的车道信息。然而，目前开源地图软件OpenStreetMap并不支持车道级别的路段拓扑结构。为了进行更为准确的信息提取，我们可以基于地理信息编辑软件（如QGIS、ArcGIS等）自行绘制相关路段及车道的拓扑结构。在使用QGIS之前，应先基于GeoPandas生成轨迹数据的geometry字段，并保存为*.json格式文件。

```python
import geopandas as gpd

# 生成'geometry'字段
df_sb2_l1['geometry'] = gpd.points_from_xy(df_sb2_l1['Global_X'], df_sb2_l1['Global_Y'])
df_sb2_l1 = gpd.GeoDataFrame(df_sb2_l1)

# 保存文档
df_sb2_l1.to_file('df_sb2_l1.json',driver = 'GeoJSON')
```

如下以QGIS为例，简述路段拓扑结构的绘制操作步骤：

第一步，导入数据。将上述*.json文件拖曳至空白处，即可导入到QGIS中。若需要地图数据，可以单击左侧工具栏XYZ Tiles下拉菜单，双击OpenStreetMap即可导入世界地图，QGIS加载地图如图 8.5所示。

第二步，绘制路段曲线。首先单击"新建图层"按钮（New Shapefile Layer），随后选择存储位置及名称（File Name），并在线型（Geometry type）中选择线条（Line）。至此，图层创建完毕，单击铅笔型绘制按钮，单击添加线型特征（Add Line Feature），即可手动连续添加路段关键点并形成线型。上述步骤图示界面如图 8.6所示。

图8.5　QGIS加载地图

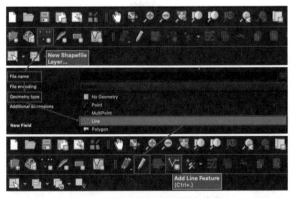

图8.6　QGIS绘制线型操作步骤

车道线型绘制完成后，单击"保存"按钮，相关线性文件将自动更新到本地。上述方法除了绘制线型外，同样适用于绘制单点（Point）、多边形区域（Polygon）等，在此不再赘述。

2. 车辆轨迹定位

在获取得到地图路段的拓扑结构后，可通过geopandas将地图数据与车辆轨迹数据进行匹配。首先导入自行绘制的shp文件：

```
# sb_s2_l1
sb_s2_l1 = gpd.read_file(r'sb_s2_l1/sb_s2_l1.shp')
sb_s2_l1_shp = sb_s2_l1['geometry'].iloc[0]
```

随后，采用project方法，即可将车辆GPS点投影到路段上：

```
df_sb2_l1['project'] = df_sb2_l1.apply(
    lambda r: sb_s2_l1_shp.project(r['geometry']), axis=1)
```

如本书第8章所述类似，上述代码中，project列存储了坐标点距离线路起点的长度距离。这一步结果将为后续交通波的绘制打下基础。

8.3 NGSIM 数据的交通波识别

8.3.1 交通波简介

在交通流理论相关研究中，交通波（Traffic Wave）一直是学者关注的对象。在城市道路场景中，当车流因拥堵等交通状况改变而引起交通密度改变时，其分界面会在车流中进行传播，这一现象即为交通波。若不考虑车辆加减速度，将交通流简化为匀速行驶车辆与排队停驶车辆，则该分界即可反映不同时刻路段的排队长度。其中，反映车流集聚的交通波称为集结波，而反映车流消散的则称为消散波。

为便于理解，图 8.7展示了简化的交通波示意图。其中，横轴代表时间，纵轴代表车辆距离交叉口停车线距离，半透明细线代表车辆的行驶轨迹，蓝色与红色分别代表车辆从上游的来源方向，阴影区域代表车辆处于停驶状态。蓝色、红色粗实线即为集结波，而蓝色、红色粗虚线则代表消散波。图中相关参数将在后续说明。

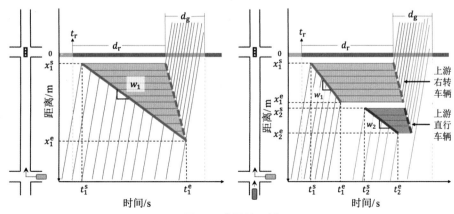

图8.7 交通波示例

基于交通波的多边形结构特征，可以进一步分析排队长度、延误水平等交叉口交通运行特征指标，服务于交通信号配时优化、瓶颈点分析、拥堵溯源分析等工程应用。

8.3.2　交通波特征参数介绍

交通波的基础特征参数包括相对停车线的起始位置（x^s），结束位置（x^e），起始时刻（t^s）、结束时刻（t^e）、波速（斜率，w）。以集结波为例，其波速计算方法为 x^e-x^s/t^e-t^s，集结波蔓延的持续时长为 $\Delta t=t^e-t^s$，覆盖排队长度为 $l=x^e-x^s$。图8.8为一个信号周期内交通波的一个具体案例，图8.8中只显示每辆车在该信号周期内的第一个停车点位（7个蓝点），基于线性回归即可拟合获取集结波曲线及相关参数。

此外，加入信号配时相关参数后，还可以获得交通波相对起始时刻的时间差信息。以最简单的交叉口固定信号配时周期场景为例，设距离集结波起始时刻上一个最近的红灯启亮时刻为 t_r，红灯时长为 d_r，绿灯时长为 d_g，则交通波相对起始时刻为 t^s-t_r，在图8.8中，已标定设置 $t_r=0$，则该集结波相对信号周期的起始时刻为-0.4。

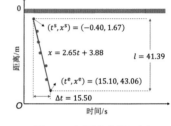

图8.8　交通波参数示例

8.3.3　时空二维平面轨迹可视化

在提取交通波特征参数之前，我们先对前述处理的轨迹数据在时空二维平面内进行可视化。特别地，按照车辆从上游来源路段不同，我们分别采用不同的颜色代表所对应的交通波。如图 8.9所示，针对浅绿色分析区域，分别对三个车道在两个信号周期内的交通波进行了可视化，并人工标注了交通波形状。

我们以经过路段2（Section_ID=2）、向北行驶（Direction=2）、车道ID为1的轨迹点为例，展示相关可视化代码。

步骤1：筛选轨迹点，并进行路段投影。

```python
import pandas as pd
import geopandas as gpd

# 筛选轨迹点 (df 相关处理见 8.2 节)
df_nb_s2_l1 = df[(df['Section_ID'] == 2) & (df['Direction'] == 2) & (df['Lane_
ID'] == 1)]
df_nb_s2_l1 = df_nb_s2_l1[
    ['Vehicle_ID_new', 'Time_Second', 'Section_ID',
     'Direction', 'Lane_ID', 'O_Zone', 'Global_X', 'Global_Y']
]  # 仅保留有用字段

# 生成地理信息列
```

```
df_sb2_l1['geometry'] = gpd.points_from_xy(df_sb2_l1['Global_X'], df_sb2_
l1['Global_Y'])
df_sb2_l1 = gpd.GeoDataFrame(df_sb2_l1)

# 导入路段拓扑结构
nb_s2_l1 = gpd.read_file(r'nb_s2_l1/nb_s2_l1.shp')
nb_s2_l1_shp = nb_s2_l1['geometry'].iloc[0]

# 进行路段投影
df_nb_s2_l1['project'] = df_nb_s2_l1.apply(lambda r: nb_s2_l1_shp.
project(r['geometry']), axis=1)
```

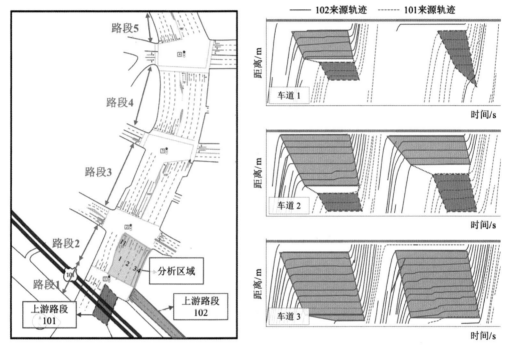

图8.9　NGSIM交通波可视化示例

得到处理好的数据如图 8.10所示。

	Vehicle_ID_new	Time_Second	Section_ID	Direction	Lane_ID	O_Zone	Global_X	Global_Y	v_Vel	geometry	project
12285	20	20.1	2	2	1	102	6451955.903	1872881.910	25.52	POINT (6451955.903 1872881.910)	252.704892
12286	20	20.2	2	2	1	102	6451956.372	1872884.382	25.25	POINT (6451956.372 1872884.382)	250.260016
12287	20	20.3	2	2	1	102	6451956.964	1872886.829	25.14	POINT (6451956.964 1872886.829)	247.787078
12288	20	20.4	2	2	1	102	6451957.628	1872889.267	25.37	POINT (6451957.628 1872889.267)	245.292584
12289	20	20.5	2	2	1	102	6451958.314	1872891.637	26.10	POINT (6451958.314 1872891.637)	242.850922

图8.10　NGSIM处理后数据实例

步骤2：绘制车辆时空轨迹。

首先我们构建一个字典vehicle_dict，其键值对分别表示车辆来源与车辆ID。在本案例中，来源为两条路段：101、102。相关代码如下所示：

```
# 来源路段列表
```

```
origin_list = [101, 102]

# 构建字典，存储不同来源的车辆ID
vehicle_dict = {}  # key: origin, value: vehicle_list
for origin in origin_list:
    df_origin = df[df['O_Zone'] == origin]
    vehicle_list = list(df_origin.drop_duplicates(subset=['Vehicle_ID_new'])
['Vehicle_ID_new'])
    vehicle_dict[origin] = vehicle_list
```

随后即可进行轨迹的绘制：

```
# 针对不同来源轨迹，定义不同的绘图格式
style_list = [['red', 'dashed'], ['mediumblue', '-']]  # 两种线型参数

# 按照不同来源依次绘图
fig = plt.figure()
for origin in origin_list:
    color = style_list[origin_list.index(origin)][0]
    line_style = style_list[origin_list.index(origin)][1]
    vehicle_list = vehicle_dict[origin]
    for each_veh in vehicle_list:
        tmp = df[df['Vehicle_ID_new'] == each_veh]
        plt.plot(tmp['Time_Second'],
                tmp['project'] * 0.3048,  # 将英尺转化为米
                c=color, ls=line_style, lw=1.5, label='Origin 101')
```

将上述功能封装为如下plot_shockwave()函数，同时加入三个索引参数，支持多图绘制，便于后续使用：

```
def plot_shockwave(df, origin_list, idx_1, idx_2, idx_3):
    '''
    # 交通波绘制函数
    df: 处理好的轨迹数据
    origim_list: 来源路段列表
    idx_1, idx_2, idx_3: 图片索引，表示子图行数、列数、图片编号
    '''
    # 构建字典，存储不同来源的车辆ID
    vehicle_dict = {}  # key: origin, value: vehicle_list
    for origin in origin_list:
        df_origin = df[df['O_Zone'] == origin]
        vehicle_list = list(df_origin.drop_duplicates(subset=['Vehicle_ID_new'])
['Vehicle_ID_new'])
        vehicle_dict[origin] = vehicle_list

    # 绘制车辆轨迹
    style_list = [['red', 'dashed'], ['mediumblue', '-']]  # 线型
    ax = plt.subplot(idx_1, idx_2, idx_3)
    plt.sca(ax)
    for origin in origin_list:
        color = style_list[origin_list.index(origin)][0]
        line_style = style_list[origin_list.index(origin)][1]
```

```
        vehicle_list = vehicle_dict[origin]
        for each_veh in vehicle_list:
            tmp = df[df['Vehicle_ID_new'] == each_veh]
            plt.plot(tmp['Time_Second'], tmp['project'] * 0.3048,
                     c=color, ls=line_style, lw=1.5, label=f'Origin {origin}')

    # 设置图片参数
    plt.tight_layout()
    plt.ylim(80, -10)
    plt.xlabel('时间(s)', fontsize=14)
    plt.ylabel('离停车线距离(m)', fontsize=14)
```

步骤3：绘制信号配时参数（可选）。

交通波相对于信号配时方案的位置是研究交通运行状态的关键信息之一。因此，在可以获取交通信息的前提下，可以将信号配时方案加入到可视化结果中，方便后续分析。类似地，我们把相关功能集成到plot_signal()这一函数中。以固定信号配时，红绿灯交替显示为例，具体代码如下：

```
def plot_signal(red_length, green_length, off_set, num_cycle, signal_location,
signal_width):
    '''
    # 绘制信号配时方案的函数
    相关参数：
    - red_length：红灯持续时长
    - green_length：绿灯持续时长
    - off_set：红灯启亮时刻相比0时刻的偏差
    - num_cycle：绘制信号周期数量
    - signal_location：信号灯在时空图的Y轴坐标
    - signal_width：信号灯显示厚度
    '''
    cycle_idx = 1
    while cycle_idx <= num_cycle: # 计算矩形框位置参数
        red_start = (cycle_idx - 1) * (red_length + green_length) + off_set
        red_end = red_start + red_length
        red_rec_t = [red_start, red_end, red_end, red_start, red_start]
        red_rec_x = [signal_location, signal_location,
                     signal_location + signal_width,
                     signal_location + signal_width, signal_location]
        green_start = red_end
        green_end = green_start + green_length
        green_rec_t = [green_start, green_end, green_end,
                       green_start, green_start]
        green_rec_x = [signal_location, signal_location,
                       signal_location + signal_width,
                       signal_location + signal_width, signal_location]
        # 填充对应颜色
        plt.fill(red_rec_t, red_rec_x, 'r', alpha=0.7)
        plt.fill(green_rec_t, green_rec_x, 'g', alpha=0.7)
        cycle_idx += 1
```

最后，将上述函数功能组合，即可便捷地画图。运行如下代码，即可得到图8.9中右侧车道1在1120～1321s期间的车辆轨迹。

```
# 信号配时参数（假设已知）
red_length = 55
green_length = 45
cycle_length = red_length + green_length
offset = -70
num_cycle = int(df_nb_s2_l1.Time_Second.max() / (red_length + green_length)) + 2
# 绘制周期数量
signal_location = -4
signal_width = 2.5

# 绘图
fig = plt.figure(1, (10, 5), dpi=100)
plot_shockwave(df_nb_s2_l1, origin_list, 1, 1, 1)   # 绘制轨迹
plot_signal(red_length, green_length, offset, num_cycle, signal_location,
signal_width)                                        # 信号配时方案

plt.xlim(1120, 1321)                                 # 设置时间范围
plt.xticks(np.arange(1120, 1321, 20), fontsize=12)
plt.yticks(np.arange(0, 90, 10), fontsize=12)
```

上述函数也可以依次绘制多个图，如图8.11所示。代码及可视化效果如下：

```
# 三条车道，联合绘图
fig = plt.figure(1, (18, 12), dpi=300)

# 车道1
plot_shockwave(df_nb_s2_l1, origin_list, 3, 1, 1)
plot_signal(red_length, green_length, offset, num_cycle,
            signal_location, signal_width)
plt.xlim(1000, 2000)
plt.xticks(np.arange(1000, 2100, 100), fontsize=14)
plt.yticks(np.arange(0, 90, 10), fontsize=14)

# 车道2
plot_shockwave(df_nb_s2_l2, origin_list, 3, 1, 2)
plot_signal(red_length, green_length, offset, num_cycle,
            signal_location, signal_width)
plt.xlim(1000, 2000)
plt.xticks(np.arange(1000, 2100, 100), fontsize=14)
plt.yticks(np.arange(0, 90, 10), fontsize=14)

# 车道3
plot_shockwave(df_nb_s2_l3, origin_list, 3, 1, 3)
plot_signal(red_length, green_length, offset, num_cycle,
            signal_location, signal_width)
plt.xlim(1000, 2000)
plt.xticks(np.arange(1000, 2100, 100), fontsize=14)
plt.yticks(np.arange(0, 90, 10), fontsize=14)
```

```
plt.tight_layout()
plt.show()
```

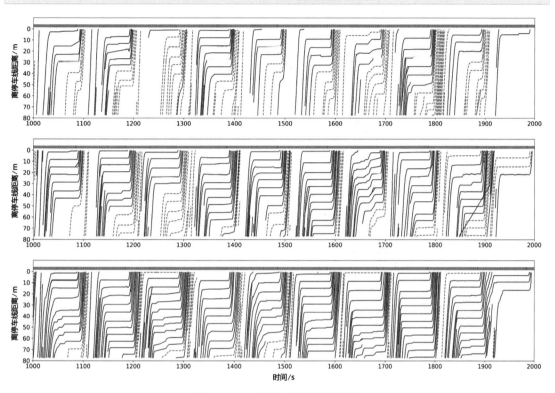

图8.11 NGSIM三车道轨迹可视化

至此，车辆轨迹在时空二维平面内的可视化已经完成。想要获取特征参数，还需要对关键特征点进行识别。

8.3.4 交通波特征参数提取及可视化

在大部分现实场景中，由于携带车辆GPS定位功能的浮动车市场渗透率较低，往往无法直接基于轨迹数据获取交通波，因而学者需要基于低渗透率轨迹数据或位于地面的固定检测器数据来重构交通波，这也是目前学术界的研究重点之一。而基于航拍获取的数据，在其捕捉范围内可获取全样本的车辆轨迹数据，这为交通波特征参数的提取提供了极大的便利。

相比于消散波，集结波反映的是车辆从相对畅通往相对拥堵状态的转变，更能够反映交通需求水平及车辆的到达分布情况。因此，本书主要以集结波特征提取为例进行说明。从前面交通波示意图可以看出，提取集结波的关键点在于寻找每一辆个体车辆交通状态改变的时刻。在匀速行驶-停车排队这一简化场景下，该改变可以理解为车辆首次从行驶状态转变到停车状态的时刻。基于此，我们给出如图8.12所示的特征点识别逻辑。

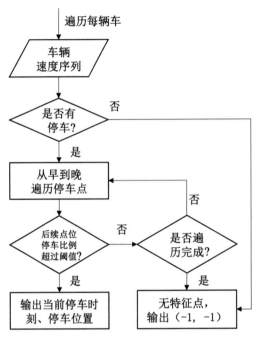

图8.12　交通波（集结波）特征点判定流程

　　需要注意的是，之所以还要判断停车点后续轨迹的停车状况，是为了避免临时的刹车造成对首次停车点的误判。上述逻辑总结成代码如下：

```python
def get_stop(df_tmp):
    '''
    识别并返回车辆第一次停车的时间与位置信息
    输入：
    - df_tmp:车辆轨迹数据
    返回：
    - first_stop_time:首次停车时刻（若如停车，返回-1）
    - first_stop_location:首次停车距离停车线距离（若如停车，返回-1）
    '''
    stop_speed = 1 # 判断为停车的速度阈值
    first_stop_time, first_stop_location = -1, -1  # 初始值为-1
    stop_percentage = 0.5

    # 判断是否存在停车行为
    if df_tmp['v_Vel'].min() <= stop_speed:
        # 筛选出所有符合条件的停车点
        idx_list_stop = list(df_tmp[df_tmp['v_Vel'] <= stop_speed].index)
        # 停车点的索引
        # 从早到晚进行停车点的遍历
        for idx_stop in idx_list_stop:
            # 统计后面若干个连续的点处于停车状态的比例
            # 超过阈值就判断为一次有效的停车
            count = 0
            # 在后续轨迹点数量充足的情况下，至少判断25个点
            max_point = min(25, len(idx_list_stop))
```

```
        for j in range(1, max_point):
            if idx_stop + j in idx_list_stop:
                count += 1
        if count / max_point >= stop_percentage:
            # 说明是一次有效停车
            first_stop_time = df_tmp.loc[idx_stop, 'Time_Second']
            first_stop_location = round(df_tmp.loc[idx_stop, 'project'] *
0.3048, 2)
            break
        else:
            # 说明只是一个临时刹车，不判断为首次停车点
            continue
    return first_stop_time, first_stop_location
```

在上述模块中，停车速度阈值stop_speed（第10行）、停车点所占比例阈值stop_percentage（第12行）、判定轨迹点数max_point（第22行）为三个可调节参数，需结合数据实际情况进行灵活调整。随后，将上述get_stop作为基础模块，嵌入到如下数据梳理的函数get_stop_df()中（第11行）。get_stop_df的主要功能是整合输出每辆车的停车点信息，其中还加入了连续换道车辆筛除（第9行）、获取周期内相对时间（第19～32行）两项功能。

```
def get_stop_df(df_traj):
    vehicle_list = list(df_traj.drop_duplicates(subset=['Vehicle_ID_new'])
['Vehicle_ID_new']) # 车辆ID列表

    # 步骤1：获取全局停车时间
    stop_vehicle_list, stop_origin_list, stop_time_list, stop_location_list
= [], [], [], []
    for each_veh in vehicle_list:
        df_tmp = df_traj[df_traj['Vehicle_ID_new']==each_veh]
        # 判断车辆是否在车道上行驶了足够的距离
        # 若不足5m，则判定车辆只是连续换道经过
        if (df_tmp['project'].max() - df_tmp['project'].min()) * 0.3048 > 5:
            # 调用get_stop模块，获取特征点信息
            first_stop_time, first_stop_location = get_stop(df_tmp)
            if first_stop_time == -1:  # 无特征点信息
                continue
        stop_vehicle_list.append(each_veh)
        stop_origin_list.append(df_tmp.iloc[0]['O_Zone'])
        stop_time_list.append(first_stop_time)
        stop_location_list.append(first_stop_location)

    # 步骤2：获取周期内相对停车时间（距离红灯起始时刻的时长）
    cycle_stop_time_list = []
    for i in range(len(stop_time_list)):
        stop_time, stop_location = stop_time_list[i], stop_location_list[i]
        if stop_time < 30:
            current_cycle_time = stop_time + cycle_length - 30
        elif stop_time > (cycle_length + 30):
```

```
        current_cycle_time = ((stop_time - 30) % cycle_length)
    else:
        current_cycle_time = stop_time - 30
    # 若处于绿灯最后10s,则将其放到下个周期
    # （大概率为二次排队造成的停车现象）
    if current_cycle_time >= (cycle_length - 10):
        current_cycle_time = current_cycle_time - cycle_length
    cycle_stop_time_list.append(current_cycle_time)


    # 构建输出数据形式
    df_arrival = pd.DataFrame({'vehicle_id': stop_vehicle_list,
                               'origin': stop_origin_list,
                               'global_stop_time': stop_time_list,
                               'cycle_stop_time': cycle_stop_time_list,
                               'stop_location': stop_location_list})
    return df_arrival
```

以车道1为例，演示上述函数用法，代码及输出特征点数据格式（df_arrival_nb_s2_l1）分别如表 8-1所示。

```
# 获取停车点信息
df_arrival_nb_s2_l1 = get_stop_df(df_nb_s2_l1)

# 车道1集结波特征点可视化（车道2、3代码类似，仅需替换变量名即可）
plot_shockwave(df_nb_s2_l1, origin_list, 3, 1, 1)
plot_signal(red_length, green_length, offset, num_cycle, signal_location,
signal_width)
plt.scatter(df_arrival_nb_s2_l1['global_stop_time'], df_arrival_nb_s2_l1['stop_
location'], s=30, c='black')
```

表8-1　NGSIM特征点识别结果数据示例

车辆ID （vehicle_id）	起点编号 （origin）	全局停车时刻/s （global_stop_time）	周期内停车时刻/s （cycle_stop_time）	停车位置/m （stop_location）
20	102	31.00	1.00	0.67
21	102	33.20	3.20	6.25
24	102	39.70	9.70	14.88
68	102	70.00	40.00	20.00
149	102	145.10	15.10	2.95

最终获得可视化结果如图 8.13所示。针对每个周期的特征点，取收尾两个点即可获得集结波的起始与结束点位，采用基础的线性拟合，即可得到集结波的斜率特征。此外，需要注意的是：目前的代码还不支持二次停车的识别（如车道3最后一个周期存在部分二次停车未识别的现象），有分析需求的读者可以将其作为一个小任务，自行修改代码，添加个性化功能。

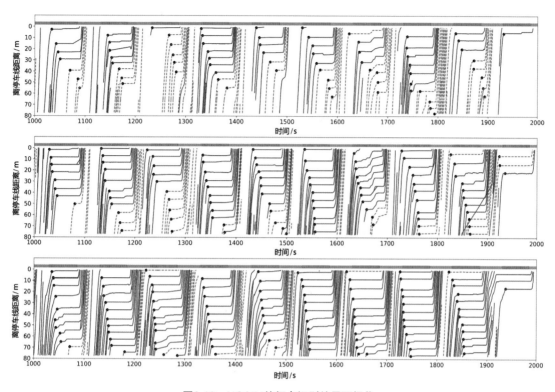

图8.13　NGSIM特征点识别结果可视化

8.3.5　交通波特征分析案例

在学术界，目前已有学者对基于低渗透率轨迹数据进行交通波重构展开了大量的研究。已有研究表明，只需要20%及以上的浮动车渗透率，即可实现对交通波特征的高质量估计，这为交通波的应用提供了较为坚实的基础。除了传统的估计延误，对比不同车道拥堵情况的应用之外，笔者还提出可以通过交通波波型特征来做交通需求分析的应用。从上一节可视化结果可以看到，在NGSIM这一特定场景下，不同上游来源路段的车流所构成的集结波具有不同的特征，包括起始位置、斜率、覆盖空间范围等。而这一特征将能够为拥堵交通流的溯源分析提供思路。

为分析不同来源车辆所构成的交通波在时空分布上是否具有显著差异，可将不同信号周期的集结波特征映射到一个信号周期上，并从一维（信号周期内车辆初次停车时刻分布）、二维（集结波起始时空位置分布）、三维（集结波起始时空位置及覆盖长度分布）三项统计特征分别分析。

1. 信号周期内车辆初次停车时刻分布

车辆初次停车时刻是集结波的基本组成单元。按照不同上游来源，先对不同车道车辆在信号周期中的初次停车时刻进行统计。设红灯启亮时刻为0时刻，统计结果如图 8.14 所示。其中，101与102分别代表上游直行到达与上游右转到达车辆。来自101的车辆的停车时刻主要集中在30～60s区间，而来自101的车辆则集中在0～40s区间内。可以看到，两者在初次停车这一单一维度上已有较为明显的统计特征差异。

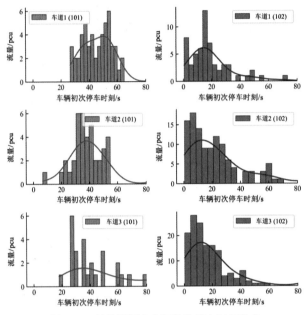

图8.14　信号周期内车辆首次停车时刻分布

设表 8.1所示DataFrame格式数据，按照车道1～车道3分别命名名为df_l1、df_l2、df_l3，则图 8.14第一行两张图的可视化代码如下：

```
fig = plt.figure(1, (6, 6), dpi=100)

# 绘制车道1
origin_101 = df_l1[df_l1['origin']==101]
ax = plt.subplot(3, 2, 1)
plt.sca(ax)
sns.histplot(origin_101.cycle_stop_time, bins=30, kde=True, color='red',
label='Lane 1(101)')
plt.legend()
plt.xlabel('车辆初次停车时刻/(s)')
plt.ylabel('流量/(pcu)')
plt.xlim(-5, 80)

origin_102 = df_l1[df_l1['origin']==102]
ax = plt.subplot(3, 2, 2)
plt.sca(ax)
sns.histplot(origin_101.cycle_stop_time, bins=30, kde=True, color='red',
label='Lane 1(102)')
plt.legend()
plt.xlabel('车辆初次停车时刻/(s)')
plt.ylabel('流量/(pcu)')
plt.xlim(-5, 80)


plt.tight_layout()
```

```
plt.savefig('图15_信号周期内车辆首次停车时刻分布.png', dpi=350)
```

以上为核心可视化的代码。若要绘制第二行、第三行图像，只需要将origin_101、origin_102内引用的数据源替换即可。若要设置与图中一致的坐标轴线型、刻度位置，可以在每个子图绘图命令行ax = plt.subplot后附加如下代码：

```
ax.spines['right'].set_visible(False)          # 去除右侧图框标线
ax.spines['top'].set_visible(False)            # 去除上侧图框标线
ax.tick_params(axis='both', direction='in')    # 将刻度显示在图框内侧
```

2. 集结波起始时空位置分布

集结波的第一个点来自于上游距离停车线最近的车。在非过饱和、没有绿波协调的场景下，其通常为自由流状态到达下游路段。因此，第一个到达的时刻更可能具有较为明显的统计特征，也因此更可能蕴含车辆来源信息。

对此，将每一个信号周期的集结波起点同时映射到一个周期上，基于表8-2数据第2~4列进行可视化，结果如图 8.15所示。可以看到，来自于上游102路段车辆所构成的交通波，其起点在空间上更靠近停车线的位置，时间上相对更靠近红灯启亮时刻。而来自于101的车辆所构成的交通波则划分为两部分，与前者在分布特征上具有较为明显的区别。而这仅仅是不同来源交通波在其起点特征这一维度上的区别。笔者基于这一理念，结合前述其他交通波特征参数，构建了基于机器学习的路段流量溯源分析方法，实现了仅基于交通波特征的流量来源判断。

表8-2 交通波特征参数整理后数据示例

周期ID	起点编号	首次停车时间/s	首次停车位置/m	斜率	排队长度/m
1	102	31.00	0.67	0.41	19.33
3	101	27.70	9.03	0.50	13.09
4	102	2.90	2.76	0.14	6.37
6	101	47.30	11.92	1.66	6.30
7	101	−1.40	1.03	0.82	51.10

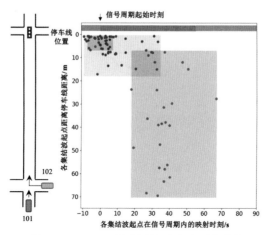

图8.15 NGSIM交通波特征之起点时空分布

设表8.2所示DataFrame格式数据命名为df_s，则图8.15可视化核心代码如下：

```python
fig = plt.figure(1, (8, 8))
plt.scatter(df_s[df_s['origin']==101]['first_stop_time'],
            df_s[df_s['origin']==101]['first_stop_location'], c='red')
plt.scatter(df_s[df_s['origin']==102]['first_stop_time'],
            df_s[df_s['origin']==102]['first_stop_location'], c='blue')

plt.xlim(-11, 90)
plt.ylim(75, -5)
plt.xticks(np.arange(-10, 100, 10), fontsize=16)
plt.yticks(np.arange(0, 80, 10), fontsize=16)

# 绘制信号配时方案
red_length = 55
green_length = 45
origin_time = -100
num_cycle = 3  =
cycle_length = red_length + green_length
signal_location = -4
signal_width = 2.5
plot_signal(red_length, green_length, origin_time, num_cycle, signal_location,
signal_width)

plt.tight_layout()
plt.savefig('NGSIM 交通波特征之起点时空分布 .png', dpi=200)
```

其中，信号配时方案绘制函数plot_signal()详见7.3.3节。

3. 集结波起始时空位置及覆盖长度分布

在特定需求场景下，以某一时空位置为起点的集结波在排队长度方面是否与来源有相关性。对此，为寻找不同来源车辆在交通波层面更为显著的统计特征差异，从集结波起点所处的时间位置、起点离停车线距离、覆盖最大排队长度三个层面对其特征进行分析。针对单独一辆车夹在两个另一来源交通波中间的场景，由于单独车辆不构成交通波，不予计入分析，最终采集到3条车道在20个信号周期内总计86条集结波，其特征参数可视化如图 8.16所示，其中圆点代表来源于101的车辆，三角形代表来源于102的车辆，图中三个二维散点图分别为三项特征在二维平面上的两两组合。可以看到，虽然三项特征参数在二维层面上有相互分离的特征，但并未完全分隔，但将其在三维上进行组合，可以看出较为明显的区分。

图 8.16同样基于表 8.2数据进行绘制，具体代码如下。首先，提取不同来源的数据：

```python
X = np.array(df_s['first_stop_time'])
Y = np.array(df_s['first_stop_location'])
Z = np.array(df_s['queue_length'])

df_s_O1 = df_s[df_s['origin']==101]
X_O1 = np.array(df_s_O1['first_stop_time'])
```

```
Y_O1 = np.array(df_s_O1['first_stop_location'])
Z_O1 = np.array(df_s_O1['queue_length'])

df_s_O2 = df_s[df_s['origin']==102]
X_O2 = np.array(df_s_O2['first_stop_time'])
Y_O2 = np.array(df_s_O2['first_stop_location'])
Z_O2 = np.array(df_s_O2['queue_length'])
```

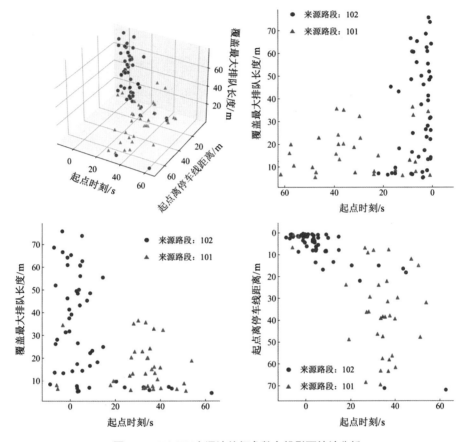

图8.16 NGSIM交通波特征参数多投影面统计分析

其次进行绘图：

```
fig = plt.figure(figsize=(13, 13))

# 定义绘制图形样式
origins = np.array(df_s['Origin'])
colors = ['blue' if origin == 1 else 'red' for origin in origins]
markers = ['o' if origin == 1 else '^' for origin in origins]
text_size = 15  # 字体大小

# 图1/4绘制
ax1 = fig.add_subplot(2, 2, 1, projection='3d')
for x, y, z, color, shape in zip(X, Y, Z, colors, markers):
    ax1.scatter(x, y, z, c=color, s=50, alpha=0.6, edgecolors='w', marker=shape)
ax1.set_xlabel('Start Time(s)', fontsize=text_size) # 起点时刻 (s)
```

```
ax1.set_ylabel('Start Location(m)', fontsize=text_size)
# 起点离停车线距离(m)
ax1.set_zlabel('Covered Length(m)', fontsize=text_size)
# 覆盖最大排队长度(m)
ax1.set_ylim(max(Y), min(Y))

# 图2/4绘制
ax2 = fig.add_subplot(2, 2, 2)
ax2.spines['right'].set_visible(False)
ax2.spines['top'].set_visible(False)
ax2.tick_params(axis='both', direction='in')
ax2.scatter(Y_O1, Z_O1, c='blue', marker='o')
ax2.scatter(Y_O2, Z_O2, c='red', marker='^')
ax2.set_xlabel('Start Location(m)', fontsize=text_size)
ax2.set_ylabel('Covered Length(m)', fontsize=text_size)
ax2.set_xlim(max(X), min(X))

# 图3/4绘制
ax3 = fig.add_subplot(2, 2, 3)
ax3.scatter(X_O1, Z_O1, c='blue', marker='o')
ax3.scatter(X_O2, Z_O2, c='red', marker='^')
ax3.set_xlabel('Start Time(s)', fontsize=text_size)
ax3.set_ylabel('Covered Length(m)', fontsize=text_size)

# 图4/4绘制
ax4 = fig.add_subplot(2, 2, 4)
ax4.scatter(X_O1, Y_O1, c='blue', marker='o')
ax4.scatter(X_O2, Y_O2, c='red', marker='^')
ax4.set_xlabel('Start Time(s)', fontsize=text_size)
ax4.set_ylabel('Start Location(m)', fontsize=text_size)
ax4.set_ylim(max(Y)+5, min(Y)-5)

plt.savefig('NGSIM交通波特征参数多投影面统计分析.png', dpi=300);
```

综上，不同来源的车辆所组成的集结波特征具有较为明显的统计差异，基于集结波进行车流的溯源分析具有一定可行性。在未来，交通波的应用包括但不限于：信号配时方案优化、车道功能优化、短时流量及排队长度预测等。

第9章
无人机航拍轨迹数据：路网运行状态提取与分析（pNEUMA数据）

无人机航拍轨迹数据是指使用无人机对车辆行驶时的轨迹进行航拍，并通过图像处理和计算机视觉技术，提取出车辆行驶的轨迹信息，已逐渐成为一种新兴的交通数据来源。相比传统基于固定及地面移动检测器获取的数据，无人机航拍轨迹数据具有高采样频率、高定位精度、完全采样且参数更丰富等特点。因此，其能够开展更多深层次的分析，更为全面、准确地反映路网运行状态。本文将以希腊开源数据集pNEUMA为例，介绍基于无人机航拍轨迹的数据处理思路及交通运行状态的分析案例。

 ## 9.1 航拍轨迹数据特征

传统基于车载GPS定位的轨迹数据可能包含的字段有：时间戳、经纬度坐标、海拔高度、速度、加速度、方向角以及其他信息（如车辆ID、运营商、设备ID等）。而航拍轨迹数由于采样时间间隔短、定位精度高，结合图像视频处理技术，还可额外获得高频的纵向与横向加速度、车辆类型、车辆所处车道（需结合地图信息）、车辆颜色等信息。除此之外，航拍数据集还能够清晰地反映出交通拥堵形成及消散状态、不同路段交通驾驶行为或宏观的交通流特征。因此，航拍轨迹数据在数据质量及复杂信息全面性的方面具有优越性。

但与此同时，其不足之处在于数据收集的成本较高，难度也相对较大，其局限性具体如下：

（1）难以在天气恶劣的条件下进行数据收集；

（2）易受高层建筑及立交桥等视线遮挡，导致部分区域无法观测；

（3）受电池容量及存储技术影响，难以长时间连续进行数据采样；

（4）单架无人机视野范围有限，需要无人机群同时协作以获取大范围网络数据。

即便如此，采集航拍的车辆轨迹数据集依然具有一定的学术价值与工程应用价值。目前，国内外已有多个政府部门或者学术机构开展了相关的数据采集工作。例如，由瑞士洛桑联邦理工学院城市交通系统实验室主导的pNEUMA项目，是这方面具有代表性的开源数据集之一。其通过建立无人机群的轮班制度，实现了单日内2.5小时的数据采集运作。四天采样总计10小时，得到了近50万条轨迹数据。据笔者统计，该数据集覆盖的范围内拥有400多个路口，800多条路段。国内方面，同济大学团队在国内某城市内环快速路进行了航拍轨迹数据采集，采集范围总长度为4km，包含一个大半径曲线和六条匝道。基于这一类数据集，除了能够研究交通拥堵特征外，还能进一步研究快速路交织区、分流区等不同地区的车辆驾驶行为特征，并与国外欧美地区行为进行比较。其他数据集包括北京交通发展研究院推出的高精度全样本标准化轨迹数据集（TrafficHUT）、美国中佛罗里达州Aty教授团队的CitySim等。目前，国外已有专门的商业公司（例如Data From Sky）专门基于航拍视频数据提取车辆轨迹信息，这一部分的处理主要涉及到计算机图像识别及跟踪领域算法，不在本书范围之内。

 ## 9.2　数据准备

接下来将以pNEUMA为例，介绍航拍轨迹数据处理的准备工作，包括数据格式转换、地图数据加载。由于pNEUMA开源数据为单条轨迹数据成一行，因此可以先将其处理为单个轨迹点一行，便于后续处理，参考代码如下：

```python
def getElement(row):
    try:
        indexSep=row.index(';')
        return row[:indexSep], row[indexSep + 2:]
    except ValueError:
        return row[:-1], row[-1]

def reshape_data(file_origin, file_reshape):
    '''
    将原始一行为一条出行记录的数据转化为一个轨迹点一行的格式
    file_origin: 初始文件名
    file_reshape: 输出文件名
    '''
    with open(file_origin) as f:
        with open(file_reshape, 'a') as re_f:
            row=f.readline()
            columns=[None] * 10
            for i in range(10):
                columns[i], row=getElement(row)
            print(*columns, sep=',', file=re_f)
            while 1:
                row=f.readline()
                if not row:
                    break
                key=[None] * 4
                value=[None] * 6
                for i in range(4):
                    key[i], row=getElement(row)
                while 1:
                    for i in range(6):
```

```
                    value[i], row=getElement(row)
               print(*key, *value, sep=',', file=re_f)
               if row=='\n':
                       break
print('重构后的文件存储地址：', file_reshape)
```

航拍轨迹数据预处理后的数据格式如表 9-1所示。

表9-1 航拍轨迹数据预处理后的数据格式

track_id	type	traveled_d	avg_speed	lat	lon	speed	lon_acc	lat_acc	time
1	Car	4.71	10.608667	37.984493	23.725548	8.7911	−0.5248	−1.4275	0.00
1	Car	4.71	10.608667	37.984493	23.725547	8.7199	−0.4625	−1.5457	0.04
1	Car	4.71	10.608667	37.984493	23.725545	8.6538	−0.4546	−1.6364	0.08

9.2.1 数据压缩

将上述处理后的数据存储并命名为df_reshape.csv。由上表 9-1可以看到，初始数据的采样时间间隔为0.04s，这将导致数据的存储空间相对较大，数据读取耗时较长。在一些路径及路网层面的应用中，即便是0.4s的采样频率也不影响分析结果。因此，我们可以根据自身的需求降低数据的采样频率，从而提升后续代码的运行效率。除了前文介绍的tbd.traj_sparsify之外，本章单独提供支持小数点的de_compress_traj()函数：

```
import tansbigdata as tbd
import pandas as pd

# 轨迹稀疏化
def de_compress_traj(df, original_interval, sample_interval, col=['vehID',
'time']):
    '''
    该函数可以将采样间隔扩大，缩减数据量，且支持采样间隔包含小数点
    输出采样间隔为整数时，可以考虑使用'tbd.traj_sparsify'
    df: 待处理数据
    original_interval: 数据初始采样间隔
    sample_interval: 输出数据采样间隔
    col: 车辆ID、时间戳对应数据栏名称
    '''
    veh_list=list(df[col[0]].drop_duplicates())
    compressed_list=[]
    for each_veh in veh_list:
        df_veh=df[df[col[0]]==each_veh]

        # 开始与结束时刻
        start_time, end_time=df_veh.iloc[0][col[1]], df_veh.iloc[-1][col[1]]
        # 构建相邻数据时间差
        df_veh['time_delta']=df_veh['time']-df_veh['time'].shift()
        # 累计时间位移数量
        df_veh['time_d_acc']=df_veh['time_delta'].cumsum()
```

```
        # 筛选出符合标准的行，时间差应小于等于
        # 原来采样间隔的一半（只要是等间距采样）
        # 同时保留每一辆车的首末轨迹点信息
        df_veh_cps=df_veh[
            ((df_veh['time_d_acc']%sample_interval)<=(original_interval/2)) |
(df_veh[col[1]]==start_time) | (df_veh[col[1]]==end_time)]

        compressed_list.append(df_veh_cps)

    # 将所有数据合并到一块
    df_compressed=pd.concat(compressed_list)
    df_compressed=df_compressed.drop(['time_delta', 'time_d_acc'],
                                     axis=1)    # 删除多余的行
    return df_compressed
```

例如，若想要将数据采样间隔变为0.8s，则相关代码如下：

```
# 读取处理后的原始数据
df_reshape=pd.read_csv('reshaped_data.csv')

# 轨迹稀疏化
df_reshape_c=de_compress_traj(
    df_reshape,
    original_interval=0.04,      # 数据初始采样间隔为0.04s
    sample_interval=0.8,         # 设置输出采样间隔为0.8s
    col=['track_id', 'time'])
```

随后，可将轨迹数据处理为兼容geopandas与transbigdata的GeoJSON形式，保存至本地备用：

```
import geopandas as gpd

gdf_reshape_c=gpd.GeoDataFrame(
    df_reshape_c,
    geometry=gpd.points_from_xy(df_reshape['lon'],
                                df_reshape['lon']),
                                crs=4326)
gdf_reshape_c=gdf_reshape_c.to_crs(2100)    # 可选，转化为米制坐标系
gdf_reshape_c.to_file('gdf_reshape.geojson', driver='GeoJSON')
```

9.2.2 地图数据加载

要对轨迹数据进行分析，地图数据是基础。在确定轨迹数据覆盖的经纬度范围后，可基于OSMnx这一Python包下载地图路网拓扑结构：

```
import osmnx as ox
```

```
# 确定轨迹数据覆盖的经纬度上下界
# 最小经度、最小纬度、最大经度、最大纬度
bounds=[23.723577, 37.975462, 23.738471, 37.993053]
north, south, east, west=bounds[3], bounds[1], bounds[2], bounds[0]

# 获取路网数据
G=ox.graph_from_bbox(north, south, east, west, network_type='drive')
nodes, edges=ox.graph_to_gdfs(G, nodes=True, edges=True)
```

上述代码中，nodes和edges分别代表路网的节点、路段信息。由于OpenStreetMap数据库更新可能会导致路段、节点编号变化，为保障前后分析的一致性，可以将地图数据以graphml的形式保存到本地，以方便后续使用：

```
# 将地图数据保存为graphml文件
filepath="pNEUMA_osm_network_4326.graphml"
ox.save_graphml(G, filepath)

# 读取graphml地图数据
filepath="pNEUMA_osm_network_4326.graphml"
G=ox.load_graphml(filepath)
nodes, edges=ox.graph_to_gdfs(G, nodes=True, edges=True)
print(f'The network has {len(nodes)} nodes and {len(edges)} edges.')

# 地图数据默认采用WGS84坐标系，可通过如下方式转化为米制坐标系
G_p=ox.project_graph(G, to_crs=2100)
nodes_p, edges_p=ox.graph_to_gdfs(G_p, nodes=True, edges=True)
```

在获取得到地图数据与轨迹数据后，我们就可以通过transbigdata等工具对轨迹数据进行可视化，图 9.1为数据所处路网拓扑结构以及轨迹数据覆盖范围。根据与官网提供信息比对，可以看到该数据集支持同时下载所有无人机采集数据的合并版本。

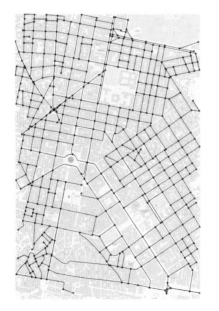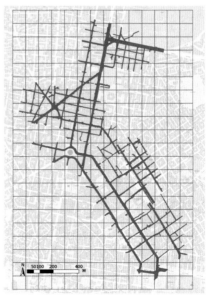

图9.1　pNEUMA数据概览

9.3 网络交通状态提取与分析

在交通状态分析中，各个路段、路径的交通状态信息是分析的基础。例如，宏观基本图的绘制需要知道路网范围内的车辆数以及各个路段车辆的平均速度。对此，本节将介绍基于无人机轨迹数据的基础交通运行特征参数提取与分析方法，涵盖的变量包括路段流量、路段行程时间、路段到路段行程时间等。

9.3.1 路段流量获取

首先介绍路段流量的计算方法。我们基于leuvenmapmatching提供的路径匹配算法，可得到每一辆车的行驶路径，其在OSM地图上表现为若干节点组成的列表。具体的地图匹配容器代码如下。由于前述章节已有介绍，在此不再赘述。

```python
from leuvenmapmatching.matcher.distance import DistanceMatcher
from leuvenmapmatching.map.inmem import InMemMap

# 将地图转化为米制坐标系
G_p=ox.project_graph(G, to_crs=2100)
nodes_p, edges_p=ox.graph_to_gdfs(G_p, nodes=True, edges=True)

map_con=InMemMap(
    name='pNEUMA',
    use_latlon=False,
    use_rtree=True,
    index_edges=True)

for node_id, row in nodes_p.iterrows():
    map_con.add_node(node_id, (row['y'], row['x']))
for node_id_1, node_id_2, _ in G_p.edges:
    map_con.add_edge(node_id_1, node_id_2)

max_init = 80
max_d = 80 # set a large number while `use_latlon=False`
std_noise = 10
matcher = DistanceMatcher(
    map_con, max_dist_init=max_init, max_dist=max_d,
    non_emitting_states=False, obs_noise=std_noise)
```

我们随机选取一辆车的一次出行轨迹数据，演示路径匹配：

```python
# 选择一辆车的轨迹点
# `gdf_reshape_c`为前述经过处理后的轨迹数据集
veh_list=list(gdf_reshape_c.drop_duplicates('track_id')['track_id'])
gdf_tmp = gdf_reshape_c[gdf_reshape_c['track_id']==veh_list[0]]

# 提取经纬度序列
path=list(zip(gdf_tmp.geometry.y, gdf_tmp.geometry.x))  # lat, lon
```

```
# 路径匹配
states, _=matcher.match(path)
route_nodes=matcher.path_pred_onlynodes
print('该轨迹经过的节点序列为:', route_nodes)

# 输出示例
>>> 该轨迹经过的节点序列为: [95663394, 97788216, 97788210, 97797184, 97797196,
97797098, 358464213, 358464212, 358464049, 358464040, 358464027, 358464018,
358464012, 635444052]
```

对数据中所有的车辆执行上述操作，即可获取多条行程路径的节点序列。以车辆ID
为键，route_nodes为值，构建车辆路径集字典route_dict，可通过PICKLE包将该字典以
route_dict.pkl的形式保存至本地。最后，通过集计所有轨迹数据的匹配结果，即可获得路
段流量，其思路如图9.2所示。

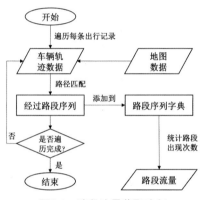

图9.2 路段流量获取流程

对应相关代码如下，首先遍历所有车辆的路径集route_dict，提取相关路段ID的集合
link_list与节点ID集合node_list：

```
# 构建相关路段、节点列表
link_list=[] # 存储路段信息
node_list=[] # 存储节点信息

for _, n_list in route_dict.items():
    for i in range(len(n_list)-1):
        n1, n2=n_list[i], n_list[i+1]  # 起始节点、终止节点
        if (n1, n2) not in link_list:
            link_list.append((n1, n2))
        if n1 not in node_list:
            node_list.append(n1)
        if n2 not in node_list:
            node_list.append(n2)
print(f'覆盖节点数量: {len(node_list)}')
```

随后，以此构建路段流量字典link_dict，最终将数据存储为CSV格式文件：

```
# 构建路段流量字典
```

```
link_dict={i:0 for i in link_list}          # 初始流量均为 0
    for _, n_list in route_dict.items():
        # 统计流量信息
        for i in range(len(n_list)-1):
            n1, n2=n_list[i], n_list[i+1]    # 起始节点、终止节点
            link_dict[(n1, n2)] += 1

# 将数据存储为DataFrame格式
df=[]
for (n1, n2), l_flow in link_dict.items():
    df.append([n1, n2, l_flow])
df=pd.DataFrame(df, columns=['from_node', 'to_node', 'link_flow'])
df.to_csv(f'link_flow.csv', index=None)
```

输出的数据格式如图 9.3 所示。实际应用中，可通过关联时间区间，进一步得到不同时段的动态路段流量。

	from_node	to_node	link_flow
0	5581434215	97788477	298
1	97788477	97788216	297
2	97788216	597677303	312
3	597677303	961530639	312
4	961530639	97788213	322

图9.3　路段流量输出结果概览

9.3.2　路段行程时间获取

路段行程时间是反映交通运行状况的重要信息，获取该参数需要同时用到的轨迹、地图与路径匹配结果（route_dict）三类数据。针对每一次出行记录，基于近邻匹配，提取每一辆车到达、离开特定路段的时间，进而计算得到路段行程时间，其思路如图 9.4 所示。

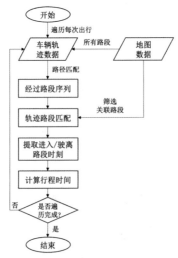

图9.4　路段流量获取流程图

对应分解代码如下，首先加载必要的数据：

```
import geopandas as gpd

### 加载数据 ###
# 数据1：车辆轨迹数据
gdf=gpd.read_file('gdf_reshape.geojson')    # 之前处理好的车辆轨迹数据
gdf=gdf.to_crs(4326)                         # 将坐标系调整为WGS84

# 数据2：路径匹配结果
filepath="pNEUMA_osm_network_4326.graphml"
G=ox.load_graphml(filepath)
nodes, edges=ox.graph_to_gdfs(G, nodes=True, edges=True)

# 数据3：路径匹配结果（此处以读取PKL文件为例）
route_input_path='route_dict.pkl'
pkl_file=open(route_input_path, 'rb')
route_dict=pickle.load(pkl_file)
```

随后是路段行程时间的提取：

```
### 提取路段行程时间 ###
# 提取车辆ID列表
veh_list=list(gdf['track_id'].unique())
veh_travel_info=[]   # 用于存储行程时间信息
for each_veh in veh_list:
    # 步骤1：筛选关联路段
    route_nodes=route_dict[each_veh]
    if len(route_nodes) <= 15:  # 可选：剔除过短的出行路径
            continue
    link_list=[(route_nodes[i], route_nodes[i+1])
            for i in range(len(route_nodes)-1)]  # 路段集合

    # 将起始节点、到达节点放在一列中，方便后续匹配
    edges['u'], edges['v'] = edges['u'].astype(str),
                            edges['v'].astype(str)
    edges['u_v']=edges['u'] + ',' + edges['v']
    edges['u'], edges['v'] = edges['u'].astype(int),
                            edges['v'].astype(int)   # 恢复原有字段属性

    # 筛选关联路段（核心要点1，避免无关路段对结果造成影响）
    edges=edges[edges['u_v'].apply(
    lambda r: (int(r.split(',')[0]),
            int(r.split(',')[1])) in link_list)]

    # 步骤2：为每个轨迹点匹配关联路段
    gdf_tmp=gdf[gdf['track_id']==each_veh]
    # 基于transbigdata相关函数，获取距轨迹点最近的路段ID
    gdf_tmp=tbd.ckdnearest_line(gdf_tmp, edges)
    last_t=gdf_tmp.iloc[0, 7]

    for (u, v) in link_list:
```

```
        gdf_tmp_tmp=gdf_tmp[(gdf_tmp['u']==u) & (gdf_tmp['v']==v)]
        if len(gdf_tmp_tmp)==0:
            continue
        else:
            # 滚动向前找路段
            tmp_idx=gdf_tmp_tmp.index
            init_idx, last_idx=tmp_idx[0], tmp_idx[-1]

            if len(tmp_idx) >= 2:   # 若只有1个点，则无法匹配
                for i in range(len(tmp_idx)-1):
                    # 如相邻轨迹点间隔超过一定时长阈值，则判定为一次新的出行
                    if (gdf_tmp_tmp.loc[tmp_idx[i]+1, 'time']-gdf_tmp_tmp.loc[tmp_
idx[i], 'time']) > 60.0:
                        last_idx=tmp_idx[i]
                        break   # 只选取第一次出行

            entry_t, exit_t = gdf_tmp_tmp.loc[init_idx, 'time'],
                                gdf_tmp_tmp.loc[last_idx, 'time']
            link_tt=exit_t-entry_t
            veh_travel_info.append([each_veh, u, v, entry_t, exit_t, link_tt])

df_link_tt=pd.DataFrame(
    veh_travel_info,
    columns=['track_id', 'from_node', 'to_node',
            'entry_time', 'exit_time', 'link_tt'])

df_link_tt.to_csv('link_tt_individual.csv', index=None)
```

在上述代码中，第5行循环表示对每一辆车进行遍历，分别提取该车辆经过每一条路段的行程时间。第17~18行代码表示只筛选出车辆经过的路段用于与后续车辆轨迹点的匹配，这样做的好处在于可以避免路口处其他不相关路段的干扰，提升信息的准确性。输出数据格式如图9.5所示。

	track_id	type	from_node	to_node	num_lanes	link_length	entry_time	exit_time	link_tt
0	10	Taxi	262236447	250720871	3	128.65	28.8	65.4	36.6
1	11	Taxi	262236447	250720871	3	128.65	25.8	47.4	21.6
2	15	Car	262236447	250720871	3	128.65	24.0	58.2	34.2
3	16	Car	262236447	250720871	3	128.65	21.0	48.6	27.6
4	17	Medium Vehicle	262236447	250720871	3	128.65	25.2	61.2	36.0

图9.5 pNEUMA数据概览

以2018年10月24日8:00~8:30数据为例，通过统计所有路段行程时间分布可知，其99%分位数的行程时间均在100s以内，故仅筛选100s以内的行程时间，绘制直方图如图 9.6所示。可以看到大部分路段的行程时间都集中在20s以内。

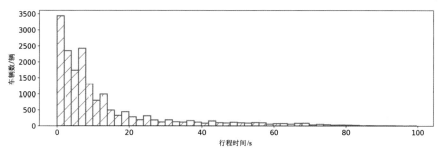

图9.6 行程时间分布

通过热力图显示，可以快速了解行程时间在不同路段的分布情况：

```
import osmnx as ox
import pandas as pd
import geopandas as gpd
import matplotlib.pyplot as plt
import matplotlib.cm as cm

# 加载行程时间数据
df_link_tt=pd.read_csv('link_tt_individual.csv')
df_link_tt=df_link_tt[(df_link_tt['link_tt']<100)]  # 去除少数异常值

# 加载地图数据
G=ox.load_graphml('pNEUMA_osm_network_4326.graphml')
nodes, edges=ox.graph_to_gdfs(G, nodes=True, edges=True)

# 将路段与行程时间数据合并
edges=edges.merge(
    trip_data, how='left',
    left_on=['u', 'v'],
    right_on=['from_node', 'to_node'])

# 将路段行程时间标准化至0-1区间
edges['link_tt_norm']=edges['link_tt'] / edges['link_tt'].max()

# 创建热力图格式
cmap=cm.get_cmap('plasma')

# 绘制结果
bounds=[23.723577, 37.975462, 23.738471, 37.993053]
fig=plt.figure(1, figsize=(6, 8), dpi=80)
ax=plt.subplot(111)
plt.sca(ax)
tbd.plot_map(plt, bounds, zoom=18, style=1)
edges.plot(ax=ax, lw=1, color='grey')
edges.plot(ax=ax, lw=2, edgecolor=cmap(edges['link_tt_norm']))
plt.axis('off');
```

通过以上代码，我们就可以得到不同路段的行程时间分布情况，如图 9.7所示，实际分析还可以结合路段长度，计算平均速度进而对交通状况有更准确的把握。

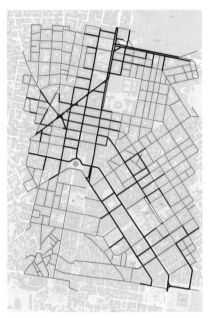

图9.7　行程时间热力图

此外，将每辆车单独的路段行程时间进行聚合，还可获取路段的平均行程时间：

```
ave_link_tt=df_link_tt.groupby(['from_node', 'to_node'])['link_tt'].mean().
rename('ave_link_tt').reset_index()
```

9.3.3　路段到路段行程时间

两条路段之间通常包含多条可行路径，提取每一辆车的路段到路段的行程时间，可用于分析不同路径的拥堵差异情况。因此，我们可以通过遍历所有路段对，筛选出依次通过该路段对的所有轨迹，即可统计行程时间。其对应代码如下：

```
select_link=list(zip(ave_link_tt.loc[:, 'from_node'],
                     ave_link_tt.loc[:, 'to_node']))
print(f'The number of links: {len(select_link)}')

for i in range(len(select_link)):
    for j in range(len(select_link)):
        if i==j:
            continue
        from_node_1, to_node_1 = select_link[i][0],
                                 select_link[i][1]   # 出发路段
        from_node_2, to_node_2 = select_link[j][0],
                                 select_link[j][1]   # 到达路段

        # 筛选两条路段对应的行程时间记录
        df_from_link_tt = df_link_tt[
            (df_link_tt['from_node']==from_node_1) &
```

```
                     (df_link_tt['to_node']==to_node_1)]
            df_to_link_tt = df_link_tt[
                 (df_link_tt['from_node']==from_node_2) &
                 (df_link_tt['to_node']==to_node_2)]

            # 筛选同时经过两个路段的车辆ID
            from_veh_list=list(df_from_link_tt.drop_duplicates('track_id').loc[:,
        'track_id'])
             to_veh_list=list(df_to_link_tt.drop_duplicates('track_id').loc[:, 'track_
        id'])

            common_veh_list=[k for k in from_veh_list if k in to_veh_list]

            for each_veh in common_veh_list:
                time_depart=df_from_link_tt[df_from_link_tt['track_id']==each_veh ].
        iloc[0, 6] # entry time
                time_arrive=df_to_link_tt[df_to_link_tt['track_id']==each_veh].
        iloc[0, 6] # entry time
                veh_type=df_from_link_tt[df_from_link_tt['track_id']==each_veh].
        iloc[0, 1]

                if (time_arrive-time_depart) > 0:
                    link_link_tt_list.append(
                     [from_node_1, to_node_1, from_node_2, to_node_2,
                      each_veh, veh_type,
                      time_depart, time_arrive, time_arrive-time_depart])

df_link_link_tt=pd.DataFrame(
    link_link_tt_list,
    columns=['from_node_1', 'to_node_1', 'from_node_2', 'to_node_2',
             'veh_id', 'veh_type', 'time_depart', 'time_arrive',
             'll_tt'])

df_link_link_tt.to_csv('link_link_travel_time.csv', index=None)
```

最终输出数据形式如图9.8所示。

	from_node_1	to_node_1	from_node_2	to_node_2	veh_id	veh_type	time_depart	time_arrive	ll_tt
0	31179466	97834761	95663375	95663504	553	Car	220.20	283.80	63.6
1	31179466	97834761	95663375	95663504	1060	Car	103.20	122.40	19.2
2	31179466	97834761	95663375	95663504	6377	Car	474.44	551.24	76.8
3	31179466	97834761	95663375	95663504	7119	Car	559.24	583.84	24.6
4	31179466	97834761	95663375	6693568141	93	Car	190.80	206.40	15.6

图9.8　路段-路段行程时间输出结果示例

9.4　实战应用：OD矩阵及路径流量提取

　　无人机航拍轨迹数据的优势，在于其对全样本交通流所有信息的全知全能，这种数据对于城市规划、交通管理、环境监测等领域具有较高的应用潜力。在城市交通领域中，了解出行需求和路径选择是制定交通政策和规划交通基础设施的关键。OD矩阵

（Origin-Destination Matrix）是一种常用的描述出行需求的工具，它记录了城市中不同起点和终点之间的出行量。路径流量则是指在特定路径上的交通流量。通过基于航拍轨迹数据的分析，我们可以从中提取出OD矩阵和路径流量，进而揭示城市交通模式、运行瓶颈等。在本节中，我们将探讨基于航拍轨迹数据（pNEUMA）的OD矩阵及路径流量的提取方法。该结果可为OD矩阵及路径流量估计的研究提供真实的数据，进而对算法的效果进行准确地评估。本节所使用的轨迹数据默认已经通过地图匹配处理，车辆轨迹数据文件为：trajectory.geojson，对应路径文件为route_dict.pkl，地图数据为osm_network.graphml。先对数据进行读取：

```python
import pickle
import geopandas as gpd
import osmnx as ox

# 轨迹数据文件
gdf=gpd.read_file('trajectory.geojson')

# 地图匹配结果文件
pkl_file=open('route_dict.pkl', 'rb')
route_dict=pickle.load(pkl_file)

# 地图文件
G=ox.load_graphml('osm_network.graphml')
nodes, edges=ox.graph_to_gdfs(G, nodes=True, edges=True)
```

9.4.1　OD 矩阵提取

由于路网本身并没有对交通小区（Traffic Zone）进行划分，我们采用指定栅格的方式人为划分交通小区，并基于跨栅格的出行构建OD矩阵。具体步骤如下：

（1）提取车辆ID的起讫点信息。

基于路段匹配结果，提取每次出行的始末节点编号（o_node_id和d_node_id）：

```python
period_list, track_id_list=[], []
o_node_list, d_node_list=[], []

for track_id, node_list in route_dict.items():
    period_list.append(period)
    track_id_list.append(track_id)
    o_node_list.append(node_list[0])     # 路径起点
    d_node_list.append(node_list[-1])    # 路径终点，基于MM

df_trip=pd.DataFrame(
    {'period': period_list, 'track_id': track_id_list,
     'o_node_id': o_node_list, 'd_node_id': d_node_list})
```

采用pd.merge()方法，附上节点对应的经纬度信息：

```
import pandas as pd

nodes_tmp=copy.copy(nodes)
nodes_tmp=nodes_tmp[['x', 'y']].reset_index() # osmid, x, y

# 附上起点经纬度
nodes_tmp=nodes_tmp.rename(
    columns={'osmid': 'o_node_id', 'x': 'o_lon', 'y': 'o_lat'})
df_trip=pd.merge(df_trip, nodes_tmp, on='o_node_id')

# 附上讫点经纬度
nodes_tmp=nodes_tmp.rename(
    columns={'o_node_id': 'd_node_id',
             'o_lon': 'd_lon',
             'o_lat': 'd_lat'})
df_trip=pd.merge(df_trip, nodes_tmp, on='d_node_id')
```

输出结果如图 9.9所示。其中，o_node_id、d_node_id代表路网交叉口（节点）编号，o_lon、o_lat、d_lon、d_lat分别代表起点经纬度、讫点经纬度。

	period	track_id	o_node_id	d_node_id	o_lon	o_lat	d_lon	d_lat
0	0830_0900	1	250720872	250720874	23.725561	37.984537	23.724083	37.984783
1	0830_0900	2	250720872	250720874	23.725561	37.984537	23.724083	37.984783
2	0830_0900	4	250720872	250720874	23.725561	37.984537	23.724083	37.984783
3	0830_0900	6	250720872	250720874	23.725561	37.984537	23.724083	37.984783
4	0830_0900	10	250720872	250720874	23.725561	37.984537	23.724083	37.984783

图9.9　OD提取步骤1

（2）路网栅格化处理及起讫点栅格匹配。

给定路网的矩形边界，将路网划分为若干矩形栅格，并以此为基础对起讫点进行栅格匹配（tbd.GPS_to_grids）。

```
import transbigdata as tbd

# 2.1: 基于transbigdata生成栅格参数
bounds_grid=[23.723577, 37.975262, 23.739271, 37.993453]
grid, rect_params=tbd.area_to_grid(
    bounds_grid, accuracy=100, method='rect')

# 2.2: 匹配起讫点所处栅格编号
df_trip['o_lon_col'], df_trip['o_lat_col']=tbd.GPS_to_grids(
    df_trip['o_lon'], df_trip['o_lat'], rect_params)
df_trip['d_lon_col'], df_trip['d_lat_col']=tbd.GPS_to_grids(
    df_trip['d_lon'], df_trip['d_lat'], rect_params)
```

其中，o_lon_col、o_lat_col、d_lon_col、d_lat_col分别代表起点所处栅格横纵编号、讫点所处栅格横纵编号。

（3）OD矩阵提取。

在栅格化网络的背景下，我们默认跨栅格的出行为有效的出行。因此，在OD矩阵提取的过程中，我们首先筛选出O与D处于不同栅格的记录，并按照一定顺序对OD进行编号，最后将每一条出行信息与OD对编号进行关联，即可统计得到各个OD对的流量信息。

```
# 3.1 筛选出O与D栅格不一样的记录
df_trip_od_diff=df_trip[
    - (df_trip['o_lon_col']==df_trip['d_lon_col']) &
    (df_trip['o_lat_col']==df_trip['d_lat_col'])]

# 3.2 重获取OD对集合
od_pair=df_trip_od_diff.drop_duplicates(
    subset=['o_lon_col', 'o_lat_col', 'd_lon_col', 'd_lat_col'])
od_pair=od_pair[['o_lon_col', 'o_lat_col', 'd_lon_col', 'd_lat_col']]
print('统计总共得到不同栅格的OD对数量:', len(od_pair))

# 3.3 按照起讫点编号左下到右上,对OD对进行排序,并赋予编号
od_pair=od_pair.sort_values(
    by=['o_lon_col', 'o_lat_col', 'd_lon_col', 'd_lat_col'],
    ascending=True)
od_pair['OD_id']=range(len(od_pair))
```

在以上代码中，我们得到了存储OD信息的DataFrame格式数据：od_pair，包含起讫点栅格编号信息以及OD对编号。接下来，将每一条出行信息与OD的编号进行关联，并采用groupby方法统计OD矩阵，输出中间变量名为od_count：

```
# 3.4 关联出行记录与OD对编号
df_trip_od_diff=pd.merge(
    df_trip_od_diff, od_pair,
    on=['o_lon_col', 'o_lat_col', 'd_lon_col', 'd_lat_col'])

# 3.5 统计不同OD对的出行数量
od_count=df_trip_od_diff.groupby('OD_id')\
    ['track_id'].count().rename('OD_flow').reset_index()

# 3.6 将其合并关联到矩阵列表中
od_pair=pd.merge(od_pair, od_count, on=['OD_id'])
od_pair=od_pair.sort_values(by=['OD_flow'], ascending=False)
# 流量按照降序显示
```

最终得到OD矩阵流量输出结果如图9.10所示。

	o_lon_col	o_lat_col	d_lon_col	d_lat_col	OD_id	OD_flow
118	11	1	9	1	118	242
119	11	1	12	1	119	98
110	10	8	11	8	110	86
51	6	9	7	9	51	40
19	3	8	5	8	19	39

图9.10　OD提取步骤3

9.4.2　路径流量提取

OD矩阵代表的是从起点到讫点所有行驶路径的流量总和。相比而言，路径流量是交通流量在网络层面的最高表达式，所包含的信息更为丰富。因此，了解城市路网中的路径流量具有重要的意义。

（1）路径集构建。

依次遍历所有出行记录，提取出所有不同的路径集合。

```python
# 1.1 针对每一个OD对，提取可行路径集
od_id_list=[]
route_id_list=[]
route_node_list=[]

route_idx=0
for od_id in range(len(od_pair)):                    # 遍历所有OD对
    route_list=[]                                    # 存储路径
    tmp_trip=df_trip_od_diff[df_trip_od_diff['OD_id']==od_id]
    for i in range(len(tmp_trip)):
        route=tmp_trip.iloc[i]['route_node']
        if (len(route)==0) or (len(route)==1):
            continue
        if route and (route not in route_list):  # route非空
            # 添加到该OD的路径集下，避免后续重复加入
            route_list.append(route)
            od_id_list.append(od_id)
            route_id_list.append(route_idx)
            route_node_list.append(route)
            route_idx += 1

df_od_route=pd.DataFrame({'OD_id': od_id_list,
                          'route_id': route_id_list,
                          'route_node': route_node_list})

# 1.2 关联起讫点栅格信息
df_od_route=pd.merge(
    df_od_route,
    od_pair[['OD_id', 'o_lon_col', 'o_lat_col',
            'd_lon_col', 'd_lat_col']],
    on='OD_id')
```

（2）路径流量提取。

要统计路径流量，其思路是统计有效出行的数据列表df_trip_od_diff中同一路径序列route_node的出现次数。我们采用lambda函数，可以巧妙地实现一个命令统计流量，其具体代码如下：

```python
# 2.1 路径流量统计
df_trip_od_diff['route_node']=df_trip_od_diff['route_node'].astype(str)
```

```
df_od_route['route_node']=df_od_route['route_node'].astype(str)
df_od_route['route_flow']=df_od_route.apply(
    lambda r: len(df_trip_od_diff[df_trip_od_diff['route_node']
            ==r['route_node']]), axis=1
)

df_od_route=df_od_route.sort_values(by=['route_flow'], ascending=False)
# 流量从高到底排序显示
df_od_route.head()
```

上述代码输出数据df_od_route如图9.11所示。

	OD_id	route_id	route_node	o_lon_col	o_lat_col	d_lon_col	d_lat_col	route_flow
160	118	160	[954712407, 6220792258, 954712407, 2511789008,...	11	1	9	1	117
171	119	171	[954712428, 250691847, 954712407, 6220792258]	11	1	12	1	91
144	110	144	[8446047162, 250699972]	10	8	11	8	86
162	118	162	[954712428, 7384331753, 42240105, 250691272]	11	1	9	1	63
65	51	65	[250700248, 250700343]	6	9	7	9	40

图9.11　路径流量步骤2

至此，我们已经基于航拍轨迹数据提取了该路网的OD矩阵、路径流量。当然，该数据还可以有许多微观层面的应用，例如实现车辆所处车道识别、交叉口停车线位置识别、交叉口信号配时方案识别等。进一步，通过识别车辆距离停车线的距离，还可以对排队长度、交通波等交通参数预估，为交通控制方案的优化提供决策基础。